现代秘书人际关系

XIANDAI MISHU RENJI GUANXI

范立荣 ◎ 主 编

首都经济贸易大学出版社
Capital University of Economics and Business Press
· 北 京 ·

图书在版编目(CIP)数据

现代秘书人际关系/范立荣主编. —北京:首都经济贸易大学出版社,2013.7
ISBN 978 -7 -5638 -2112 -9

Ⅰ.①现… Ⅱ.①范… Ⅲ.①秘书—人际关系学 Ⅳ.①C931.46

中国版本图书馆 CIP 数据核字(2013)第 140454 号

现代秘书人际关系
范立荣 主编

出版发行 首都经济贸易大学出版社
地 址 北京市朝阳区红庙（邮编 100026）
电 话 (010)65976483 65065761 65071505(传真)
网 址 http://www.sjmcb.com
E - mail publish@cueb.edu.cn
经 销 全国新华书店
照 排 首都经济贸易大学出版社激光照排服务部
印 刷 北京地泰德印刷有限责任公司
开 本 710 毫米×1000 毫米 1/16
字 数 240 千字
印 张 13.75
版 次 2013 年 7 月第 1 版第 1 次印刷
书 号 ISBN 978 -7 -5638 -2112 -9/C·105
定 价 26.00 元

图书印装若有质量问题,本社负责调换

前　言

一位大学校长在毕业典礼上对学生说过这样一段话："一个人不管学问有多高，有多聪明、多能干，先天条件有多好，如果不善于交际，不会与人相处，那么他最终的结局很可能是失败。"

确实如此。如何与人交际，是青年人面向社会首要的一大考验。当青年朋友们从校园走进职场，踏入形形色色的人际圈，会发现这里并不是想象得那样融洽、宽容。

本书的编写正是为了让更多的青年朋友在人际交往上少走弯路，针对他们的困惑着重介绍：如何与领导相处，博得领导的信赖与赏识；如何与同事相处，获得同事的认同与友谊；如何与客户相处，赢得客户的满意与称赞。书中不讲大道理，只讲怎样应用与操作：讲怎样沟通，怎样处理好各种复杂的社会关系，让自己的一举一动、一言一行都惹人喜爱。这样不但事业上容易成功，而且会广结人缘，获得良好人际关系。相信青年朋友们读完本书将不必再为人际关系犯难，会成为一个处处受欢迎的人。

本书可以作为大中专院校秘书专业、行政管理专业、人力资源专业教材，也可以作为广大行政人员、办公室人员、秘书人员的案头书和青年朋友的自学用书。

本书是笔者在大学讲义基础上进行编写的。讲义参考并引用了多家书报杂志的相关内容，在此不一一列示，特向相关作者表示由衷的感谢。本书可以说是博采众长、是集体智慧的成果。

参加本书编写的人员有荣光、明朗、风华、薄煜、范松等，特别感谢孟岩岭老师对此书出版所给予的积极支持与大力帮助。

目　录

CONTENTS

第一章　人际关系概述

本章重点内容

21世纪的今天，社会对秘书工作的需求发生了很大的变化。随着市场经济的发展，社会需要的秘书远不是传统秘书的概念。现在社会上需要的秘书除了会英语、计算机和拟写各种文件等技能之外，还必须具备良好的沟通、交际能力，并善于处理各种人际关系问题。

当今，专业知识固然重要，但人际关系更显得重要。人脉是一个人通往财富、荣誉、成功之路的门票，只有拥有了这张门票，你的专业知识才能发挥作用。

人际关系是知识、体力、金钱之外的另一种资源，开发人际关系资源，对于做好秘书工作具有重要意义。

学习本章，要掌握人际关系的性质、特点、原则以及各种交际方式。

案例导入

不同的处世方式

赵先生既没有学历，也没有金钱，更没有背景，但是他最终却成为一个成功的企业家。他到底是如何成功的呢？因为他是一个聪明人，一个很会体贴他人的人，他对周围人的体贴，甚至超过了别人的需要。朋友问他何以如此，他说："像我这样一无所有的人，如果要与别人来往，就不能不令对方感到和我来往会得到某些方面的益处与愉快。"

没有学历，又没有金钱，更没有背景的他一直忍耐着寂寞的人生而努力奋斗。而他也就在这中间学到了与人交往之道，学会要给别人某些方面的利益。所谓"某些方面的利益”,有时是物质方面,有时是精神方面。因为别人得不到益处,是不会来主动接触你的。

另外一个出身名门的“富家子弟”却不是这样。当他与别人来往的时候,首先就会考虑这个人对自己有何利用的价值。他如此这般地对周围的人怀着期待之心,期望与自己接触的人都能带给自己带来利益。

案例点评

这两个人在很大程度上代表了两种不同的处世方式:一个是奉献给别人某些方面的利益;另一个则是期望与自己来往的人会带给自己某些方面的利益。

我们与周围朋友相处时要像赵先生一样,这样才是上真正的聪明和智慧。我们首先要以自己的所能来满足他人,他人得到满足后才更愿意予以回报。希腊哲学家伯利克利说过:“我们结交朋友的方法,是给他人以好处。”

第一节　什么是人际关系

一、人际关系

凡是有人群的地方,就有人际的交往。只要有人际交往,就必然形成人际关系。人生在世,总会遇到错综复杂的人与人之间的矛盾,总要不断地处理这样或那样的人际关系。

人际关系是人们在进行物质交往和精神交往过程中发生、发展和建立起来的人与人之间的关系。

人际关系的概念,应该有广义和狭义之分。

广义的人际关系,即在人类社会的各种关系中,一切个体的人与人之间相互关系的总和。它包括人与人之间的直接关系,也包括人与人之间的间接关系。

狭义的人际关系,即两个或两个以上个体的人,通过各种媒介进行思想和行为的相互作用所形成的相互依存的关系。它包括人与人之间的心理关系、法律关系、道德关系、经济关系等。

人际关系主要是指在各种社会关系中,个体的人与人之间的关系。它不包括社会群体、集团之间,个体与社会群众、集团之间的关系。虽然社会关系同个体的人之间的各种关系有着密切的联系,但人际关系学中所讲的人际关系概念应和群体之间的关系或个人与群体之间的关系加以区别。人际关系有自己的内容、性质和方式。

二、人际关系的内容

千差万别、千变万化的人际关系，其内容大致可以分为两个方面。一方面是物质关系，即以生产、生活物质为条件的交往，例如生产资料、生产工具的占有方式，商品交换过程，经济分配形式等。另一方面是精神关系，即以语言、思想、感情为媒介的交往，例如思想的传播、情绪的感染、感情的交流等。这两种内容的人际交往，是相互联系、互为条件的，它们都是人们的客观需要。

首先，人际交往是劳动和工作的需要。只有交往，才能实现劳动和工作的互助与合作，促成能力互补和能力强化，进行产品和活动交换。特别是现代社会，人们所从事的劳动和工作越来越复杂，社会化程度越来越高，既有严密的科学分工，又有严格的整体配合，需要越来越多的人合作才能成功。现代化生产的社会化趋势，现代科学技术研究的综合化趋势，以及商品市场的国际化趋势，正在迅速冲破地域和人们原有的交往范围，改变人们的交往方式，使交往活动更加广泛而频繁。因此，人们的相互合作与交往，更加成为现代社会劳动、工作和竞争的必要条件。

其次，人际交往，也是人们精神的需要。在激烈竞争的社会，人人都要交朋友，个个都想求知音。有了喜事，要让同事知道；有了忧愁，要向好友倾诉。所属团队成员接纳与欢迎的态度，会使人产生安全感；社会舆论的赞扬与支持，会激励人们树立成功的信念。正面的同情、相思、惦记、劝慰、勉励、爱慕、关怀，以及负面的诬陷、憎恨、忘却、教唆、诋毁、嫉妒、猜疑、讽刺等现象，在人与人之间通过语言、思想、情绪等这样或那样地影响和改变着人际关系。人们需要相互对话，需要精神生活，同需要物质生活资料一样，不可缺少。

总之，人需要同他人进行交往。因为人际交往就其实质来讲，是人的本质的表现，是本性的要求。

三、人际关系的性质

人际关系，按照其性质来划分，大致可以分为两种。一种是积极、友好的交往，一种是消极、敌对的交往。这两种交往在一定的社会范围内总是交织出现的。例如，国家与国家之间，民族与民族之间，有的和平共处，有的战争不休；在集体、家庭内部，有的团结一致，有的四分五裂；在现实生活中，既有无私的援助，也有公开的抢劫；既有亲密的交往，也有冷酷的斗争；既有热情的鼓励，也有无情的打击……正是这些性质相互对立而又总是相互联系在一起的人际关系，构成了复杂与丰富多彩的社会生活画面。

交朋友也有积极和消极两种情况。孔子把交友的两种情况说得很透彻，他说："益者三友，损者三友。友直，友谅，友多闻，益矣。友便辟，友善柔，友便佞，损矣。"(《论语·季氏篇》)这就是说："有益的朋友有三种，有害的朋友也有三种。与正直的人交友，与诚实的人交友，与学识广博的人交友，是有益的。与习于歪门邪道的人交友，与善于阿谀奉承的人交友，与惯于花言巧语的人交友，是有害的。”人们常用“近朱者赤，近墨者黑”的比喻来形象地说明交友的结果。

不同的人产生和选择不同性质的人际关系，不同性质的人际关系牵制着不同的人，这就叫做“物以类聚，人以群分”。虽然，好人总是乐于同好人相聚，坏人总是要同坏人为伍，但好人和坏人在同一社会中也不可避免地要发生关系。因而，人们总是要这样那样地受到不同性质的人际关系的制约和影响。

小贴士

曾国藩的交友之道

曾国藩交友有“八交九不交”之说。八交：胜己者、盛德者、趣味者、肯吃亏者、直言者、志趣广大者、惠在当厄者、体人者；九不交：志不同者、谀人者、恩怨颠倒者、好占便宜者、全无性情者、不孝不悌者、愚人者、落井下石者、德薄者。

四、人际关系的特点

人际关系在形成、发展的过程中，有着自身的特点。这些特点主要有下述几点：

（一）人际关系的社会性

这是人际关系的一个根本特点。正是这一特点，把人的群体关系同动物的群体关系区别开来，把社会同自然界区别开来。所谓社会性，本来就是专指人的社会关系或通过社会关系表现出来的属性，它是人际关系的本质属性。没有无社会性的人际关系。

人际关系的社会性，首先是由劳动决定的。人们在劳动过程中，不仅要与自然界发生关系，而且相互之间要发生一定的联系和关系。只有在这些社会联系和社会关系的范围内，才会有他们对自然界的关系，才会有生产。人与人之间的社会关系，影响和制约着人与自然界的关系。其次，不管什么人，不论人的什么活动，都离不开社会，都要受到社会各种因素的制约。物质活动如此，精神活动更是如此。

人际关系的社会性，是随着社会的进步而发展的。在古代，人们的相互交往受到诸多自然条件的制约和生产水平的限制，只能在狭小的范围内发生简单的联系。人际关系的自然性大，社会性小。在现代社会里，人们活动的社会化程度高了，人际关系的社会性大大增强了。一方面，人们同社会的联系和与社会交换其活动的途径与方式更多，所涉及的领域和范围更广。另一方面，人们同社会联系的内容更丰富，更深刻。现代化的集体劳动把越来越多的人紧密地联系在一起，构成结构复杂、功能齐全的产业系统；人们所使用的生产工具、生产资料，凝结着更加复杂的社会劳动；人们所消费的物品中，自然产品越来越少，社会商品种类、规格越来越多。

（二）人际关系的历史性

这是指人际关系所具有的发展变化、新旧交替的特性。这一特性，既表现在整个人类社会的发展过程中，也表现在个体或群体的相互关系上。

人际关系的历史性，根源于社会生产力和生产关系的矛盾运动。生产力的发展，带来生产关系的变化，推动社会进步，人与人之间的各种关系也随着发展变化，经历了原始社会的平等关系，剥削阶级社会的等级关系，以及社会主义社会平等关系等发展阶段。就是每一个社会阶段的不同时期，人际关系的性质、形式也存在着差异，例如剥削阶级社会的等级关系，总的来讲是随着社会的发展逐步减弱的，社会主义社会的平等关系，是随着社会主义事业的发展而逐步提高的。至于个人之间、群体之间的关系，就更是千变万化了。

人际关系的历史性特点，要求我们用辩证的观点、发展的观点来观察和分析人际关系，既要继承以往人际关系的合理内容和形式，又要变革不适应社会发展需要的人际关系的内容和形式。

（三）人际关系的客观性

这是指人际关系在人们的客观社会活动中确立，具有现实性和真实性，而不是人们随意的主观想象。人与人之间发生的相互关系，从表面上看，似乎纯粹取决于人们的主观动机，即想跟谁建立关系就建立关系。其实不然。首先，一个人必须承认并接受社会上人际关系的客观事实，不可能凭主观愿望随意选择人际关系。

不管现实的人际关系多么复杂，乃至令人不大满意，但它毕竟是客观事实。怨恨自己"生不逢时"，幻想进入"世外桃源"，都只能是想象而已，绝不能改变客观存在的人际关系的大局。其次，人们对人际关系的调整与改造，既要符合社会提出的客观要求，又要在客观活动中实现；否则，就会失败。根据这一特点，我们既要努力适应现实的人际关系，又要能动地改造不适合社会发展要求的人际关系。

（四）人际关系的多样性

这是指人际关系具有多内容、多形式、多层次这一特点，这造成了社会的复杂性和人的复杂性。

人的本质是"一切社会关系的总和"的论述，概括了人际关系多样性的特点。因而我们在研究人际关系的时候，一定要注意它的"一切"方面和多种"总和"方式。如果把人际关系的"一切"方面简单地归结为一个方面，把多种"总和"方式归结为一种方式，就会扭曲社会面貌，歪曲人的本质。同时，我们还应当注意，人际关系是有层次之分和主从之别的，在“总和”过程中，不能以次充主，也不能以主代次。不同社会，或在同一社会的不同条件下，不同的人受各种社会关系的影响是有差异的。有的主要受物质关系的影响，有的主要受思想关系的影响。

五、人际关系的基本原则

（一）平等性原则

平等待人，互相帮助是建立良好的人际关系的前提，也是处理办公室人际关系的重要原则。人都有友爱和受人尊敬的需要，这种需要实际上就是平等的需要。只要是正常人，都希望得到别人的平等对待。每个人在职位上有高低之分，有领导与被领导之别，但在人格上应是平等的。

（二）相容性原则

这一原则要求秘书人员在与人合作、相处的过程中，要宽宏大量，心胸宽广，克制忍耐。在工作中，尊重他人的看法，善于听取他人的不同意见，求同存异。同时，能够容他人之短。“金无足赤，人无完人”，任何一个人都有其弱点，不要对他人的弱点过于挑剔。

（三）信用性原则

信用性原则要求人们在交往中，讲真话，守诺言，言行一致，表里如一。在人际交往中，一般人们都愿意与诚实、爽直、守信用的人打交道。

（四）事业性原则

这是指人际关系必须按照有利于事业发展的原则建立，以提高工作效率、实现工作目标为目的。人际关系的和谐不能建筑在不讲原则、相互吹捧、“一团和气”的基础之上。应强调个人利益服从整体利益，眼前利益服从长远利益。强调要相互配合，反对各自为政，各行其是。

（五）互利性原则

秘书人员在与他人合作共事中，应该风险共担，利益互享。互利包括物质互利和精神互利等。秘书人员在彼此交往中，一方付出了一定的物质或情感，对方对此应有所反应。在交往中把交往对象的利益放在优先的地位，就能常常把握交往的主动权。

（六）主动性原则

主动性原则即建立人际关系的主动性。秘书人员在人际关系的建立和协调方面，应采取积极主动的态度，充分发挥各自的主动性和主导性，倡导正确的人际关系理念，以健康的情绪和合适的行为，建立起一种积极、健康的人际关系。

六、人际关系的交往方式

（一）两种交往方式

人际关系各种各样，如果按交往方式来划分，则有两种方式：一种是直接关系，另一种是间接关系。所谓直接关系，就是人们通过物质或交际手段（包括语言、表情、动作等），面对面地发生联系。所谓间接关系，则是人们通过物质的传递或借助书面语言、传播技术，间接地发生联系。

面对面的联系，也就是互动性沟通。面对面联系所获得的信息及其反馈比其他形式要多、要快。由于面对面联系相互观察直接化，因此，掌握一定的态势语言常识非常必要。同时，表述要言简意赅，主题明确，有理有节，礼貌而不拘谨。

间接联系一般是指采用书面联系和电子媒介联系。

书面联系必须借助于文字，因此对文字水平有较高的要求。尤其是作为秘书，要有一定的文字水平。它能弥补口头联系的空间限制和时间限制，使双方的交流有据可查，并使表述增加了理性的成分；传达负面和消极的信息比较灵活，有斟酌余地而不会直接面临尴尬的状况。

即时沟通媒介的出现大大降低了人与人之间的距离感，联系变得更为简单、直接、平等。不论是电话、可视电话、传真、电子邮件，还是 MSN、QQ 等通信软件，大体上都具有便捷、快速，成本相对低廉，内容丰富的特点。即使是在同一个办公室，很多公司的秘书也习惯于使用 MSN 和 QQ 与同事交谈，因为这更具及时性、私密性和非干扰性。

人际箴言

能够让你拥有对别人产生有效影响力量的最有把握的一个方法，就是设法让别人明白，你从心底里敬重他们。

(二)人际关系中的语言应用

语言在人际关系的形成和发展中具有重要的地位,它是人际交往的最基本的工具和形式。语言包括三大类:一是口头语言;二是书面语言;三是非语言性语言。

1. 口头语言。秘书在运用口头语言交往时,要注意以下几个问题:

(1)要了解对方的基本情况。不仅是要了解对方的年龄、文化程度、职业等,更重要的是还要了解对方的个性特征。人各有其情,各有其性。对感情丰富的人,交谈时要动之以情;对冷静理性的人,交谈时要晓之以理;对虚荣心较强的人,交谈时要学会赞美;等等。

(2)创造良好的交谈氛围。说话要考虑场合,话说得漂亮,不如说得恰当得体。所谓说话恰当得体,首先是指所说的话要适应场合和对象。重要的人际交流,如恋爱约会、商务洽谈、名人访谈等,事先应当选择场合。因为适当的场合是促成谈话成功的重要因素之一。我们要从实际出发,充分利用环境这个因素,让谈话的内容意图与场合氛围协调一致,便于对方接受和理解你的谈话意图。

(3)说话要以听者为主体。说话不要以自我为中心,应考虑听者的接受能力、实际需要、性格和心情等因素,根据这些因素的不同来选择语言表达的形式和内容。

(4)说话要表达明确。说话要中心突出,条理清晰,语言简洁,口齿清楚,通俗易懂。切忌平淡,力求语言表达生动形象,富有幽默感。

(5)说话要言而有信。说话无诚信就没有分量。诚信是一个人为人处世的基本素养,诚信是一笔无形的财富,有诚信才会有良好的人际关系。

2. 书面语言。书面语言适用于正式场合的人际交往。其形式具有规范性、精确性、长效性、权威性的特点。秘书在使用书面语言交往时,要注意以下几点:

(1)言之有的。目的性要明确,不能闲聊。

(2)言之有情。书面语言也要重情感,“情之至者,其话必至”。

(3)言之有礼。要尊重对方,关心对方。

(4)言之有物。不说空话,更不能言不由衷。

(5)言之有理。写出的话,令人信服,感觉有道理。

(6)言之有度。适可而止,不强人所难。

(7)言之有益。让对方感到有帮助、有好处。

总之,书面交流,观点要明确,中心要突出;条理要清晰,结构要合理;用词要准确,并简洁明了。

这几点要求,也适用于发短信、发邮件和网上交流。

3. 非语言性交流。非语言的运用,古已有之。《礼记·乐记》记载:“说之,故言之;言之不足,故长言之;长言之不足,故嗟叹之;嗟叹之不足,故不如手之舞之,足之蹈之也。”

非语言交流是指人们在语言之外进行交流时的所有符号。非语言交流是通过身体动作、面部表情、仪表服饰、语音语调等产生和传递出去的。

非语言交流方式有以下几种：

(1)形象语言。形象语言主要包括服饰、修饰和精神风貌等。形象作为人际交流的一部分内容，具备了语言的某种意义。外在的形象包括服饰、修饰与精神面貌；内在的形象包括气质和修养。秘书人员的服饰，在正式社交场合，有较严格的要求。有些是属于行为规范，有些则是约定俗成。服饰是一种语言，所表达的常常是主人的情感。服饰作为一种情感语言，能够取得立竿见影的效果，秘书人员对此不可忽视。精神风貌也是一种语言，它与秘书人员的工作环境、思想品德、性格、心境和理想信念等相关。

(2)风度语言。秘书人员的风度与其先天素质、形象有关。风度有职业之别，也是一种语言。风度是一种活的形象，好的风度就是在人际交往中学会让形象讲话。秘书人员应体现一定的职业风度。

(3)动作语言。动作语言是非常丰富的，凡是用语言能够表达的情感，几乎都能够有相应的动作表达方式。动作语言也是一种特殊的语言，在很多情况下，身体动作反映的感情，可以比语言表达得更为确切和真实。有些难以言传的语言可通过动作语言确切地表达出来。动作语言还有鲜明的情感特征，其内在的表现体现的是喜、怒、哀、乐诸种情绪变化。动作语言的外在表现有幅度和频率的区别，一般来说，幅度大的，表现的是亢奋情绪，不论高兴之余还是愤怒之际。

在人际关系的动作语言交往中，最常见的是以动作语言作为辅助性的手段出现。动作语言主要有下列几种：

①手势语言。手势语言可划分为规范型和个性型两类。前者含义明确，后者含义隐深。后者内容可能更丰富更生动，然而它不是人人都可以一目了然的。与人交谈时，如果辅以少量动作幅度小而优雅的手势，可以增强谈话的效果。但谈话时伸出手的食指，向对方指指点点或“张牙舞爪”则是不礼貌的举动。

②姿势语言。它是用身体的不同形态来说话，不同的身体姿势可以表达出不同的情感内容。

③目光语言。人们的喜怒哀乐都可以通过目光表现出来。与人交谈时，目光应亲切，既不咄咄逼人又无怠慢敷衍之义；既不能目光呆滞、固定，也不能东瞟西看，漫不经心。

④触摸语言。触摸语言也是一种特殊的交际言语，一般表现在友好和情爱关系方面。

人际动作语言与人类发展的文化背景相关，与各民族、各地区的风俗习惯相关，与个人的社会地位、个人修养、个人生活和职业特点相关，也与交际场合、交际对象等相关。充分考虑这些因素是寻找最佳动作语言交流形式的基础，也是取得最佳的动作语言交流效果的基础。运用动作语言有四忌：一忌夸张；二忌粗俗；三忌不良习惯；四忌做作。

(4)表情语言。表情语言指无声的语言,它包含了一个极为丰富的语言世界。表情是态度的外在反映,它与年龄、职业和自身修养有关。对于不同的年龄、职业,表情语言的要求有所不同。秘书人员与人交往时,要注意控制自己的面部表情,应保持自然亲切、面带微笑的表情。切忌趾高气扬,傲慢无礼或低声下气。

总之,说话的艺术可以体现一个人的学识、气质、修养和智慧。

会说话,显出你的学识,未来前途会是一片光明;

会说话,显出你的气质,会拥有持久不衰的魅力;

会说话,显出你的修养,能使你在别人眼中的分量和地位随之提升;

会说话,显出你的智慧,使你能更好地立足社会,广交朋友,有所发展,有所壮大。

可以这样说,大凡成功者,都是讲究说话艺术的人。

小案例

肢体语言的秘密

某公司经理的秘书小王,这几天忐忑不安,因为她前几天不小心打翻了经理的茶杯,经理无言的一瞥让她琢磨不透。

事情是这样的:几天前的上午,小王拿着一份文件去请经理批阅,不小心碰翻了经理的茶杯。她一下子愣住了,不知所措地等着新来的经理大发雷霆。可经理并未言语,只是狠狠地瞥了她一眼,并示意她出去。

而就在两个月前,小王也是因打翻了原经理的笔筒而遭到训斥。当时,小王一声不响地被训斥了一通,但是她走出办公室后却一身轻松。而这次,虽然只是被瞥了一眼,却让她忐忑不安,一会儿担心扣发奖金,一会儿担心被调离岗位。

小王没有受到训斥反而更紧张。原经理用有声语言表明了自己的态度,而新经理采用了"瞥一眼"的肢体语言,其传递的信息是模糊的。小王因为无法理解,只能不断地揣测,从而感到忐忑不安。心理学家指出:无声语言所显示的意义要比有声语言多得多,而且深刻。我们生活中也存在着许多无声语言。

1. 眼睛。眼睛是心灵的窗户,从一个人的眼睛可以看出他的内心活动。如一个人说话时不看你,可能表示他对你没有好感或心不在焉。人见到吸引自己的事物时,瞳孔会不自觉地扩张。外向的人说话时,注视对方的时间比较长。眼神回避,易被解读成不感兴趣或不正直。

2. 笑容。真诚、情感丰富的笑容,会用到较多的脸部肌肉。勉强、虚伪的笑,则展开较慢、持续较久,且眼睛不会变小,上唇可能夸张移动,下唇动的幅度很小。

3. 手势。一般认为,揉眼睛、捏耳朵代表虚伪、焦虑。如果一个人说话时频频碰触嘴巴或耳朵,他可能在说谎。如果是听话的一方这么做,则表示他认为对方在说谎。合拢双臂放在胸前,代表紧张或防卫。双手交叉摆在脑后,或坐下时手放在扶手上,靠着椅背说话,则暗示控制、支配欲强。

4. 声音。焦虑、具攻击性或喜欢出风头的人,说话音域较高或习惯大声。语调低沉的人较自信。习惯拉高尾音容易被认为不成熟。

第二节　搞好人际关系的重要意义

既然人际关系是不以人的意志为转移的客观存在,既然每个人都必然地要置身于各种各样的关系网络之中,那么,我们就应当以积极的态度去研究它、搞好它。事实上,合情合理地建立并调节各种人际关系,既是一种客观需要,也是人的主观愿望,谁愿意孤寂地生活在一个冷漠的世界上呢!

搞好人际关系,对于每个人、每个团体乃至整个社会,都具有多方面的重要意义。

一、人际关系与社会心理气氛

著名经济学家于光远曾经谈到这样一件事:

社会关系问题很多,还有宗族、亲戚关系,朋友关系,邻居关系……我们中国在这方面还可能有些好经验哩,如上海有些里弄搞得好,邻居团结,互相照顾。这次我到日本去访问,日本法务大臣和我说了一件事情。他说有一个日本老太太,在东北和中国人结了婚,后来丈夫死了,她回到了日本,但住了一阵子又要求回东北去。她说在日本物质条件的确很好,但没有意思,因为她在东北农村里住,可以到处串门子聊天。在日本却是各管各的,太孤独了,感到没有意思。大臣说,可见物质生活好了并不等于幸福。这就是邻居关系的作用。

这个事例很耐人寻味,它生动地表明了人际关系的重要性,表明了人不仅有物质的需要,而且有精神的需要,不仅有生理的需要,而且有心理的需要。

与他人交往是每个人内心深处与生俱来的一种基本需要。每个人从他来到这个世界上的时候起,就不仅需要果腹的食物和蔽体的衣着,而且需要得到别人的爱抚、同情、理解、关怀和帮助。有一所幼儿园,莫名其妙地发现孩子们普遍情绪抑郁,食欲大减。阿姨们急忙请医生来检查,结果被告知:孩子们都很健康。她们又采取了诸如改善伙食等许多措施,但都无效。后来,她们得到了心理学家的帮助,开始尝试微笑着摸摸孩子们的头,拍拍他们的肩,结果孩子们的情绪很快好转,食欲也恢复了。原来他们缺少了母亲般的爱抚!

群体中人与人之间的交往与联系,造成一种重要的心理现象——“社会心理气氛”。人与人之间的相互理解、信任、关心和友爱会造成良好的社会心理气氛,它能使每个正常人的健康的、合理的心理需要得到程度不同的满足,从而产生开朗、乐观的情绪,对生活更加热爱,并使整个群体保持一种稳定的、融洽的秩序。反之,人与人之间的冲突或者冷漠,会造成一种不良的社会心理氛围,使人感到压抑、孤寂、苦闷,并最终导致人的心理变态,对生活、对人生、对工作都抱一种消极的态度,而群体秩序也就难以安定,甚至会酿成群体的危机。

我国社会主义制度的建立,从根本上改变了人与人之间的关系,为平等、民主、融洽、一致的社会心理气氛的形成与发展提供了社会制度上的保证,展示了极为光明、乐观的前景。现在,我国正在进行举世瞩目的社会主义现代化建设,这个宏伟事业需要举国上下亿万人民群众同心同德、密切配合。随着社会的现代化,人们的社会分工越来越细,社会生产乃至生活服务越来越专业化、社会化,科学领域中的学科也呈现出既高度分化又高度综合的趋势,这就使得人们的工作、学习与生活越来越离不开与他人的广泛而频繁的交往。与此同时,社会生产率的提高和人民生活的改善,又使可供人们自由支配的时间逐渐增多,人们的社交需要也逐步增强。凡此种种,都使进一步搞好人际关系、改善社会心理气氛显得更加重要。为此,我们必须在加强物质文明建设的同时,高度重视社会主义精神文明的建设,对人际关系进行科学的、深入的研究。

二、人际关系与效率效能

团体中的人际关系是否融洽、协调,对工作的效率效能有着不容忽视的影响。人与人之间的猜忌、冷漠、排斥、冲突等,不仅会使人分散精力、浪费时间,而且会造成毫无价值的心理消耗,使人不得不把相当一部分“心劲”用在“对付”人上。因此,正如大家所熟知的:工作成绩并不一定与人数的多寡成正比,一加一并不一定等于二。

谚语云:“一个和尚挑水吃,两个和尚抬水吃,三个和尚没水吃。”为什么会产生这种人数叠加而效能递减的现象呢?有人指出,是因为缺乏合理的分工和明确的责任,和尚们吃的是“大锅饭”。其实,除此之外,还有个人际关系问题。庙里有了三个和尚,就形成了一个团体。团体中的各个成员之间如果能够互相沟通、理解、体谅、同情,造成一种相容的心理气氛,自然就会有共同的目标与心理指向,从而出现竞相挑水或轮流挑水或一人挑水、一人司厨、一人洒扫的默契,挑水的效率就会大大提高,何至于因为彼此斤斤计较、互相推诿而最终弄到大家都没水吃的局面呢?

社会心理学的研究表明,人们在生产劳动中大约有 15% 的时间用在人际关系和冲突后的情绪体验上。

如果群体中各成员之间的关系紧张或者冷漠,就会使人们不得不把过多的时间和精力用在考虑和处理这种关系上,分散对各自的工作任务和共同活动的注意力,并形成猜忌、疑虑、苦闷等不利于工作进展的情绪，造成不必要的精神消耗，逐渐导致消极的劳动态度。如果群体中各成员之间能够相互理解、协调一致，则可使人们把注意力集中在工作上，在工作中形成彼此之间的最佳配合，并由此而产生满意、愉快的情绪体验，从而以最小的能量消耗取得尽可能好的成绩。可见，群体中人际关系的融洽性与一致性的确能在一定程度上调节人们的劳动态度，增进活动效能，提高工作效率。如果人际关系的结构、组合等处理得好，则会放大工作效率的倍率，产生 1 + 1 > 2 的效果，绝不是简单的个体相加的总和。

三、人际关系与个性的形成和发展

人与人之间的交往过程，不仅是一种认识上相互沟通、情感上相互交流的过程，而且也是行为上相互作用、性格上互相影响的过程。一个人如果长期生活在人际关系充满了冲突或者冷漠的环境中，就可能产生心理变态，逐渐变得言谈谨慎，情绪压抑，性格内向；或者是与此相反，变得性格暴躁，易生猜忌，一触即怒。反之，和谐、融洽的人际关系，会使粗野者变得文雅，怯懦者变得勇敢，自私者逐渐懂得关心、体贴别人。

人际关系对个体性格的影响，在父子之间、母子之间体现得最为明显，这是由于孩子的个性正在形成和发展之中，而父子、母子关系又是一种最密切的人际关系的缘故。

现代社会要求人们的性格更加开放，具有更强的交往能力。这是因为，当前新技术革命的浪潮正在世界范围内兴起，科学技术日新月异，人类知识总量成倍增长，新的信息每天都在潮水般地涌现，几乎每个人都是一个信息源。人们只有在与他人的广泛交往中才能捕捉筛选对自己的工作、学习与生活有价值、有意义的新信息，更新自己的知识贮存，改进自己的思维方式，变革过时的陈旧观念，从而战胜知识废旧、思维僵化、观念老化的威胁。开放性的社会要求人们具有开放的个性，而开放的个性又只有在开放式的人际交往实践中才能形成和发展，因此，我们应当积极、主动地搞好人际关系，在广泛的人际交往中丰富并发展自己的个性。

第三节 人际关系的形成、继承与发展

一、人际关系形成

古往今来，社会的人际关系像一张巨大的网，纵横交错，延绵无垠，变化万千。这张网是怎样罗织而成的？

人的社会性决定了人际交往的必要性。一个人只有在与他人的交往中，才能形成生活所需要的勇气、乐趣、情感、意志、知识和能力。因此，与他人交往就成为人的一种

本质的、内在的、永恒的基本需要。人际关系正是在这种双向的、互惠的、积极主动的交往中形成与发展的。

从微观上来说，人际关系是在人与人之间的个体交往中产生的。一个人本身就是其父母相互交往的产物，而他一旦出世，就立刻落入了人际关系的网络之中，并且成为这关系网络中的一个连接点，在与别人的交往中建立、发展新的关系。首先，母亲的哺育，父亲的照料，加固了在血缘基础上形成的母子关系、父子关系；接着，亲戚们来看望，于是确认并强化了叔侄、甥舅等亲戚关系。所谓牙牙学语，往往正是在父母的指点下学着叫“妈妈、爸爸、姨姨、叔叔”，从确认家庭关系、亲戚关系开始的。及其稍长，随着活动能力的日渐增长，交往的范围越来越大，交往的主动性越来越强，关系也就越来越错综复杂。先是和邻居们打交道，叫一声“叔叔、阿姨”，建立起邻里关系；和邻近的孩子们一起玩，萌生了朋友关系；接着是上小学读书，结识了老师、同学，建立起师生关系、同学关系；然后是参加工作，建立起师徒关系、同事关系、上下级关系；同时，随着生理、心理上的逐渐成熟，开始有目的地和异性交往，建立恋爱关系；嗣后，由于夫妻关系的确立，又带来了翁婿关系、婆媳关系、姑嫂关系、妯娌关系，如此等等，不一而足。

从宏观上来说，人际关系是在人们共同的活动中建立的。人类最基本的、最重要的活动是物质资料的生产活动，这种活动要求人们必须结合起来共同进行，如同马克思所说：“人们在生产中不仅仅同自然界发生关系。他们如果不以一定方式结合起来共同活动和相互交换其活动，便不能进行生产。为了进行生产，人们便发生一定的联系和关系；只有在这些社会联系和社会关系的范围内，才会有他们对自然界的关系，才会有生产。”因此，人们在共同的社会生产中所建立的关系，首先是生产关系，这是不以人们的意志为转移的物质关系。在此基础上，又形成了政治关系、法律关系、道德关系、宗教关系、艺术关系，等等。

这一切关系，说到底，就是人与人的关系。人离开人，或者说是离开群体，就无法生活，“人不能离群索居”。

第一，人际接触。人和人之间不接触，就无从建立一定的关系。人和人之间接触的机会、频率、方式，对人际关系影响极大。农村人与城市人建立关系很少，是因为相互缺乏接触的机会。一旦有了某种接触，就能建立某种关系。接触越多、互动越多，即接触的频率越高，人与人之间的关系就越密切；反之，就越疏远。一般地说，同一个单位、同一个社区、同一个行业的人之间的关系，比不同单位、不同社区、不同行业的人之间的关系要密切得多；在同一个单位、社区、行业内部，相邻很近的比相邻较远的人之间的关系也要密切。

人们采用什么方式接触，是直接的，还是间接的；是物质的，还是精神的；是偶然的，还是频繁的，对人际关系都有很大影响。一般说来，直接的、频繁的、综合性的接触，对人际关系的影响更大一些。

第二，人际需要。人和人之间如果没有相互需要，即使有彼此接触的机会，也不会结成一定的关系。所以说人与人之间的一切关系，都是建立在一定的相互需要的基础上的，都是以某种需要为前提的。人的需要，有两大类：一是维持和发展自己生命的需要，比如生存需要、生理需要、安全需要等，这种需要是个人同他人广泛建立联系的先决条件；二是保持心理平衡，充实精神生活，维持和发展精神生命的需要，主要是情感需要、文化需要等。

二、不同阶段的人际关系模式

在历史发展的不同阶段，人际关系体系的类型，即人际关系模式是不同的。不同的模式标志着不同社会的特征。

（一）等级模式

等级模式是剥削阶级所推行的一种人剥削人、人压迫人的人际关系模式。这种模式主要是阶级对抗社会——奴隶制的、封建制的和资本主义的人际关系形态。这三种社会制度的私有制本性，决定了这些社会人际关系的同源特点。

在奴隶社会里，奴隶主、贵族不仅占有生产资料，而且同时占有奴隶本身。奴隶在残酷、野蛮、粗陋的宗法等级制度的统治下，人身自由完全被剥夺，只是会说话的工具。就是在奴隶主和贵族内部，也还分有许多等级。例如中国的商代，商王的地位最高，凌驾于所有人之上。王宫中的官员分为三等，第一等是政务官，是商王的辅佐；第二等是宗教官；第三等是事务官。在古希腊，奴隶主思想家柏拉图在他的名著《理想国》中也把人分为三个等级，即治国的贤人、卫国的武士和民间艺人。

在封建社会里，人们间的等级更加森严，形成了“金字塔”式的等级模式：皇帝处于阶梯的最上层，掌握最高权力，底下分各种等级的爵位。比如，我国唐代仅官制就分九品，每品又有正、从之分，共十八级。到了明清两代，皇族分亲王、郡王至奉国中尉，共八级，功臣外戚又分为公、侯、伯三级，并且都可以世袭。在中世纪的欧洲各国，也普遍存在等级制度，居于最高层的是国王，以下有公爵、侯爵、伯爵、子爵、男爵和骑士，骑士为最低的封建主。僧侣同贵族一样，也是封建统治者。在封建等级最底层的是广大农民和其他劳动者。

在资本主义社会，资产阶级虽然废除了封建社会的人身依附关系，冲击了封建宗法等级制度，但它占有生产资料，它和无产者的关系是一种雇佣与被雇佣关系，人与人之间除了冷酷无情的“现金交易”之外，就再也没有什么平等关系了。如果说封建社会的等级是按权力大小来划分的话，资本主义社会的等级则是按金钱的多少来划分的。

总之，在剥削阶级占统治地位的社会里，人际关系的等级模式占据主导地位，等级关系表现在社会生活的各个方面，体现在社会的每一个人身上。

在社会主义条件下，生产资料公有制的建立，剥削阶级作为阶级消灭以后，铲除了等级模式的社会根源。人民群众当家做主,平等关系能够真正确立起来。但是等级观念、等级制度毕竟存在了几千年,它的传统观念、习惯势力还会对社会、对一部分人产生影响。那种当官做老爷的现象,在人民群众面前逞威风、耍权势的现象,利用职位谋求特权的现象,以及找靠山、搞个人崇拜的现象……都是等级人际关系在新形势下的表现。

(二)大同模式

这是东方国家主要是中国所提出的一种理想的社会制度和人际关系设想。《诗经》中记载了很多对人剥削人、人压迫人制度的控诉,抒发了对没有压迫和剥削、人人平等相敬的“乐土”、“乐国”、“乐郊”的向往。在奴隶社会向封建社会转变的过程中,主张人人平等相处,人人互敬互爱的“大同”思想开始形成。成书于秦汉之际的《礼记·礼运》篇描绘了一个“天下为公”的社会:“大道之行也,天下为公,选贤与能,讲信修睦。故人不独亲其亲,不独子其子。使老有所终,壮有所用,幼有所长,矜寡孤独废疾者皆有所养,男有分,女有归。货恶其弃于地也,不必藏于己;力恶其不出于身也,不必为己。是故谋闭而不兴,盗窃乱贼而不作,故外户而不闭。是谓大同。”这种以人际关系平等和相爱为基本特征的理想社会,遂成为广大劳动群众所追求的目标。一方面,被统治阶级——奴隶阶级、农民阶级,为了反对残酷的经济剥削和政治压迫,争取生存权利,争取民主自由,总是力图推翻森严的等级制度,向往平等社会。历来的农民起义运动,都不同程度地提出了“等贵贱,均贫富”的主张。另一方面,统治阶级中的部分士大夫和知识分子,由于不满统治阶级内部的不平等,同情人民群众的处境与遭遇,也提出过反对君主专制的主张,要求君主对庶民能够“推己及人”,建立自上而下的互助互爱、平等和谐的人际关系。直到中国近代,太平天国农民起义和资产阶级革命运动,高举“大同”思想的旗帜,赋予平等的社会关系以更加丰富的内容和更加深刻的内涵。洪秀全将从西方借来的“上帝”与中国传统的“大同”思想结合起来,宣传平等,批判君主专制制度。他大声疾呼:“普天之下皆兄弟,上帝视之皆赤子”,“天父上帝人人共,何得君王私自专?”他主张,人们要在政治、经济、男女、民族四大方面平等,提出了“有田同耕,有饭同食,有衣同穿,有钱同使,无处不均匀,无人不饱暖”的奋斗纲领,特别是他在《原道醒世训》中所提出的反对男尊女卑,主张男女平等的思想,有力地冲击了几千年相沿的男女不平等关系。近代改良派领袖康有为所著《大同书》,描述了一幅更加理想化的大同社会模式:太平之世无国家,无帝王,无官吏,无军队,无刑罚,无阶级,无私产;“大同之世,天下为公,无有阶级,一切平等”。这种具有空想社会主义特征的理想社会模式,也曾经对孙中山为首的资产阶级民主派产生过很大影响。

“大同”思想所提出的私有财产的平均要求和人际关系的平等主张,有力地冲击了中国封建社会的等级观念和等级制度,推动着社会关系的发展与进步,无疑具有积极意义。但是,“大同”思想所构想的人际关系模式,在小生产占统治地位的封建社会里，在强大的封建专制制度下，不可能获得社会实践的基础，不可能成为起支配作用的人际关系模式，只能是停留在纸面上、密藏在书箧中的一种虚构的理想的模式。这种虚构的理想模式之所以在中国能够经历几千年，影响人际关系，其主要原因有二：第一，它作为等级森严、压迫深重的封建社会的对立物，反映了劳动群众的愿望，并成为动员和组织他们进行革命斗争的旗帜。第二，“大同”思想同封建社会占统治地位的儒家思想的某些内容，例如中庸之道、禁欲主义、崇尚复古、修身养性等容易结合在一起，受其同化，成为封建社会调节人们伦理道德关系的思想规范，常常被统治阶级加以利用。所以，“大同”思想带有浓厚的封建性、神秘性和东方伦理色彩，打上了中国封建社会鲜明的历史印记。

“大同”思想作为中国传统文化的重要内容，至今影响着现实社会的人际关系。它作为一种传统观念，同小生产的习惯势力结合在一起，在人际关系上表现出一种绝对平均主义的倾向和“吃大锅饭”现象，否定人际关系上暂时、具体的差异。

（三）契约模式

这是西方国家所提出的一种人际关系模式。这种模式认为，人们结合起来所建立的国家，人们联合起来所制定的法律，是人们相互自觉订立契约的产物。

用契约来描述人际关系，早在古希腊时期便开始萌芽。原始的、朴素的社会契约说的提出者，是古希腊的唯物主义哲学家伊壁鸠鲁。他认为，国家和法律是以防止对人们相互关系可能产生的危害为目的而缔结的社会契约的派生物。古希腊另一著名哲学家卢克莱修，用诗的形式对人们用契约结成的关系进行了描述：

“因为人类已十分厌倦于过那种暴力的生活，已苦于彼此厮杀；

因此人们就更容易自愿地服从法律和最严格的典规。

因为，既然以往每个人在盛怒中都准备进行一种比公正的法律现在所准许的更为厉害的复仇，

所以人们就厌恶过暴力的生活。

就从那时候起，对惩罚的恐惧就沾上了生活的一切胜利品；

因为暴行和诡计包围每个人并且一般地都回头反啮那发端者，

一个人如果破坏了公共安宁的盟约，就绝不容易过一种镇静安详的生活。”

这种用契约描述人际关系的理论，在17世纪到18世纪的西方国家得到了巨大发展。古典自然法学派和启蒙思想家的主要代表人物霍布斯、斯宾诺莎、洛克、卢梭、狄德罗还有康德等，都曾广泛传播过社会契约论。其中卢梭所著《论人间不平等的起源和原因》、《社会契约论》，强烈揭露和抨击了封建专制主义，主张按资产阶级的平等原则，以契约为基础，缔结资产阶级的“理性国家”。社会契约论在西方资本主义国家的广泛传播，既与西方文化传统有关，更与西方资本主义商品交换过程相联系。正如马克思说的：“为了使这些物作为商品彼此发生关系，商品监护人必须作为有自己的意

志体现在这些物中的人彼此发生关系，因此，一方只有符合另一方的意志，就是说每一方只有通过双方共同一致的意志行为，才能让渡自己的商品，占有别人的商品。可见，他们必须彼此承认对方是私有者。这种具有契约形式的（不管这种契约是不是用法律固定下来的）法权关系，是一种反映着经济关系的意志关系。这种法权关系或意志关系的内容是由这种经济关系本身决定的。”

契约论主张用合同、协议、法律来制约、调节人际关系，强调法治，反对封建社会的人治，强调资产阶级的民主与平等，反对封建社会的等级制度，这显然是人际关系的一大进步。但是，契约论并没有说明人际关系的全部情况和揭示人际关系的实质，无法解释在国家与国家之间、人与人之间所发生的激烈斗争与矛盾冲突。这种观点和“大同”思想一样，也是一种与实际社会历史相矛盾的构想。

（四）平等模式

这是社会主义制度下的人际关系模式。这种模式，是建立在社会主义公有制的经济关系之上，并具有相应的社会主义政治、思想、伦理道德等关系，是社会主义制度本质特征的表现，是人类历史上最先进的人际关系，同其他以往一切社会的人际关系有着本质的区别。

社会主义社会消灭了剥削阶级和人剥削人的现象，消除了民族压迫和民族歧视。人民群众社会地位的一致，其根本利益的一致，以及权利和义务的一致，保证了人际关系的平等性。我国社会主义的人际关系，是在绝大多数人民群众中，真正民主与平等的关系。其具体表现是：各兄弟民族的平等、团结、互助的关系；中国共产党同各民主党派长期共存、互相监督、肝胆相照、荣辱与共的关系；工人、农民和知识分子相互支援的关系；干部、群众相互关心与支持的关系；以及军政、军民之间的团结友爱关系；等等。

社会主义平等的人际关系，并不是凭空产生的，就它的思想理论来源来看，也有着漫长的发展渊源。前面所讲的大同模式和契约模式，早在古代社会就产生了朴素的、简单的平等观念。这种古朴的平等观念发展到近代，便演变为空想社会主义。早期的空想社会主义者，例如英国的莫尔，德国的闵采尔，意大利的康帕内拉，他们分别在自己的著作《乌托邦》、《千载天国》、《太阳城》中，以不同的方式和风格，描述了没有私有财产，没有剥削和压迫，没有阶级差别，人人平等的人际关系模式。到了 18 世纪至 19 世纪，空想社会主义理论得到进一步发展。法国空想社会主义者圣西门、傅立叶，英国空想社会主义者欧文，不仅提出了一般的平等要求和消灭私有财产的主张，而且提出了消灭私有制、消灭阶级差别的设想，具体设计了新的平等关系建立的途径和方式，这些都为社会主义平等关系的建立准备了思想理论条件。

社会主义的平等关系，不同于大同模式的平均关系。社会主义者说平等，一向是指社会的平等，社会地位的平等，绝不是指每个人的体力和智力的平等。在我国社会生活中存在的绝对平均主义倾向，以及20世纪50年代末期所推行的“一大二公”的社会关系模式，并不是社会主义的平等关系，而是受传统的“大同”观念影响的“均平”关系。在我国，正在发展着的社会主义平等关系，同正在削弱和消亡着的均平关系、等级关系，交错杂陈，使得社会主义制度下的人际关系呈现复杂多样的状况。

人际箴言

不要和别人比，人各有自己的特点，做不成大树，就做小草。

三、人际关系的继承

人类历史的发展是世代相承的，每一个社会的人际关系，都有各自相对独立的发展过程，须批判地继承前一社会人际关系的合理内容和方式。

在人际关系问题上，我们不仅要继承历代思想家提出的某些人际关系的理论和方法，更要继承中华民族人际关系的优良传统。这些优良传统主要表现在以下三个方面：

第一，倡导尽责，即要求个人向群体负责，个人要以国家、民族大任为己任。“国家兴亡，匹夫有责”、“先天下之忧而忧，后天下之乐而乐”，这些思想一直是我国人民传统的民族意识，是调节个人同国家、民族关系的准则，是爱国主义的传统美德。

第二，强调道德，即要求本人重视他人，向他人尽义务。主张严于律己，宽以待人，尊敬长老，爱抚幼小。这一传统美德是深受西方人爱慕的。所以西方人称中国是“礼仪之邦”。

第三，注重现实，即中国人为人处世是入世的，价值观是现实的，主张“仁爱”，尊重现实生活中的人。既不像西方民族那样重上帝，追求灵魂在天堂的不朽，也不像印度人那样崇尚超脱现实世界，以求彼岸的幸福。

以上这些传统，当然不能简单地、机械地照搬。正确地加以继承，对促进新形势下人际关系的形成和发展无疑是有积极意义的。

四、人际关系的变革与发展

随着社会的迅速发展和改革的不断深入，人际关系也发生了深刻的变革与发展。

(一)交往意识的变革

交往意识是人际交往的先导。要变革人际关系,就要先变革交往意识。在现阶段,有哪些交往意识需要变革呢?

1. 封闭的交往意识。它不仅影响着健康交往心理的形成和发展,而且阻碍着社会主义人际关系的建立和完善。首先,“逢人只说三分话,未可全抛一片心”的封建训诫,还被一些人当作人际交往的至理名言,人为地在人与人之间筑起层层防线,致使猜疑、隔阂等在一部分人中间滋生蔓延,侵蚀着人们健康的交往心理,淡化人际的真诚友好关系。其次,“鸡犬之声相闻,老死不相往来”,自求齐全,万事不求人的封闭心理,使得一些人常常自觉或不自觉地在单位与单位之间,部门与部门之间,团体与团体之间筑起道道围墙,相互设卡,自成体系,贪多求大,造成内外关系紧张。还有官贵民贱的等级观念,任人唯亲、任人唯派的观念,常在人群中间构筑阶梯,造成裙带关系、以权谋私的人情关系、感恩报惠的僚属关系、人身依附的上下关系等庸俗关系,影响着社会主义人际关系的正常发展,成为不良风气的一种根源和社会不安定因素。

2. 绝对平均主义。它也是封建社会遗留下来的残余,是小生产者的一种心理状态。在我国,平均主义不仅有小农经济的社会基础,而且过去曾经被当作社会主义的平等关系,盲目地加以肯定和宣传。长期以来在消费资料的分配问题上存在一种误解,似乎社会主义就是要平均,如果一部分社会成员的劳动收入比较多,出现了较大的差别,就认为是两极分化,背离社会主义。这样一来,在人际关系上造成一种倾向:不怕穷,只怕富;不患寡,只患不均;不怕落后,只怕冒尖。于是,“枪打出头鸟”,无所作为,不敢竞争,不准冒尖的思想和行为在人群中蔓延。平均主义和等级观念常常是相反相成地联系在一起的。

3. “个人本位,自我中心”思想。它是资产阶级的处世、交往哲学。它所信奉的是:以自我为中心,以利己为准则。为人处世,从利己出发,唯利是图,唯我独尊,不为他人着想,毫无牺牲精神。这种交往哲学的价值取向带有明显的主观性和自私性,它淡化人们间的真诚感情,涣散集体的团结友爱,造成人际关系虚伪、冷漠和冲突。在当前我国对外开放的条件下,我们一方面要借鉴国外的某些先进的管理方式和调节人际关系的方法,但另一方面,我们也必须看到“个人本位,自我中心”的思想,也在以理论形态、生活方式、道德准则等各种方式和各条渠道,影响着新形势下的人际关系。这种思想与小农的“各人自扫门前雪,休管他人瓦上霜”的自私心理,与剥削阶级宣扬的“人不为己,天诛地灭”的利己观念本质一致,极易契合,而同我们的为人民服务的思想格格不入,这也是社会主义人际关系发展的障碍。

(二)改革对人际关系的影响

在实行社会主义市场经济的过程中,我国传统的交往价值观面临挑战,落后的人际关系受到了改革浪潮的剧烈冲击，整个社会的人际关系正在发生深刻的变化。人们在交往中渴求民主与平等，向往真诚与信任，乐于广泛交际，其交往的价值指向增添了丰富的新内容，交往方式发生了明显转变：封闭性交往转向开放性交往，单一性交往转向多样性交往。这些变化，正在向我们提出人际关系的一系列新课题。

随着社会主义市场经济的迅速发展，平均主义、吃“大锅饭”的现象受到冲击。分配上的平均主义现象逐步克服，按劳分配的原则切实实行，富裕程度的差别必然出现。人们之间的竞争状况和富裕差别，是在生产资料公有制为主体，发展多种经济形式的前提下产生的。人们的竞争，是在平等基础上、互助合作中的竞争。平等竞争与互助合作相结合，是社会主义市场经济条件下人际关系富有活力的表现。

同时，随着社会主义精神文明建设的发展，人们的思想观念、道德风尚等都将逐步在建设中改革，在改革中建设。这种改革与建设的统一，是以建设和发展平等、团结、互助的社会主义新型的人际关系为目的的。

同时，新技术革命，也必然引起人际关系的变化，计算机、网络、光导纤维、激光等新技术革命，使脑力劳动者人数迅速增加。技术更新快、管理水平高，也必然对人际关系产生影响。

我国的人际关系，随着市场经济、新技术革命的进展而变革；与此同时，人际关系的变革，也必然促进市场经济、新技术革命的改革与发展。

第四节　如何调节人际关系

建立和谐融洽的人际关系，并非易事，它需要关系双方共同努力，在各方面采取不同措施进行调节。

一、心理与语言方面

人际关系是在交往中产生的，而在交往中，心理因素有着不可忽视的作用。从社会心理学的角度来看，人与人交往的过程就是彼此认知、感情交流和互相影响的过程。充分发挥人际交往中心理因素的作用，能够有效地帮助我们调节人际关系。

人与人之间的交往一般是从彼此认知开始的。交往之初，我们就应当积极主动地感知、认识、理解对方的生理心理特点、交往动机、行为目的和心理定式等，同时也设法使对方感知、理解、认识自己。这种相互间的沟通是借助符号系统实现的，而在符号系统中，最重要的首先是语言，因为语言是“人类最重要的交际工具”，它能够最有效、最准确地表情达意，传递信息。因此，我们在人际交往中，要高度重视并充分发挥语言的沟通作用，以便双方都能获得对对方的正确感知、认识和理解。生活中的无数事例告诉我们,诸如同事间的争执、路人间的冲突等,常常是因为语言沟通不够以至造成了彼此间的误会而引起的。所谓"言语不合,打将起来",不是因为双方交谈得不够,就是因为彼此都没有努力去寻找共同的语言,或者是因为彼此间没有建立起统一的语言编码和译码系统因而造成了语义上的分歧。需要指出的是,我们的古人曾经片面地赞扬质朴寡言而贬低善于辞令,例如孔子就曾说过"刚毅木讷,近仁","巧言令色,鲜矣仁",他的主观意图是要强调内心修养和实际行动,但却忽视了语言的交际、沟通功能,其影响所及,使得直到现在仍有人把"能说会道"视为缺点。这种观念是改善人际关系的一种心理障碍,已不适应当前的开放社会和信息时代的需要。

沟通的符号系统除了语言外,还有非语言的符号系统,例如说话时的语速、音质和声调,面部表情、手势、体态、动作等,都是传递信息的符号,都是促进交往双方相互认识和理解的有效手段。同样一句话,说得和缓还是急促,是柔声细语还是高门大嗓,是有商量还是颐指气使,是语带笑容还是板着面孔,效果大相径庭。而且,一颦一笑,颔首摇头,一举手一投足,这些表情、动作、手势、体态等本身就可以表示多种意义,在人群之间传达多种信息。美国的希尔顿酒店以微笑服务著称于世。创始人康拉德·希尔顿对下属常问的一句话是:"你今天对顾客微笑了没有?"他确信微笑将有助于希尔顿的大发展,因此要求员工切记这一信条:"无论酒店本身遭遇的困难如何,希尔顿酒店服务员脸上的微笑永远是属于旅客的阳光。"事实果然如此,当20世纪30年代美国发生了空前的经济萧条,全美国的酒店倒闭了80%,而希尔顿酒店则凭着服务员脸上永恒的微笑度过了萧条时期,跨入了经营的黄金时代,终于发展成了全球性的酒店企业。可见,微笑这一使人感到亲切、温馨的表情,可以有效地缩短交往双方的距离,创造良好的心理气氛。

在人际交往中,几乎与彼此认知同时进行的,是感情的交流。感情是人际关系的最重要的基础,是人际关系的稳定性、深度、亲密程度的主要调节器。交往对象相互之间的好感、喜爱和吸引,可以使彼此很快缩短距离,建立起融洽的关系甚至发展为友情或爱情;相反,厌恶或冷漠的感情,却会一下子拒人于千里之外,使关系紧张或疏远。

在人际交往中,把自己摆在对方的位置上,设身处地去体验、理解别人的感情,注意形成彼此间的共同感受,善于谅解与同情别人,是增进相互理解、缩短人际距离的一种有效方法,社会心理学称之为"感情移入"。我们的古人处理人际关系,一向注意尊重对方、体谅对方,设身处地为对方着想。孔子所谓"己所不欲,勿施于人",孟子所谓"老吾老以及人之老,幼吾幼以及人之幼",都可视为一种感情移入。这是我国很好的文化传统,应该发扬光大。

人际交往的过程也是交往双方相互影响、相互作用的过程。这种影响和作用通常应该是双向的,就是说交往双方应该互相靠拢,既设法影响别人,也要接受别人的影响,既要了解别人,也要让别人了解自己,既要让别人适应自己,而自己也要主动适应别人,只有这样,交往双方才能建立起融洽的关系,组织起协调一致的共同活动。这是因为人际交往是一种双边和多边的活动，在交往过程中，双方处于平等的地位，都是交往的主体，都有主动性。如果一方无视另一方的意志、目标和要求，不尊重对方的个性和尊严，把交往活动视为单向输出，只要求对方屈就自己，关系就很难融洽，行为也难以协调，结果往往造成因固执己见而沦为一意孤行，使人际关系出现冲突乃至破裂。

二、道德与礼仪方面

道德是调整人与人之间、人与社会之间相互关系的行为原则和规范。它是在人们的社会实践中产生的，通过人们的内心信念、社会舆论和传统习惯来约束人们的行为，从而有效地调整人们相互间的关系。

每个人都有各种各样的欲望，如同《礼记》所说，“饮食男女，人之大欲存焉；死亡贫苦，人之大恶存焉。故欲恶者，心之大端也”。这是人的本性，每个人都有权利使自己的合理欲望得到满足。但是，一个人的欲望有时会和别人的欲望、社会的利益相冲突。如果每个人都毫无节制地满足自己的欲望，人群之间就会冲突四起，社会就会濒于崩溃。要使人类社会能有正常的秩序，社会生活能够正常进行，人们就得克制自己的欲望，约束自己的行为，遵守人类公共生活的规则，把自己的欲望和行为限制在不妨害社会整体和他人利益的合理范围之内。为了达到约束各自的欲望与行为、合理地调节人际关系的目的，人们在长期的相互交往与社会实践中逐渐形成了一系列有关善恶的观念、情感和意向，这就是道德信念。

道德调节具有非强制性的特点，它通过内心信念、社会舆论和传统习惯来促使人们自觉地遵守“公共生活规则”，自觉地按照一定的善恶标准和行为规范来约束自己，它的前提是要求人作出必要的节制和牺牲。狭路相逢，必得有一人让路；僧多粥少，就得匀着吃。如果没有点克制精神，谁也不肯让步，谁也不肯作出一点牺牲，就必然会造成冲突，就无伦理道德可言。

生活中道德调节的范围极为广泛。比如，一间宿舍内的两个同学，一个要埋头钻研数学，一个要听外语录音，两个都属勤学奋进，无可指责，但人际关系却会出现矛盾。这种矛盾就只能依靠道德调节来解决。如果平素注重道德修养，树立了坚定、正确的道德信念，就会克制自己，作出一点自我牺牲而给人以方便，从而出现互谅互让的良好局面；如果双方不善克制，就会出现人际冲突，妨害他人者必将受到舆论的谴责，促使其改弦易辙。由此可见，道德在调节人际关系中起着十分重要的作用，我们应当善于运用它。

礼仪是道德的一种外在表现形式，它在人际关系的调节中也具有不可忽视的作用。没有良好的礼仪，一切成就就会被人看成骄傲、自负、无用和愚蠢。“美德是精神上的一种宝藏，但是使它们生出光彩的则是良好的礼仪；凡是一个能够受到人家欢迎的人，他的动作不独要有力量，而且要优美……无论什么事情，必须具有优雅的方法和态度，才能显得漂亮，得到别人的喜悦。”

礼仪是以对别人的尊重为基础的，是一个人道德水准高低和有无教养的重要标志。礼仪的表现形式主要是谦虚恭敬的态度、文明礼貌的语言、优雅得体的举止等。我国素有“礼仪之邦”之称，注重礼仪是我国人民的优良传统。在今天，我们更应该讲究礼仪，高度重视并充分发挥礼仪在调节人际关系、改进社会风气中的重要作用。

三、经济与法律方面

生产者之间的社会关系是在产品交换中产生的，它首先表现为人们之间的物质经济关系。因此，物质经济关系是一切社会关系的重要基础。人们在社会生活中，经常会遇到人与人之间、人与社会之间的种种矛盾，而其中最根本的往往就是经济利益的矛盾。这种矛盾是普遍存在的、经常发生的，如兄弟分家、夫妻争执、遗产分配、合同的订立和执行、劳动的计酬和奖惩、交通事故的处理等，无不直接或间接地表现为“人们之间的物的关系和物之间的社会关系”。这种关系涉及一定的团体利益、个人利益，往往用政策、法令的形式加以规定、予以保障。因此，这种关系也往往要通过政治的、法律的手段来加以调节，但在调节过程中也往往离不开经济手段。

例如，合同执行中的违约现象，因为给对方造成了经济损失，所以会使双方的关系出现冲突。这种冲突的缓解，当然要以违约事实为根据、以合同法规为准绳进行法律调节，但调节的手段往往是对违约者课以罚款，给对方以经济上的赔偿。可见在法律调节的同时也就伴随着经济调节，至于因经济问题引起的家庭矛盾或个人之间的冲突，则主要得通过经济调节和道德调节加以解决。

法律是用强制手段把人们的行为限制在符合现行法规的范围之内，借以调节人与人之间、人与社会之间的关系。例如，制定民法保护公民个人的合法财产权益，调整一定范围的人身关系，包括公民或法人依法享有的姓名权、名誉权、著作权、发现权、发明权、专利权，以及公民的生命健康权、人身自由权等；制定婚姻法解决家庭中夫妻、父母、子女的人际、财产关系等一系列家庭问题。凡是人际关系中涉及法律的行为冲突，我们都应该诉诸法律，由执法机构依法进行调节，最好不要意气用事、自行处理。同时也应注意，法律调节的对象是涉法行为，凡不属法律管辖调节的冲突、矛盾，一般无须法律部门解决，可通过找些亲戚朋友来进行调解，或由行政部门领导、居民调解委员会等出面帮助调解。

四、思想工作与艺术活动方面

由于人们认识客观事物的角度、深度等有所不同，因而人们的思想常有正误之分、深浅之分、精粗之分。这种思想认识上的差异，往往会造成人际关系的失调或者矛盾，而这种失调与矛盾只能靠富有说服力与感染力的思想工作来调节。

《战国策》中记载了这样一件事：赵太后刚刚当政时，秦国趁机发兵进犯，大军压境，形势危急。赵国向齐国求救，而齐国却提出必须让长安君作人质，才肯出兵相救。

长安君是赵太后最疼爱的小儿子,太后怎舍得让他去作人质呢?大臣们纷纷劝太后以国事为重,谁知太后非但不听,反而把话说绝了:“有复言令长安君为质者,老妇必唾其面!”思想认识上的差距,使君臣关系出现了僵局。这时候,左师触詟求见,来做太后的思想工作,赵太后气呼呼地接见了他。触詟是个老臣,年事已高。他避而不谈长安君之事,而是首先关切地问候太后的饮食起居,谈起了老年人共同关心的健康问题。这种求同存异、努力寻找共同语言的做法,有效地缓解了君臣之间的紧张空气,使太后的脸色渐渐缓和下来。接着,触詟托言道:“我有个小儿子叫舒祺,不成器,可是我老了,所以特别疼爱他。请求太后让他当一名宫廷卫士吧。”这种怜爱幼子的人之常情,立即引起了赵太后感情上的共鸣。太后不仅当即应允,而且由此谈起了怜子问题,君臣关系变得和谐、融洽起来。触詟趁机因势利导、晓之以理,指出君侯的子孙如果“位尊而无功,奉厚而无劳”,是很危险的。如果太后真的疼爱长安君,就应该让他到齐国作人质,以解赵国之危,为国立功。只有这样,日后长安君才能在赵国自立。这番入情入理的说服劝导使太后幡然醒悟,君臣之间终于在思想上取得了一致的认识。太后同意了让长安君入齐为质,于是“齐兵乃出”,赵国得救。触詟之所以能使赵国君臣之间的关系由僵持化为缓解并终至融洽一致,正是由于他成功地做通了赵太后的思想工作的缘故。

思想工作是对人的认识、情感、意志、行为施加有目的的影响,从而促使其思想感情发生变化的一门艺术。它不仅可以帮助人们提高思想觉悟,增进品德修养,形成正确的世界观与人生观,而且可以使人与人之间在认识上取得一致,情感上产生共鸣,行动上达成协调,从而有效地调节与改善人际关系。

要想使思想工作取得成效,在调节人际关系中发挥作用,必须深入进行调查研究,注意“晓之以理,动之以情”——这是思想工作成功的关键。

首先,思想工作必须充分说理,以理服人。由于人们对客观事物的认识不可能一次完成,因而人们的思想需要不断地校正与深化。实事求是的分析,有的放矢的开导,严谨缜密的论证,可以启人心智,帮助人们明辨是非,分清利害,使人们豁然开朗,疑窦顿消。因此,只要道理讲得充分、透彻、有说服力,人们是能够而且乐于接受的。

其次,思想工作还必须“动之以情”。感情是思想认识、道德观念形成的重要条件,是思想工作中的催化剂。我们所讲的道理,只有与对方的情感体验产生共鸣的时候,才能打开他的心扉,扣动他的心弦,使他愿意接受这种道理并以之指导自己的行动。同时,也只有感情上的共鸣才能有效地缩短人与人之间的距离,使人际关系呈现融洽、和谐的气氛。

只要我们在思想工作中能够坚持实事求是,有的放矢,做到入情入理,通情达理,思想工作就一定会卓有成效地消除人们在认识上的隔阂,缩短人们在感情上的距离,从而调节与改善人际关系。

艺术活动在调节人际关系中的作用同样是不可忽视的。艺术活动是一种感情的传递,可以使人们产生感情上的交流与共鸣,从而缩短彼此间的距离。《列子·汤问》记载,春秋时代的音乐家俞伯牙善于弹琴,而钟子期善听。“伯牙鼓琴,志在登高山,钟子期曰:‘善哉,峨峨兮若泰山!’志在流水,曰:‘善哉,洋洋兮若江河!’”对乐曲的共同感受与理解使两人成为莫逆之交,以至古曲《高山流水》成为知音或知已的代称。唐代诗人白居易著名的长篇叙事诗《琵琶行》,生动地描述了因“年长色衰”而委身商人的京都琵琶女卓绝的演奏技艺,那抑郁、哀婉的琴声引起了诗人深切的共鸣,以致泪湿青衫,发出了“同是天涯沦落人,相逢何必曾相识”的慨叹。

第五节 人际关系的作用

世界上,任何事物都有自己的作用,人际关系也有着自己的作用。所谓作用,是指人或事物在运行过程中所显示出来的功能和影响。在现实生活中我们常常看到,有的公司,同事之间相处得好,人际关系协调、和谐。这样的人际关系,对公司中的成员能起到凝聚作用,产生积极向上的影响。相反,有的公司,同事之间离心离德,相互之间猜疑、防范,内耗严重。这样的人际关系,对公司中的成员,无疑具有离心作用,产生消极的影响。人际关系的作用至少有以下几个方面。

一、力量结合作用

平时我们常说,“人多力量大”、“团结就是力量”、“人心齐,泰山移”。这些说法,讲的是一个道理,就是群体按照正确的方式联合起来,就会产生很大的力量。

人们相互结合所产生的力量,并不是每个人力量的简单相加,它的大小取决于人们结合或协作的方式,即取决于人际结构、人际关系。如同足球比赛,队员体质再强,技巧再好,若齐心协力不够、相互配合不佳,不能充分发挥整体效应,就难以创造出最佳比赛成绩。

再者,在人际关系中要创造民主、团结、互助的心理气氛。理顺关系,消除内耗,一致工作,这样才能形成力量有机结合作用。

二、取长补短作用

俗话说,“荷花虽好,需绿叶扶”、“一个篱笆三个桩,一个好汉三个帮”。这是对人们相互之间要互补的生动比喻。

互补,是指在团队内部,由于人际关系良好,人们之间能够互相学习,取长补短。这实际上是通过交际,在多方面的交流中产生能力上增值的行为。

在人才学领域,有人提出了“人才互补效应”理论,认为:具有不同知识、才能、气质、性格的科学工作者，组成一个研究群体，那么这个群体的知识结构和智能结构良好结合起来，是任何一个科学家所望尘莫及的。人才之间的相互协作、鼓励，给群体中的每个成员都带来了创造的活力。我们可以将互补行为分为知识互补和性格互补。

知识互补主要是指不同学科、不同知识的互相补充。这是当前科学技术飞速发展、高度分化、高度综合的必然要求。面对着科学技术发展的这一趋势，个人所掌握的知识显得太有限了。因此，调节人际关系，依靠团队力量，合取众家之长，使各有专精的人们之间产生知识互补行为，就能大大提高知识的利用率，充分实现人的能力、价值，从而进一步推动科学技术向前发展，提高整体的科学技术水平。

性格互补更为普遍。它与家庭、工作团队内部的和睦、协调是互为因果的。在现代的家庭结构中，如果夫妻双方都是独立性很强，富有主见，以自己为中心的独断型性格，那么，不难想见，这类家庭保持宁静的日子不会太多。对离婚案例的统计表明，这类家庭离婚率很高，夫妻之间不能形成性格上的互补是主要的原因。

同样，在团队成员内部，之所以存在小群体，性格上的差异和互补也是一个因素。因此，择友时考虑性格上的差异，求得性格互补，这既有社会意义，也具有现实意义。

另外，知识互补与性格互补都需要良好的人际关系。

三、相互激励作用

在当今激烈竞争的社会，人们为求生存、求发展，离不开团队，以发挥群体智慧和力量，增强竞争优势。因此，我们提倡在团队内部形成一种活泼的、健康向上的、奋发进取的环境和气氛，使人与人之间，既团结互助，又你追我赶，既和谐融洽，又紧张热烈。

为创造这良好的环境，在竞争中取得成绩，就需要相互激励。

由于人是合群的，富有同情心、正义感，因此，人的情感是能互相作用、互相影响的。在团队内部人员之间形成良好的关系，风气纯正，呈现出蓬勃向上、奋发进取的热烈气氛，使整个团队内部生发出浓烈的积极情感，这就是情感激励。

情感激励有时可以创造出许多动人的奇迹和神奇的效果。比如，在敌人的监狱里，由于身陷囹圄，失去了自由，从精神到肉体都备遭摧残，而且与组织也失去了联系，一些革命者可能因此而忧心忡忡，精神不振。这时，如果又关进来几个豁达乐观的革命者，他们虽然没有了人身自由，但由于坚信真理，坚信革命事业的最终胜利，因而不畏强暴，置生死于度外，始终保持着坚定的信念和乐观的心境。那么，后者这种乐观的心境一定能够感染、激励整个狱中难友，激起他们同敌人作殊死斗争的信念，精神面貌就会为之一振。

又比如，有人搞推销，开始不顺利，一天也推销不出一件产品，但他不气馁，失败了再干，总结经验，执着追求，终于成了推销大王。他的精神感染了同行，使同行在消极、烦闷中举拔出来，从而全身心投入，努力工作，最终也成绩显著。

四、联络感情作用

人有合群的需要,不愿意孤单独处。长期孤单独处的人,慢慢会变得忧郁,人通过彼此间的相互交往,诉说各自的喜怒哀乐,能增进相互之间思想感情的交流,产生一种亲密感,并从中吸取力量。

感情联络的过程,与人的社会化的过程是紧密联系的。改善人际关系,加强感情联络,这对于同事、朋友,甚至夫妻之间都是非常必要的,它可以沟通思想,拉近距离,增进友谊。

在公司内部,特别是领导的秘书人员更应该时时注意处理好人际关系,加强与同事、客户的沟通,联络感情,重视感情投资。一个人在苦恼的时候,一句暖人的话语,一个亲切的举动,都能使之得到情感上的满足,产生强烈的感情共鸣。因此,秘书要重视上下左右之间的情感联系。

五、信息交流作用

有学者估计,一天当中人们除了 8 小时的睡眠以外,其余的 16 小时中,约有 70% 的时间都在进行信息沟通。古往今来,人们不断创造信息交流的新途径、新方式。尽管如此,人际沟通作为信息交流的方式和手段仍是重要的、不可或缺的。每个人都是一个信息源,人既是信息的传播者,也是信息的接收者。

根据人际信息交流的具体方式,可分为口头交际以及非口头交际。

口头交际是用口头语言作为交际手段。口语是最通用的交际方式,采用口语传递信息,在人际交往活动中直接完成,其传递的信息准确,较少走样。

非口头交际主要是指通信、网络交流。在新形势下,这种信息交流方式交流面广,信息量大,既有书面的,也有口头的,而且多为口语交流。

人际信息交流有其鲜明的特点。它所交流的是人们不同的观念、兴趣、情绪、感情与意向等。这种交流,不能简单地归纳为信息传递的过程。

人际信息交流与两台装置之间简单的“信息运动”不一样,交际过程中的每一个参与者都是作为主体出现,彼此之间进行的是积极的交流。这种信息交流必定会影响对方的行为,即通过信息的交流可以改变交际参与者。而交际的效果正是以这种影响起了多大作用来衡量的。

不难看出,在人际信息交流的过程中,人际关系结构本身可以得到改善。因此,作为秘书人员必须充分发挥人际交往中信息交流的作用,进而不断改造、完善人际结构和人际关系。

小贴士

社交让人变聪明

社会交往使我们更加聪明。

美国密歇根大学的一项研究指出，友好地与他人交谈可以帮助人提高大脑的执行功能，从而使人更容易地解决遇到的一些日常问题。如果以带有竞争的口吻，而不是合作的态度与人交谈，则不利于提高执行功能。

此项研究的负责人、心理学家奥斯卡·伊巴拉在该校就此发布的报告中称，研究证实，只需要通过在日常交往中与他人聊天就可以提高智力。

研究人员分析了社交活动对智力活动中一个关键组成部分——执行功能的影响。所谓“执行功能”，是指人的综合认知能力，预先制定目标和计划，并对各项任务自我协调，最终有效达成目标的能力。执行功能在生活中对解决日常问题是一项关键技能。

在2008年进行的一项研究中，伊巴拉已经证实了短期社交有助于提高执行功能。

在最近的这次研究中，伊巴拉及其团队想要证实哪种类型的社交有助于提高智力。为此他们选取了192名大学生作为研究对象。研究发现，参与者只要与他人进行旨在彼此熟悉的10分钟交谈，就可以在接下来的一系列日常认知任务中提高效率。这是因为，社交活动指引人们尝试读懂对方的心思，并抓住事情的要领，而这种努力有助于促进思维敏捷性。

（阿根廷《21世纪趋势》周刊网站2011年10月30日报道，记者雅伊萨·马丁内斯）

思考与练习

1. 请阐述人际关系的内容、性质、特点与原则。
2. 搞好人际关系的重要意义是什么？
3. 人际关系交往方式有哪些？
4. 如何调节人际关系？
5. 搞好人际关系要互相尊重，下级要尊重上级，上级也要尊重下级。请看下面的案例，对此你有何种看法？

坏了大事的两个小人物

小人物看起来无足轻重，但手握乾坤的大人物一旦忽视了他们的利益或作用，后果也可能不堪设想。

春秋时期,各诸侯国互相攻伐。有一年,宋国大夫华元率军攻打郑国,夜宿某地。为振奋士气,华元吩咐部下给士兵加餐,每人分一大块羊排骨。

当晚,士兵们兴高采烈地捧着骨头啃,只有华元的马车夫羊斟在一边喝凉水。原来华元军务繁忙,忘了交代分给羊斟一份。

羊斟气不打一处来,第二天两军激战正酣时,羊斟忽然一甩鞭子,驾着指挥车到了郑军大本营。可怜华元因为一块羊排,稀里糊涂成了俘虏。

历史总喜欢让相似的情景重演。公元199年,袁绍和曹操之间爆发了争夺北方领导地位的官渡之战。曹操不但部队人数远少于袁绍,而且军粮奇缺。

眼看就要弹尽粮绝,一个小人物给他带来了转机。原来袁绍手下有个叫许攸的谋士,他经常给袁绍出谋划策,不过袁绍爱答不理。许攸伤了自尊便投靠了曹操,并向曹操提供了袁军乌巢粮草的详情。

曹操派军夜袭乌巢,把袁绍的粮草连烧带抢,折腾了个精光,从而一举扭转了战略上的被动局面,最终获得了战争的胜利。

(摘编自《领导文萃》)

第二章 人际沟通的方法与艺术

本章重点内容

当今社会是一个多元化的社会，一个充满竞争与合作的社会。生活在其中的我们，唯有把个人的理念、情绪与感受，通过得体的语言、合适的渠道和方式、理性的态度和富有情感的肢体动作恰当地表达出来，促成相互交流，这个社会才能更和谐、更进步，而我们每个人也才会拥有更美好、更成功的人生。这就是沟通。

为此，作为秘书要掌握人际沟通这门学问、这门艺术，做好人际和组织之间的交流，表达愿望、交流思想、寻求合作，力求使所有的难题都能在沟通过程中迎刃而解。

案例导入

高尚品德，沟通基础

一个推销员每天按照经理的吩咐只对顾客介绍产品的好处，他自己厌倦了这种工作方式。一天，在向一位顾客介绍产品优点的同时，他也介绍了产品的缺点，顾客听完后没说什么就走了，经理非常生气，决定解雇他。

而正当推销员带着行李离开的时候，那位顾客又回来了，身后还带了一些人，这些人都准备买他的东西——这些人是冲着推销员来的，就因为推销员是个诚实的人。

案例点评

诚实的品德是沟通的基础，使一个人在人际沟通中享有一定的声望。诚实，让一个人赢得尊重，获得荣耀。正是“小胜靠谋，大胜靠德”。

第一节　什么是沟通

沟通是指人与人之间信息的交换过程，是人们为了既定的目标用一定的语言或非语言符号，对信息、思想和情感进行传递的过程。

沟通既是人际的交流，也涉及组织之间的交流。进行人际沟通是秘书工作中最为常见的内容。

一、秘书沟通的特点

秘书从事的沟通工作带有明显的职业特点，具体如下：

（一）非支配性

秘书不能超越上司的授权范围去承诺、指挥任何人与事物，因此，秘书必须明确对自己的工作定位和职责要求。

（二）非限定性

秘书在协调沟通的范围上没有明确的限定性，必须依据实际情况和工作需要进行。因此，秘书必须加强应对与变通能力，以及对单位各种情况的了解程度。

（三）协调性

秘书要利用自身的能力与影响使需要协调的各个方面能服从疏导，配合协调，最终达到预期的目标。

二、秘书沟通的手段

（一）书面语言沟通

书面语言的沟通就是利用文稿实现信息的传递与反馈。秘书要使文稿清楚、简明、准确，就要在写作上下功夫，了解必要的文种、格式规定；掌握基本的遣词造句技能和逻辑要求。在现代办公手段普及后，书面沟通还包括利用传真和电子邮件的沟通。书面沟通的优点在于方便信息的储存和查询，并具有权威性，但反馈的时间会相对延长。

（二）口头语言沟通

口头语言的沟通不仅包括人们面对面、一对一的沟通，也包括会议、小组讨论和电话中的语言沟通。直接的语言沟通可使沟通的效率大为提高，但这对于秘书的语言能力、交流技巧有更高的要求。口头语言沟通的优点是快速传递，快速反馈，信息量大；其缺点是容易失真，核实困难。

（三）态势语言沟通

态势语言是借助于表情、肢体的动作来强化信息交流沟通的一种手段。准确、适当地使用态势语言需要一定的习俗礼仪常识及训练。其优点是内容丰富，表达灵活。

（四）网络沟通

网络沟通不同于传统沟通，办公管理中的网络沟通主要借助于计算机实现信息在组织内外的传递，这对办公管理提出了更高的技术要求。网络沟通与传统沟通相比，更加注重效率和人机控制中的有效性。

网络沟通的优势在于：①极大降低了沟通成本，提高了沟通的效率；②实现了沟通的即时性和平等要求；③在防火墙技术支持下提高了即时信息的安全度。

（五）跨文化沟通

跨文化沟通是指拥有不同文化背景的人们之间的沟通。文化背景的差异性会使人们对同一个问题的认识和处理方法大不一样。正确认识这其中的障碍并逐步克服它，有益于增进交流，提高管理和办公的效率。

1. 跨文化沟通中的障碍。跨文化沟通中的障碍主要来自以下三个方面：

（1）言语沟通障碍。这主要包括不同的语言背景、不同的语言习惯、不同的理解角度、不同的使用方法、不同的含义等。

（2）非言语沟通障碍。这主要包括不同的态势语表达方式、不同的含义和习惯、不同的环境要求以及不同的风俗。

（3）信仰与行为障碍。这主要包括不同的民族习俗、不同的宗教信仰、不同的历史文化影响、不同的价值观等。

2. 解决沟通障碍的方法。解决跨文化沟通障碍的办法如下：

（1）了解不同文化中对现实世界的认识习惯。

（2）学习了解不同文化中对于承诺、协议含义的理解和差异。

（3）理解不同的伦理道德与其历史文化的联系。

（4）了解、适应不同的饮食习惯和饮食文化。

（5）了解不同文化背景中的礼仪与馈赠方式。

三、沟通的基本要素

沟通过程由各种要素组成,包括发送者、接收者、信息、渠道、反馈和环境。

(一)发送者

发送者就是通过一定的渠道向接收者发出信息的一方。发送者既可以是个人,也可以是组织。发送者的主要任务是信息的收集、加工、传递及对反馈的反应。

(二)接收者

接收者就是发送者信息传递的对象。多数情况下,发送者与接收者在同一时间既发送又接收,角色互换传递,过程可逆向进行。接收者的主要任务是接收发送者的思想、情感和意图,并及时把自己的思想、情感和意图反馈给对方。

(三)信息

信息就是发送者所发送的由语言和非语言两种符号组成的内容,由双方共同分享这特定符号所带来的思想、情感和意图。

(四)渠道

渠道就是信息经过的路线,是发送者把信息发出、接收者接受和反馈的手段,渠道主要由听觉、视觉、触觉等组成。

(五)反馈

反馈就是接收者接收发送者所发出的信息,通过消化吸收后,将接受程度等反应传给发送者。沟通中参与人数越少,反馈的机会越多。

(六)环境

环境包括大、小环境两个方面,小环境如噪声等干扰因素,有外部干扰、内部干扰和语义干扰等;大环境即一个区域,更多的为一种大的文化背景,尤其是在国际沟通中,不同文化的影响更大。

四、沟通的基本原则

(一)“7C”原则

1. 可信赖性(Credibility):要真诚满足被沟通者的愿望和要求,营造彼此信赖的氛围。

2. 环境(Context):保证沟通计划与沟通环境的一致性。

3. 内容(Content):准备好有针对性的、能对客户产生影响的信息内容。

4. 明确性(Clarity):要用简明的、准确的语言进行沟通,以提高沟通的效率。

5. 连贯性(Consistency):沟通是一个没有终点的连续过程。不要忽视补充新的信息内容,对客户进行必要的跟进、联系。

6. 渠道(Channel):尽量使用已经有的、客户习惯使用、熟练使用的信息沟通渠道进行沟通。

7. 准确判断接受能力(Capability of Audience):用来沟通的信息对接收者的能力要求越低,信息内容越简单,就越容易被较快接受。接受能力主要取决于对方的接受习惯、阅读能力和知识水平。所以秘书要能准确判断出对方的接受能力,以便有针对性地传达信息。

(二)沟通的前提

1. 尊重。尊重是实现有效沟通的基本要素。秘书在待人接物中一视同仁的平等态度会鼓励对方进入轻松自由的无障碍交流,使沟通容易取得成功。

2. 理解。强调在沟通中的换位思考,积极的了解、引导与说服。

3. 赞美。人们都喜欢赞美他的人,不喜欢责备他的人,更不喜欢被责备。

4. 真诚。日本企业之神松下幸之助有句名言:“伟大的事业需要一颗真诚的心与人沟通。”

5. 宽容。宽容是建立良好人际关系的法宝。

(三)沟通的关键

1. 有效倾听。秘书在接待中要正确地倾听来访者的要求,及时做出回应并引导客户完成预期目标。倾听者要清除杂念,专心理解对方的语义,表现出适当的体态语鼓励对方叙述,调整好情绪对信息进行思考、回馈,并准备做好记录。

2. 认真分析。限于一些复杂因素的影响,有些沟通目标不会被直接表达出来,这就需要我们在倾听的同时开动脑筋去琢磨,所谓“锣鼓听音,听话听声”,正是这个道理。

(四)沟通的目标

沟通的目的在于获取信息,传播信息,影响态度和观念,获得理解和支持。具体如下:

1. 说明事物。这包括了解对方的意图,准确地陈述或介绍事实;引起对方的思考或兴趣;影响对方的见解或态度。

2. 表达情感。这是比上一层次更深一步的目标。秘书在与来访者有了初步交流后，在某些活动和特定场合深入沟通，可以说明观感，流露感情，促使对方产生感应，为日后进一步交流打下基础。

3. 建立联系。这包括直接要求建立联系和暗示建立联系。前者往往出于工作习惯和工作程序的要求；后者则是依靠秘书的判断，意识到建立联系对工作发展的必要性时而做出的反应。

4. 和谐工作环境。由于秘书沟通工作的非限定性特点，使秘书在组织各部门间承担着服务、协调、沟通、参谋等作用，从而有效减缓、消除了各种矛盾的滋生。

小贴士

赢得人心的投资

适度的赞美是成功交往的催化剂，只要细心观察，你可以从一个人的外表、穿着、服饰、品位、谈吐、内在的修养、学识、工作的态度、精神、毅力等方面找出许多优点。以此恰当地赞美他人，是赢得人心的最省力的方式。

第二节　沟通的方法与技巧

一、沟通的方法

（一）明确沟通对象

秘书在沟通中的对象往往变化很大。有些相对固定，比如自己的同事、上级，经常发生业务往来的部门；有些则是随机的，比如未预约的来访者、投诉者，有合作兴趣的探询者等。及时了解这些沟通对象的基本情况会使沟通顺利且易于成功。这里有两个方法是不可忽视的：

1. 使用必要的沟通记录工具。一份详细的来访人员登记表能够帮助你迅速了解对方的基本信息；一份周详的预约来访登记簿会提示你对方的来访意图；一张对方递交来的名片也会使你对其身份、地位、业务范围有所了解。因此，秘书应该并可以根据自己的工作经验与体会，修正、完善这些记录工具，使之更加适合沟通使用。

2. 询问使已有的信息更具有针对性。比如，在了解了对方访问自己上司的意图后，如果再询问一下他可能要占用的时间，则可以比较好地选用上司的不同工作时段来安排会晤。又如,在应要求进行会议室预约登记后,再询问一下有否其他会议用品要求,会使对方倍感周到和亲切,从而更愿意配合你的工作。

(二)了解沟通对象的行为习惯和风格

秘书所面对的沟通对象的行为习惯与工作风格各有特点,熟知并主动了解这些特点会让自己的沟通成效事半功倍。

1. 了解上司的行为习惯和工作风格。陷在繁冗管理性工作中的领导既希望秘书能及时请示汇报,又不愿意被占用太多的时间,所以准确、简洁、有条理的表述无疑会受到欣赏。在午休中接入电话会令领导生厌,而要领导在会议中接听电话或答复事情时,最好先用字条或短信沟通,征询后行事。不了解上司的行为习惯和工作风格的贸然沟通不仅不会成功,还会适得其反,招致不快。

2. 了解他人的行为习惯和工作风格。同事的行为习惯和工作风格往往与各个部门的工作制度和要求紧密相连,熟知这些要求与习惯才能形成进一步沟通的基础。比如,公司财务部门的工作要求严谨细致,下班前的业务截止时间要早于其他部门,这时若要求对方通融,会使人为难;营销部门和广告部门的人员流动性大,因此秘书在沟通中就不要轻易打探对方是从何而来,以免产生尴尬。

与客户的沟通更应该因人而异,在即时的询问、观察中做出正确的判断,而不要把自己的习惯强加在来访者身上。所谓"门难进、脸难看、事难办",不仅是对官僚作风的批评,也是不成功沟通的真实写照。

(三)选择沟通渠道

运用正确的沟通渠道进行沟通会大大提高沟通的效率。秘书常使用的沟通渠道有:面谈沟通、书面沟通、会议沟通、演讲沟通和电子媒介沟通等。了解这些渠道的特点才能正确选择沟通渠道。

1. 面谈沟通的特点。面谈沟通是一对一的互动性沟通。这种沟通所获得的信息及其反馈比其他形式要多、要快。面谈沟通要求参与者能即时反应,不出差错。因此沟通前充分的准备与规划必不可少。同时因为对话者的相互观察很直接,掌握一定的态势语常识也非常必要。表述时要求言简意赅,主题明确,有理有节,礼貌而不拘谨。

2. 书面沟通的特点。书面沟通必须借助于文字,因此对文字水平有较高的要求。它弥补了口头沟通的空间限制和时间限制,可使双方的交流有据可查,使表述增加理性的成分。传达负面和消极的信息比较灵活,有斟酌余地而不会直接面临尴尬的状况。

3. 会议沟通的特点。秘书通常自己不会去主持会议,但在会议前后的服务中仍然需要沟通某些重要的内容。这些沟通工作的特点具有流程性(设计会议议程),信息内容的设计具有衔接性(会议的文件、信息),秘书面对的沟通对象有群体性,信息影响又具有传播的延展性。因此,到位的会议沟通工作会让与会者有宾至如归的感觉。

4. 演讲沟通的特点。演讲是在公共场合经常使用的效果显著的沟通方式。它的特点是具有鼓舞性和煽动性。演讲者的热情能在短时间内凝聚听众的思绪,产生从众效应,但其也有不足之处,比之面谈沟通,缺乏亲切感和个体的针对性交流。

虽然秘书进行演讲的机会不是很多,但在独立于众人面前表述的场合也应参照演讲沟通的规则处理。

5. 电子媒介沟通的特点。在信息社会中,电子沟通工具的出现大大缩短了人与人之间的距离,沟通变得更为简单、直接、平等。不论是电话、可视电话、传真、电子邮件,还是MSN、QQ、POPO等通信软件,大体上都具有便捷、快速、成本相对低廉、内容丰富的特点。即使是在同一个办公室,很多秘书人员也习惯于使用MSN和QQ与工作对象交谈,因为这更具及时性、私密性和非干扰性。

二、沟通的技巧

(一)面谈沟通的技巧

礼貌地致意,尽量快速记住对方的姓名和职务称呼;尽量使用对方熟悉和能了解的语言;除非必要,不可轻易打断对方的讲话,表现出积极的倾听和回应;避免自己唱独角戏;谨慎使用幽默,不要出现拿对方开玩笑的现象;不要针锋相对、直接地反驳对方;不要谈没有准备的话题;不要突然改变话题,并做过多的解释;适时终止交谈。

(二)书面沟通的技巧

注意平时的素材积累,力求在最小的空间、最短的时间内传递最多的信息;利用信息组织蓝图形成视觉观点表述,把50%的时间花在写作的准备上;即使是消极的信息也要有个委婉的开头;消极信息最好放在文章中间,让接受者有所准备;用激发阅读兴趣的短语引导读者进入你的说服领域;记住有效的建议都是需要策划的,而技术、管理和成本的表述构成了该建议被接纳的稳定性;认真的文稿校审是秘书书面沟通至关重要的环节。

(三)会议沟通的技巧

秘书准备会议应该有不少于两套的方案由上司备选;各种沟通性文件的关键词语要反复核对无误并提前发出;及时向会议主办机构反馈信息;对特邀与会者要亲自联系,确认其参会意向;让与会者知晓或重温会议规则以提高会议效率;协调会议工作时不忘使用敬语;会议结束后不要忘记感谢与会者的参与。

（四）演讲沟通的技巧

尽量把自己熟悉的话题和听众关心的问题结合起来，使其产生影响力；充分调整好自己的心绪，直到极为自信；题目不可过长，但要醒目鲜明，有震撼效果；引用的资料要翔实、新颖、针对性强；在不同的开场选择上使用与主题紧密相连的形式（直白型、故事型、举例型、幽默型、提问型、引用型、悬念型）；使用悬念不可时间过长；全部过程语音清晰，有一定的肢体语言辅助表达内容；结束语要干净利落，不拖泥带水。

（五）电子媒介沟通的技巧

诸多的电子沟通工具在为人际沟通带来便捷的同时，也出现了一些自身特有的特点。秘书在使用中应该了解一些特殊的、已被公众经常使用的便捷文字符号和搜索引擎；了解一些快捷键的用法；了解网络软硬件的基本常识及网络文件编辑的基本技术和不同工具之间的可替代功能。需要注意的是，涉及商业秘密的信息和特定仪式的要求不宜利用网络沟通，同时还要注意公司和个人的私密信息不能随意在网上传播。

（六）其他沟通技巧

1. 说服的技巧。秘书在协调沟通的工作中经常会处于说服者的角色之中，说服工作中的沟通也是有讲究的，基本要求是要耐心。在耐心的基础上应该遵循 4 个相互联系的原则：

（1）进行说服前要仔细揣摩对方的需要和目的。这个过程是：巧妙的提问引导对方去发现问题的症结——使问题清晰化——使对方明白他距离目标或需要存在的差距。

（2）提出并帮助对方选择解决的办法。和被说服者一同分析多种解决办法的利弊——在分析中建立相互信任与尊重的关系——让对方明白事关他的利害。

（3）为需要说服者构建一个实施方案，说明实施的步骤及每个步骤的影响，使你的观点与对方的意愿相配合、相适应。

（4）帮助对方反复衡量每个环节的利弊。在经常的接触、了解对方真实需求的基础上实现说服目标。

2. 建议的技巧。建言献策是秘书沟通工作的重要部分。被采纳的建议往往不仅仅是因为内容好，还需要好的表达方式展现才易于受到重视。因此秘书要掌握适度的建言技巧。这主要包括：

（1）不争抢话头，耐心倾听，见隙发话，使用较为中性的语言。比如“我个人认为……”，“我有一个不够成熟的想法……”，“有可能的话……”，等等。

（2）不随便在自己的建议中否定他人的意见，以尊重为先。

（3）把握好表述的分寸，定准内容基调，言语谦逊。

(4)注意语德,不可话中有话,含沙射影。

(5)以宽容的心态听取别人对自己建议的评论。

人际箴言

倾听,是对说话者的一种无声的赞美和恭维;倾听,可以找到一条通往说话者的心灵之路;倾听,可以使沟通更有效、更和谐。

三、避免沟通的障碍

秘书要主动识别、避免和消除沟通中的障碍,这是令沟通取得成功的必要条件。这些障碍包括:

(1)地位与职务障碍。秘书不能因对方的职务、地位不同而区别对待其所发出的信息。

(2)语义障碍。人们在不同的情况中使用同一个词汇或在相同情形下使用不同的词汇有时意义不同,如"下课"在学校是指讲授的课程结束,在足球管理中则意味着教练的更换。使用生僻的术语会让人不知所云。

(3)感觉失真。完全站在自己的角度无法准确地感知别人的要求,这样会产生感觉失真。比如,对方善意的谎言往往会使人感觉失真。主观与偏见也同样会使感觉失真,妨碍交流。

(4)文化背景的差异。文化背景不同(思维习惯不同、生活方式不同、价值观念不同)往往会带来一系列不同的认识,对同样的信息产生不同反应,从而构成沟通障碍。

(5)环境混乱。充满噪声和混乱的环境会让人产生接人待物不必太认真的感觉。

(6)信息渠道选择不当。可以电子邮件说明的问题,却一定要发传真;能电话说清的问题,却一定要面谈才行,这都会使人产生不被信任的感觉。

(7)信息发出后长时间里没有反馈,这种情况会让人感到信息被忽视或不被重视。

以上的沟通障碍都是秘书工作中需要重视的问题。

小贴士

秘书的十大沟通技巧

1. 不要口是心非。在大多数情况下，人们不会在自己不信任的人面前袒露心声。

2. 感同身受。如果不与人建立良好关系，你永远也不知道他们到底在想什么。

3. 具体明了。要学会清楚地与人沟通，简洁明了永远好过含糊不清。

4. 甘于奉献而不是索取。高度关注另外一方的所思所想、所愿所求，你会比专注于自己的计划获得多得多的东西。

5. 思想开明。僵化的思想会制约沟通。

6. 闭嘴倾听。杰出的秘书人员知道什么时候该说，什么时候少说，什么时候不说。

7. 用同情代替自负。充满同情心的沟通者表现出的是真实和透明，这和那些与人沟通时总是精心地装出一副虚伪假象的人是不同的。

8. 体会言外之意。要能听懂弦外之音，能够知道对方没有说出的隐含信息。

9. 知道自己在说什么。对自己要说的话题有技术上的掌控能力。

10. 像对待个人一样与团体对话。出色的沟通者可以适时调整自己要传达的信息，无论是在会议室里对着10个人讲话，还是在礼堂里在上万人面前发言，他们都能让听众觉得沟通者是在直接和他们每个人对话。

总之，要记住沟通的重点不是你自己，你的观点、立场或者处境，沟通是要帮助别人满足他们的需要，理解他们的担忧，对他们的世界有一点价值。如果这样做，你会大大减少沟通中遇到的问题。

四、危机沟通策略

（一）识别危机发生征兆

1. 危机征兆的认定

（1）团队内存在使人情绪不佳的氛围，士气低下。

（2）同事之间缺少交流，关系不融洽。

（3）消极情绪和消极言论普遍存在。

（4）间接沟通手段和渠道使用较多，直接沟通减少。

（5）制度、措施执行不力，隐患增加。

2. 分析危机产生的原因

（1）信息的传达不准确、不精确。

（2）目标缺乏一致性，内部、外部合作基础动摇。

(3)责任不明确,工作效率低下,资源分配不合理,权限划分不明。

(4)矛盾积淀过深,抵触情绪和负面影响蔓延。

(5)领导者、管理者无视制度规定,管理过度或随意性过强。

(二)处理危机的沟通策略

1. 秘书对内外信息都要反应灵敏、迅速,及时向相关的部门和领导汇报、建议,引导舆论向有利于组织的方向发展。

2. 在协调中强调共同的基础,淡化部门之间、员工之间的差异,积极推进整体合作。

3. 建议成立危机处理小组,使用制度、规则引导,找到解决问题的突破口。

4. 利用多种沟通方式(正式的、非正式的、横向的、纵向的),逐步推进直至解决。

5. 参与调查,引导充分研讨,推动各方互动达成共识。

危机沟通关系企业的荣辱和成败,在危机出现后,秘书要配合管理者调动一切积极的沟通因素,利用不同的形式,以尽量低的代价实现最大限度的组织利益,恢复组织的凝聚力、向心力,修复组织形象。

第三节 平行沟通与上下沟通

秘书的沟通工作从流向上看,可以分为平行沟通和上下沟通。前者是横向的沟通,后者既包含纵向沟通,也包括下行沟通。

一、平行沟通

平行沟通体现为部门之间和员工之间的沟通。

(一)平行沟通的目标与形式

平行沟通是公司、企业实践团队精神的必要环境和保证。

平行沟通多在平级之间进行,不存在上下级关系,但能够给员工带来更多的本部门工作以外的与工作相关的信息和知识。秘书应该时时注意引导沟通向着有利于组织发展的方向前进,它会促进组织有机地结合成一个整体,使员工、部门为了共同的目标而合作,减少摩擦,从而有效保证组织实现整体的目标。而负面的信息沟通和传播则可能瓦解员工的斗志,涣散人心。

组织中平行沟通采取的形式有:部门会议、协调会议、员工面谈、备忘录、主题报告、例行的培训等。秘书工作在横向沟通中担任着桥梁和协调作用,秘书不仅要学会利用以上形式完成沟通目标，也要根据沟通内容及参与者的不同，提出选用正式沟通还是非正式沟通的建议。

(二)平行沟通中的障碍

平行沟通中的障碍主要有：

1. 本位主义，从自己的部门利益出发，无视整体的协调。
2. 员工短视现象的存在。
3. 对组织结构的认识存在贵贱、等级偏见。
4. 员工性格差异、知识水平的差异。
5. 对某些政策的认识存在猜忌、恐惧，感到受到威胁。

针对以上障碍的存在，秘书在解决问题时可以提出相应建议，并参与实施。

(三)平行沟通的策略

平行沟通的策略主要包括：

1. 建议使用有针对性的沟通方式，召开有员工参加的部门会议，介绍公司发展的战略和蓝图，力陈部门协调配合的利弊，提出员工应该思考的问题。

2. 建议树立内部客户的观念，像对待外部客户一样耐心讲解公司政策和预计结果。

3. 建议各方耐心倾听而不是自顾自地叙述。

4. 建议各方换位思考。

秘书在横向沟通中所收集的信息往往对解决纵向沟通中的问题也会有积极的作用。

二、上下沟通

上下沟通分为上、下两个不同的方向，每个方向又可以有不同的沟通形式。

上下沟通包括自上而下、自下而上两种沟通。上下沟通中，从上至下进行的下行沟通是上下沟通的主体，而自下而上的上行沟通是上下沟通的关键。

(一)下行沟通

1. 下行沟通及其表现形式。下行沟通是指上级作为信息发布者对下属进行的一种沟通形式。其中秘书常常发挥两者沟通的枢纽与中介作用。

向下沟通一直是管理沟通的主体。公司管理层所涉及的种种功能活动，如计划实施、控制授权和激励，基本上都要依赖下行沟通去实现。上情下达传递的信息多种多样，包括命令、指示、政策、措施等。由下行沟通传播的信息可以使公司日常活动正常运转，下行沟通渠道畅通就会营造和谐的工作氛围，可以帮助员工更好地接受和配合执行下达的指令和政策，而引导员工理解公司的政策、战略发展、经营变化是每位秘书的责任。

2. 下行沟通的目标与内容

(1)让员工知晓企业重大活动，如扩大再生产、市场兼并、劳资关系、利润状况、销售状况、市场份额、新产品计划、技术革新等。

(2)显示企业对员工的创造力、努力和忠诚度的重视态度。

(3)明确员工在企业里的职责、成就和地位。

(4)掌握员工所享受的各种福利待遇和获得的实际利益。

(5)了解有关的社会活动、政府活动和政治事件对企业的影响。

(6)了解企业对社会福利、社会文化发展和教育进步所做出的贡献。

(7)让员工的家属了解企业致力于营造凝聚力的努力。

(8)让新来的员工了解企业发展的轨迹。

(9)让员工了解不同部门发生的各种活动。

(10)鼓励员工利用公司出版物各抒己见。

(11)建立外界了解企业发展的窗口等。

3. 下行沟通的渠道和载体形式。下行沟通的载体形式有：备忘录、指令、政策、命令、布告、面试、会议和演示等。

根据下行沟通采用的介质可以将其分为以下三类：

(1)书面类：包括指南、声明、公司政策、公告、报告、信函、备忘录等。

(2)面谈类：包括口头指示、谈话、电话指示、广播、各种会议(评估会、通知性会议、咨询会、批评会)、小组演示等。

(3)电子类：包括闭路电讯系统、新闻广播、电话会议、传真、电子信件等。

4. 下行沟通的主要作用。下行沟通的主要作用有以下三点：

(1)领导把组织的路线、方针、政策及意图传递给下属，从而给下属指明工作的目标，明确其职责和权力。

(2)领导可以把工作中存在的问题与要求传达给下属，与下属协商解决，以增强下属的归属感。

(3)下行沟通可以协调组织中各层次的活动，增进各层次、各职能部门之间的联系和了解。

5. 下行沟通要注意气氛

(1)积极倾听。一般下级最需要的是领导积极的倾听，认真听取下级的意见和呼声。

①要注意沟通时的气氛。在与下属谈话时，要表现出你愿意专心听他说话的态度，并且，要选好合适的地点与时间，尽量避免被干扰，专注的眼神、恰当的肢体动作、不接电话或者另辟独立空间，都是表现倾听诚意的方式。

②要解读所有信息。因为任何一句话通常都会包含实际含义和背后隐藏的情绪或心态两个元素。一些暗示和线索,常常能透露出更多的信息。所以,在谈话过程中,你要留意对方所传达的信息和情绪。

③要为对方着想。在谈话时,要多站在对方的立场上想一想,要在言辞、表情及情绪上给予对方适当的回应,并表示你能体会对方的意思,以此营造支持性的气氛,建立彼此间的信任。

④不要妄下评断。对一件事,可能你已经有了重要的证据,但也不要妄下评断。不妨先听听对方怎么说,再针对其强烈情绪化的言辞给予适当的建议,否则任何批评和劝告,都很容易让对方认为你有先入为主的看法,或者让对方认为你试图改变他,从而对你产生反感,甚至不愿意再说,继而阻断了彼此的沟通,无法实现沟通的目的。多听对方的意见有助于发现对方不愿意表露的或者没有意识到的关键问题,从中发现对方的出发点和弱点,找出关键点,这样就为你说服对方提供了契机。

(2)聪明地提问。为了进一步了解对方的想法,避免产生疑惑,秘书人员在沟通的过程中要不时地向对方提出问题。提问题一般有封闭式提问和开放式提问两种方式。聪明的提问方式可以启发思考、鼓励发言、引导新思维、找出答案、获得正确信息、加速理解和了解真相。一般来说,在提问时,需要把握以下几个要点。

①明确目的。问自己希望获得什么结果,并确认对象是谁,对方持什么观点,对方的目的和困难是什么,你应该如何让自己的提问对双方都有好处。清楚这些后,你的提问才有脉络可循,才有明确的目标和方向。

②掌握方式。在提出问题时,你要用适宜的语调和言辞,必须冷静且直接,说话要清晰,语调不要带有批判性,要保持肯定的态度,尽量以开放式提问来鼓励对方给予充分回应。不要催促对方思考或回答,也不要一下子就把问题问完,要循序渐进,引导对方真诚地回答问题。

③明确内容。在对方回答问题时,不要急着思考下一个问题,或者迫切表达自己的看法,而是要专心倾听对方所说的内容,了解对方真正的需求,听懂对方说的话,以免遗漏重要信息,产生不必要的误解。

④评估信息。评估对方所发出的信息,是倾听后必须要做的事情。从对方的回答中判断你是否应该再提问,以弄清楚你所听到的内容或者再进一步发掘议题的核心,找出问题背后隐藏的真正含义。

⑤适时反馈。当你从提问中获得信息后,就应该采取反馈行动。这个行动也许是回应并感谢对方的构想或贡献,也许是执行并改善后,将成果告诉对方,让对方在下一次沟通的过程中愿意再提供良性互动的建议。

(3)明确述说。在积极倾听和聪明提问后,就是你要告知看法、指正做法或提供指导的时候了。这时,你必须很清楚地记住自己的目标,才能明确表达出你的看法和做法。你可以根据对方的言辞、姿态和背景,来调整你所要传达的信息。

①要告知实际状况。如果只是想把信息传达给对方,就必须针对某一主题或目标,用适当的语言,清楚地陈述相关事实或表达想法,并再次确认对方是否确实明白了你所说的内容。可以请对方再陈述一遍你说的重点,或者用提问方式来再次确认对方所接受的信息是否完全正确。

②要指正对方行为。如果对方有不正确的行为,必须予以指正,要求对方改善。指正时,必须巧妙小心,要清楚地描述哪些是不被接受的行为,再说明哪些行为可以被接受,也就是指出对方的缺点,并引导对方改正。在必要的时候并且时间允许时,先认同对方的情感或意见,尽量避免责备。最后,同样要再次确认对方是否已经清楚什么是正确的行为和结果。

③要提供指导意见。如果要给对方指示或委派工作,办公室秘书就必须清楚地说出其指示或看法,并按顺序一一说明,必要时还要做示范,尤其是有关工作方式和知识的指示,要耐心指导。然后可以用提问或测试的方式,来确认对方是否已经完全明白所指导的内容。

6.下行沟通中常出现的问题及解决的策略

(1)常出现的问题

①"一言堂"现象,领导说了算。

②沉默就是反抗。

③有人站出来反对,让领导难堪。

④很多人表示不满,公开反对。

(2)解决的策略

①增强沟通意识,调动员工积极性,发挥大家的聪明才智;让下属多说、先说,领导少说、后说。

②分析原因,和下属多沟通,建立良好的上下级关系,化解矛盾。

③多从自身找原因,提高管理能力。

④运用沟通技巧,理顺工作及上下级关系。

7.下行沟通的艺术。要善于建立威信,以诚信取威,以才学取威,以情感取威,以权力取威;要善于调节下属间的矛盾,不偏不倚,折中调和,大事化小、小事化了,学会冷处理。具体而言需注意以下方面:

(1)一定要能与下属进行有效沟通。

(2)应尊重下属并相信他们有朝一日会超过自己。

(3)应看到下属的长处,特别是自己不具备的技能。

(4)应站在下属的立场去想问题。

(5)倾听下属的声音,随时表扬激励下属。

(6)关注下属的进步,适当授权给下属。

(7)一个部门工作目标的达成80%取决于其办公室秘书人员与下属的沟通方式

是否正确。

(二)上行沟通

1. 上行沟通及其表现形式。自下而上由下属主动传送信息给上司,这种沟通就是上行沟通。上行沟通的目的是让管理者听取员工意见、想法和建议。同时,上行沟通又可以达到管理控制的目的。

上行沟通的表现形式

(1)汇报工作。下属在向领导者汇报工作时,应客观、准确,不要突出个人和自我评价的色彩,避免引起领导的反感。

汇报时应注意的要点如下:

①精简。对领导者汇报工作不要渲染,一个聪明的领导只会从你完成任务的速度和质量上来评价你的能力,所以,不要带着邀功的心态,极力强调你工作的难处。同时,因为领导都很忙,所以要把汇报做得简明扼要。

②有针对性。汇报的内容要与领导原来的指示、计划和期望相对应,避免文不对题,浪费领导的时间。

③补充事实。在汇报完后,一般领导会给予评价,他的评价其实就是一种反馈,从中可以知道领导对哪些地方不很清楚,你可以补充介绍,或提供补充材料,加深领导对你所汇报工作的全面了解。

(2)商讨问题。商讨问题时应注意对事不对人,应本着开放、平等和互动的原则进行,如果是办公室人员首先提出问题,则应当注意对重大的事情事先进行约定,注意不要勉强领导进行讨论。

(3)表达不同意见。秘书人员表达不同意见时,意见应确切、简明、完整,要有重点,不要拖泥带水,要注意摆正自己的心态,不要与领导辩论。

2. 上行沟通需要注意的事项。秘书人员在与领导进行沟通时,需要注意以下几点:

(1)理解领导。要时常进行换位思考,从领导的角度思考、看待问题,这样就可以多一分理解,少一丝埋怨。

(2)改变自己。一个人要改变别人很难,但要改变自己相对容易。因此,一个成功的秘书人员,在与领导相处的过程中,要懂得让自己去适应领导。

(3)备好记录材料。在向领导汇报时,要提供详细可靠的记录材料,不能用“大概”、“差不多”、“我想”等词语来应付领导。

(4)制订完整的计划。与领导商讨计划时,要全面考虑后再提出,最好有备选方案,对方案进行分析和比较,并且提出自己的建议。

(5)要坚持到底。一旦接受任务,就应当无条件地坚决完成任务。

(6)向领导提建议时应以请示的态度提出。

(7)认可领导的优势。领导能够成为领导,总会有其自身的优点,不要低估你的领导。

(8)重视领导的帮助。领导的支持和帮助,往往比其他任何资源对促进你的工作开展更为重要。

(9)赞美领导。对领导的优点和长处及领导的好主意,要适时地、发自内心地进行赞美。

3. 与领导沟通时必备的8个理想句型

(1)我们似乎碰到一些状况……(以最婉约的方式传递坏消息)

(2)我马上处理!(领导传唤时责无旁贷)

(3)某某的主意真不错!(表现出团队精神)

(4)这个报告没有你不行啦。(说服领导帮忙解决棘手的问题)

(5)让我再认真地想一想,3点以前给您答复好吗?(巧妙闪避你不知道的事)

(6)我很想知道您对某件事情的看法。(恰如其分地讨好)

(7)是我一时失察,不过幸好……(承认疏失但不引起领导不满)

(8)谢谢您告诉我,我会仔细考虑您的建议。(面对批评表现冷静)

4. 上行沟通出现问题的几种现象及解决策略

(1)在与领导进行沟通时,容易出现问题的几种现象:①与领导沟通严重失调;②与领导沟通不协调;③敬而远之,不愿沟通;④能正常沟通但没有感情;⑤过分热情,有溜须拍马之嫌。

(2)在与领导进行沟通时,预防出现问题的策略:①做好本职工作,自我反省,忍耐等待;②从自我性格上找原因,多看领导的优点,做好工作,配合领导;③提高沟通意识,从工作沟通入手,练习沟通技巧;④提高沟通意识,扩大沟通面,运用沟通技巧,增强关系;⑤端正态度,注意分寸,避免沟通过度。

5. 上行沟通要尊重领导

(1)尊重领导,忠于领导,与领导建立良好的工作关系与私人关系。

(2)多请示,多汇报。

(3)积极向领导提建议,主动帮领导解决各种问题。

(4)善于向领导说“不”,避免领导犯错。

(5)善尽职责,防止越位。

6. 上行沟通的作用

(1)提供员工参与管理的机会。

(2)减少员工因不能理解下达的信息而造成的失误。

(3)营造民主式管理文化,提高企业创新能力。

(4)缓解工作压力。

有效的上行沟通尽管有很多途径,诸如意见箱、小组会议、反馈表等,但这些途径真正发挥作用的关键在于营造上下级之间良好的信赖关系。秘书应明白,有效的上行沟通与组织环境和工作氛围直接相关,因此努力形成和谐的工作氛围是秘书沟通工作的重要内容。

7. 上下沟通的障碍

(1)信息接收者沟通技能上的障碍。对员工来讲,沟通技能之一是理解力。但由于员工在组织内部所处的时间长短不一,员工自身的理解能力等因素也存在差异性,对新员工采用简单的命令式沟通方式,可能造成误解或是对信息的一知半解,致使沟通失败。

(2)沟通各方心理活动引起的障碍。下行沟通中出现信息内容失真就容易导致信息膨胀或扭曲。

(3)沟通的一方不善倾听。

(4)信息接收方存在草率评判。信息接收方在与对方进行谈话时,不是试图去理解对方的意思,而是企图进行评判,或进行推论和引申,进而妄下结论。这些都是不可取的。

(5)语义表达和理解方面存在歧义。在管理沟通中因为沟通词语歧义引起误解的情况并不少见。

(三)上下沟通的策略

1. 下行沟通的策略。为了保证下行沟通渠道的畅通,管理者或身居其中的秘书有必要掌握一定的沟通策略。下行沟通策略包括:

(1)制订针对性的沟通计划。为了保证每个领导及时有效地下传信息,必须制定相应的沟通政策,明确沟通目标。这些政策可以涵盖以下内容:

①必须就相关事宜及时通知有关方,如员工、社团成员、客户、供应商。

②必须将公司计划、指令和目标的变化及时告知员工。

③必须鼓励、培育和建立一个稳定的双向沟通渠道。

④必须就有关重要事件的信息及时向员工通告。

⑤建议划拨足够的资金和工作时间实施公司沟通政策。

⑥建议制定具体的细则来规范具体沟通活动,如面谈、开会和组织出版物等。

优秀的秘书应及时有效地在授权范围内对可以下达的信息进行筛选,以促进沟通。

(2)精简沟通环节。力求用简单的机构和精练有效的系统来回应扩张发展带来的障碍。这包括:建议通过分权来抑制管理队伍的扩充;建议减少整个管理的中间层次,使信息直达某些重要部门。

(3)减轻、分流沟通的任务。在沟通中秘书应重视管理、控制、信息流,这会极大地提高沟通的效率。可采用的方法有:

①排队原则。按轻重缓急来处理信息。对于不很重要的会议、约见、信件、电话和

拟撰报告可以建议滞后或改期。

②关键时间原则。在恰当的时间传递信息。比如,不要在3个月前向员工通知一个会议,这会让员工觉得会议不很重要,很容易被忘记。

(4)提倡简约的沟通。沟通中力求避免含糊其辞。除了其他不当沟通引起的误解,信息本身也会产生歧义。如果沟通的信息内容本身模糊不清,接收者就会无法理解。秘书应采用简单、直接的措辞,使用与对方理解层次相符的方式进行沟通。

(5)启用反馈。鼓励接受者对信息进行评价,这就是反馈。这可以帮助管理人员判断沟通信息后的效果。秘书人员应该尽可能采用面对面沟通的方式进行沟通,这相对于书面沟通在很多方面都有优势,尤其是在获得反馈方面。

(6)多介质组合。增强下行沟通的效率,最主要和最简单易行的方法是采用多种沟通介质、载体,并在一定时间内多次重复,以加深印象。

2. 上行沟通的策略。上行沟通策略主要包括:

(1)建立信任。信任是双向的,秘书应建议管理者投入时间、资源建立持续信任,包括对下属人员进行维护领导形象与权威的教育,正确进行上行沟通方式的培训等。

(2)适时采用走动管理,安排非正式的上行沟通。非正式沟通采用的形式多为社交性活动的形式,如一起喝茶、进餐、参加晚会、郊游、进行文体活动等。与正式沟通相比,在这类场合,来自信息接受方的障碍要低得多,沟通效果也非常好。

(3)维护领导层的内部一致性,请示、汇报工作严格按照职责分工进行。

3. 秘书与不同人际风格的领导沟通的策略

同不同风格的领导顺利沟通是秘书实现纵向沟通目标的重要基础,这主要包括以下方面的要求:

(1)学会判断对方的人际风格类型。依据对方在交流中感情流露程度和决策速度可以大致分为4种类型:

①城府、分析型。这种领导习惯在决策时关注细节,提出问题多,决策速度慢,极少流露情感。

②温和型。这种领导讲话有条理,感情表现不隐讳,有耐心听取下属的反馈。

③直接表达型。这种领导有直来直去的表达习惯,热情幽默,有时比较夸张。

④支配命令型。这种领导做事果断,表情刻板,习惯指挥并用命令的口吻说话。

(2)秘书的针对性沟通策略。与第一种领导沟通应该注意细节,量化的信息尽量准确、详细,直接进入主题,不需要态势语的辅助;与第二种领导沟通应该尽量保持积极情绪,宜用提问的方法征询意见;与第三种领导沟通应该注意直截了当,在最短时间里说明问题,事后提交备忘录,以免遗忘;与第四种领导沟通应该直接切入主题,表达简明扼要,保持目光的交流,以显示自己的信心。

(3)秘书与上司沟通的要领。这主要包括以下三条:尊重但不要吹捧,请示但不过分依赖,主动但不能越权。

小案例

大学毕业生的求职沟通

一个新闻系的毕业生正急于找工作。一天,他到某报社对总编说:“你们需要一个编辑吗?”“不需要!”“那么记者呢?”“不需要!”“那么排字工人、校对人员呢?”“对不起,我们现在什么空缺也没有了。”“那么,你们一定需要这个东西。”说着他从公文包中拿出一块精致的小牌子,上面写着“额满,暂不雇用”。总编看了看牌子,微笑着点了点头,说:“如果你愿意,可以到我们的广告部工作。”这个大学生通过自己制作的一块小牌子展示了自己的机智和乐观,给总编留下了良好的“第一印象”,从而为自己赢得了一份工作。

思考与练习

1. 简述沟通的基本原则。
2. 简述沟通的方法与技巧。
3. 简述横向沟通与纵向沟通策略。
4. 当今社会,与人沟通,不仅要在语言运用上讲求艺术性,而且要在思想内容上有新颖的东西。请看下面这则故事,谈谈对你有何启发。

先生的提问

清代某私塾先生有4个学生。一日,当地来了个戏班,4个学生都想去看戏,不能安心读书。先生见此情况,就对4个学生说:“我提一个问题,谁答得合我意,我就允许谁去看戏。我问的问题是:‘读书好乎?看戏好乎?’”

甲生不假思索地抢先答道:“看戏好!”

先生生气地说:“你就知道玩!”

乙生见甲生碰了钉子,立刻回答:“自然是读书好!”

先生摇着头笑着说:“此老生常谈也,谁都会这么说。”

丙生见此情况,采用了调和折中的圆滑说法:“书也须读,戏也须看。”

先生仍不满意地说:“此调停两可之说,恰似汝之为人。”

看来,把读书与看戏两者对立和并重都不行。丁生灵机一动,答道:“读书即是看戏,看戏即是读书。”

“好,好!答得好啊!”先生掀髯大笑,大呼:“汝得之矣!”

第三章　要善于和领导相处

本章重点内容

人们常说："一个幸运的职场人需要拥有三个必备条件：一是有自己喜欢的工作；二是有和睦的家庭；三是有信赖、赏识自己的领导。"但是，职业与爱人都可以按照自己的意愿选定，唯有领导无法选择。领导与我们利害攸关，我们的种种利益系之于他。在职场上，领导是关系自己发展前途的关键人物，保持与领导的良好关系十分重要。秘书能与领导进行顺畅的交流与沟通，关系融洽，才能展示自己的能力。

本章就介绍秘书与领导的相处之道，以及如何获得领导的信赖与赏识。

案例导入

与领导和谐相处

卡特是一名修理工，由于经济不景气，他和几名同事一起接到了老板的解聘通知书。面对这一无情打击，其他几名同事跑到老板那里对老板一顿痛骂，临走时还踹破了公司的大门。老板理解这些失业者的心情，因此没有和他们计较。在被解聘的人当中，唯有卡特没有参与，老板决定找到卡特问个明白。

当老板找到卡特时，他还穿着那身油腻的工作服，正在车间修理一台机器。那认真工作的劲头，像没有接到解聘书一样。

"你不怨恨我吗？"老板问。

"哦，不，先生。我一直都非常非常感激你。感激你为我提供了这个工作机会，而你今天之所以这样做，我想是因为公司受了大环境的影响，你作出这个决定也是迫不得已，因此我很理解你，也很同情公司目前的处境。你看，现在离下班时间还有半个小时，我得抓紧时间干完再走。"卡特说完，又埋头工作起来。

3个月后，正在街头寻找工作的卡特突然接到了这位老板的电话，说是公司情况开始好转，只要他愿意，马上可以回去上班。当卡特兴奋地回到公司时，才发现公司这次只招聘了他一个人，而当初和他一起被解雇的同事，现在依然在大街上奔波。

案例点评

毫无疑问，卡特之所以再一次得到这份工作，与他高尚的道德素养分不开，因为不管在什么情况下，他始终如一地感激自己的老板，而不是把他当作自己的对立面。

第一节 与领导相处之道

作为秘书，首先要建立与领导的良好关系，让领导感到你是他真正需要的人。如何与领导相处，一些资深的秘书与领导相处的成功之道，值得我们借鉴。

一、秘书要有敬业精神

说到敬业精神，秘书人员应知道，有时秘书的工作比领导还要繁忙复杂。在一项工作开始之前，要考虑准备、安排，考虑随时可能发生的问题；在工作基本完成之后，还要考虑收尾、善后等一系列问题。在处理各种问题时，需要了解很多情况，接触各种各样的人。秘书常常加班加点，不能按时进餐和休息。可以说，没有崇高的敬业精神，是做不好秘书工作的。

我们提倡秘书敬业，但也提倡秘书会敬业。会敬业不仅要求秘书勤勤恳恳，任劳任怨，而且要求秘书提高工作效率，注意工作方法，力求工作不出差错，不给领导添麻烦。

二、秘书工作服从第一

秘书是领导工作的助手，服从领导是秘书的第一要务。但服从不是盲从，唯唯诺诺，明知不对，也不提出。对领导的指示或决策有不同的看法，要在维护领导威信的前提下，策略性地提出，显示出你为领导负责的勇气。但如果领导没有采纳你的意见，也不必有任何情绪，要坚决遵照领导指示办事，努力完成任务。

三、关键的地方多请示

聪明的秘书善于在关键之处向领导请示，征求领导意见和指导，把领导的意见和指导，融入自己办理的事情上。关键之处多请示是秘书做好工作的重要保证。事情发生了变化，秘书切忌自作主张，一定要向领导请示；领导交代的任务确实有难度，也不能畏首畏尾，要有勇气承担。

四、工作要能独当一面

作为秘书，不能事事都被动，工作要有主动性与独立性，这样才能让领导省心，领导才敢委以重任。工作有独立见解，做事能独当一面，善于把领导忽略的事情承担下来，是一个好秘书必备的素质。

五、要维护领导的尊严

秘书人员要学会处处维护领导的尊严，领导理亏时要给他留个台阶，不可当众纠正领导的不足之处，领导的忌讳之处，不要提及。总之，消极地给领导保面子，不如积极地给领导争面子。

下列几种情况秘书必须多加注意。

第一，领导出现失误或疏漏时，秘书不要马上向领导提出纠正，让领导有个思考、反省的过程。

第二，有的秘书对领导不满，虽不当面发泄，却在背后乱嘀咕，这有损领导的名誉，也有损自己的形象。维护领导威信是秘书的本分。在任何情况下，对任何人都不能说领导的缺陷和隐私，不能诋毁领导。

第三，不要介入领导间的矛盾，正副职领导间关系非常微妙，如果他们有矛盾，秘书千万不要介入其中，因为最后的牺牲品只能是自己。领导之间发生争吵，秘书不要听，赶紧躲开，一方面可维护领导的面子，另一方面表明自己没有介入其中。身为秘书，不要因为对方是正职就奉迎，是副职就看低。你无法预测正职什么时候荣升，也无法知道哪位副职就是你将来的正职领导。

第四，维护领导的尊严。每个领导都希望得到尊重，希望自己应有的地位和荣誉得到肯定。因此我们说，尊重领导是秘书在工作中必须有的一种意识。尊重领导，维护领导尊严，无论对工作，还是对沟通双方的感情、建立融洽的上下级关系都有很大的益处。理解领导的难处和苦衷，是有修养的秘书共同的特点。

秘书不仅要关心领导的工作，还要关心领导的生活，这不是"讨好奉承"，是对领导的关心与尊重。领导是谋大局、抓大事的，一些生活中的琐碎事，秘书应多做一些，不让这些小事影响领导做大事。

六、要成为领导的心腹

通常领导最信任两个下属，一个是司机，一个是秘书。因为他们最容易知道领导的公事和私事的秘密。有哪些人跟领导来往，领导经常出入哪些地方等，是无法瞒过司机和秘书的。领导接打电话，特别是在汽车中接打电话，司机与秘书无形中就能直接听到领导亲口讲出来的很多消息。因此，秘书虽然职位不高，但却是领导的心腹，领导把他看成是属于自己的人。一般员工不必成为领导的心腹，仍可以在机构内正常工作，但秘书不是领导心腹的话，根本干不下去。

由此可见，秘书要成为领导的心腹有个先决条件，就是能守得住秘密，如知道公司的各种事情，尤其是得知领导的公事与私事，都不可随便传扬出去，要绝对守口如瓶。有的秘书将领导夫妻吵架、孩子考试等家庭琐事在与同事闲聊中说出去，这是在破坏领导的威信。凡有损领导的威信、公司形象及容易给领导、公司带来麻烦的话坚决不能说。从某种角度说，秘书的“秘”就是要求能保守“秘密”，保密是秘书的天职。

再者，现在是商业社会，商场中的内部消息、商业机密是很宝贵的。因此，有人千方百计、不择手段，在秘书身上打主意，想得到公司的商业计划与商业机密，秘书不能贪图私利，中了圈套，成为泄露公司情报的罪人。所以，作为领导身边的秘书，要自知操守的重要，平日里要少说话，“沉默是金”。

作为秘书千万别忘了，“一次不忠、百次不用”的道理。

人际箴言

不受领导信赖的人，也一定不受同事欢迎。

第二节　了解领导才能适应领导

每个人都有自己的特征，领导更具有权力特性，了解领导的权力特性，才能适应其领导方式，才能成为领导赏识的秘书。

一、领导喜欢和不喜欢的秘书做法

这可以简单归纳为以下方面：

(1)喜欢秘书反映问题时，提出多个解决方案供其选择。

(2)喜欢秘书能站在自己的角度考虑问题，为其排忧解难。

(3)喜欢秘书及时提供有效的内外部信息，且同时提出自己的建议。

(4)喜欢秘书提出的建议既有高度与前瞻性,又切实可行。

(5)喜欢秘书表达观点、看法、建议的同时,还能提供令人信服的依据、信息或统计数据。

(6)喜欢秘书懂专业、效率高、懂礼貌、悟性好且善解人意。

(7)不喜欢秘书问自己怎么办或只提供"一条路",让他没有选择。

(8)不喜欢秘书不理解自己,不听清楚要求把事做走样,做事没有条理、丢三落四。

(9)不喜欢秘书说"我以为"、"我知道",不喜欢那些要聪明,不经请示擅自做主,捅出篓子后不可收拾、推三阻四不敢负责的秘书。

(10)不喜欢秘书只知埋头做事,不思进取,不能与时俱进。

二、要善于同领导沟通和交往

秘书在与领导沟通中,既要根据领导的特点,充分考虑本单位的情况、文化,又要注意沟通与交往的方式方法。

(1)领导交代的事情一定要立即办理,即使不能马上有结果,也要及时汇报过程或进展,让领导知道事情在进行中。

(2)如果领导比较喜欢面对面的沟通,汇报工作时就不宜直接交书面报告,而应在当面汇报后,再用书面报告做备忘。

(3)如果领导有口头指示,应该写下备忘,按其要求的时间与方式进行反馈。

(4)领导通常都比较忙,所以要善于抓住一切机会随时随地与领导沟通,不一定非要正儿八经地在办公室沟通,有时宽松的环境反而会使沟通效果更好。

(5)与领导面对面沟通时,语言一定要通俗易懂、言简意赅,那些复杂的事,可以用图示、比喻等方式,帮助领导理解到位。此外,一次不要讲太多事,以免领导记不住或抓不住重点。

(6)与领导面对面沟通或交往中,要有适当的肢体语言。

(7)秘书要为领导把好文件关,要求下级送上来的书面报告或请示一定要简单明了。给年纪较大的领导的报告,尽量用较大的字号打印,再复杂的事情都要尽力浓缩在一页纸上,而详细内容可以附件呈现。

(8)有的领导不见得有及时收电子邮件的习惯,因此碰到紧急事情应该给领导打电话或发短信;而收到领导的邮件或短信要及时回复。

(9)领导召集重要会议,要根据会议要求,做好会场布置,做好会议记录。还要在会议中注意观察领导的表情与肢体语言。

(10)领导考虑不周或决定欠妥的情况在所难免,对此,秘书应该理解,并及时给领导以提醒。

秘书是领导的身边人,与领导关系疏密应适度,始终坚持对领导尊重、理解、辅助的原则。要尽心尽力做好与领导的沟通和交往。

人际箴言

不了解一个人的处境，就无权纠正一个人的行为。

小贴士

领导给你上成功课

任何一个领导都是成功的，至少他在你所了解的范围内是成功的，因为他目前还在领导着你。按照犹太人的说法：“一个比你有钱比你强的人，肯定比你聪明，这是个真理。”至于领导聪明到什么程度不好说，但是通过给领导当秘书，是可以获得他的成功经验的。让领导给你上成功课，方便且免费，何乐而不为？

第三节　对领导忠诚最重要

大家知道，孔子早在2 000多年前就用精辟的语言向我们揭示了上下级关系的真谛：“君使臣以礼，臣事君以忠”。这里所说的君臣关系，如果做广义理解的话，就是上下级关系。这是我们做秘书的或者在办公室里工作的人员必须要处理的最重要的一种关系。

当鲁定公向孔子讨教如何处理“君臣关系”这种特殊的上下级关系时（君使臣，臣事君，如之何），孔子一言以蔽之，“君使臣以礼，臣事君以忠”。孔子的弟子曾参继承和发扬了孔子的这种思想，提出著名的“吾日三省吾身，为人谋而不忠乎？与朋友交而不信乎？传不习乎”？这“三省”当中最重要的一省是“为人谋而不忠乎”，这是下属处理与上级关系时需要时时记住和思考的问题。

一、秘书对领导一定要忠诚

(一)对领导指令由衷尊重执行

通常来说,能以忠诚对待别人,势必可获得对方的喜爱。在工作中也是一样,领导或老板均喜好忠诚的下属。事实上,任何人都不能容忍或原谅别人对其不忠诚,尤以领导为甚。古今实例显示,不忠诚的部属往往会给领导造成莫大的危害,与其共事无异于养虎为患。试想一个领导或老板怎么会对此类部属有好印象而愿意重用呢?因此,不论你的学识才能有多高,干劲有多足,如未能对领导表现出来忠贞不贰,就很难获得其重用与提拔。

因此,做事要多站在领导的立场去考虑。对领导的指令意见要全力以赴,对公司或团队利益要尽力维护,有时更需要有耐心接受领导冗长的说教。当公司经营产生困难或内部陷入高层矛盾、争权之际,你能坚守岗位,全力为领导分劳解忧,则在公司恢复正常营运时,只要领导仍在位,他就会对你很器重并给予回报,即使领导将来另立门户,亦会视你为左右手而重用你。

(二)忠于职守,出色完成任务

任何一个领导都不喜欢他的下属不能按时完成任务。没有比不能解决自己分内工作的秘书更使领导恼火的了。解决好自己工作中的困难,有助于你提高工作技能,打开工作局面,同时也会提高你在领导心目中的地位。在竞争异常激烈的现代社会,聪明能干、有创造性的秘书最受领导青睐。做好本职工作是让领导满意的前提,一旦头上被领导戴上无能无知的帽子,就危险了。

(三)守信用,有信心迎接挑战

作为秘书如果表示出自己能胜任某项工作,但又不尽力而为,那领导将对你的可信性持怀疑态度。领导最讨厌的是不可靠、没有信誉的员工。如果你承诺的一项工作没兑现,领导就会怀疑你是否能守信用。如果工作中你确实难以胜任,要尽快向领导说明。虽然领导会有暂时的不快,但是比到最后时失望产生的不满要小得多。

有作为的秘书通常是乐观主义者,一个出色的秘书懂得少使用像"困难"、"危机"或"挫折"等词语,而只把艰难处境当作一种"挑战",并敢于制订周密的计划,迎接这种挑战。

二、要维护领导的良好声誉

(一)多讲领导长处,提高领导声誉

这是与领导搞好关系的关键,要多向他人讲领导的长处,在维护领导的声誉时,提高其威信。一定要懂得,你的领导显得光彩时,你也将显得光彩。领导前途进步,以后你建功立业的机会也就多了。另外,在关键时刻,秘书人员还要为领导挺身而出,这样才会赢得领导的器重。

秘书人员最好不要考虑个人的名和利,为维护领导声誉,要甘当无名英雄。

(二)观察并预知领导的愿望

作为秘书要尽量了解领导的经历、好恶、工作习惯及公司的历史和未来目标,这对秘书工作非常重要。

精明的领导赏识那些熟知自己,并能预知自己愿望的秘书。一般不是重要的问题,不要打搅领导。按常规秘书能办的事就自己办,不必事无巨细都向领导汇报请示。

人际箴言

在所有领导的心目中,“谁是忠诚的,谁才是最可靠的”。

(三)汇报工作要简明得体

时间对领导来说是非常宝贵的。因此,向领导汇报工作既要简明又要全面,不能滔滔不绝抓不住重点。对一些复杂的问题,要尽量简明地提出几种解决方案,包括每种方案的长处和短处,以供领导选择,而不能为了方便只提出一个解决方案。

身为下级不要马上拒绝领导提出的意见,如果不赞成领导的意见,秘书人员可以策略性地借助提问或别人可能产生异议等方式来表达自己的不同意见,不能为顾全领导的脸面一味恭维,而不敢提出自己的看法。对领导意见要服从但不盲从,不使领导工作失误,才是真正顾全领导的脸面。

第四节 学会与不同类型的领导相处

领导也是人,有长处也有不足,有他的个性特点与习惯。领导有的沉着稳重,有的刚强好胜,有的温柔随和,也有的活泼好动……不管与哪种类型的领导相处,都要保持人格尊严,什么时候都不能放弃做人的原则。

一、敏感多疑的领导

(一)时刻要提醒自己尊重领导

任何一位领导都比较看重两样东西,一是他的上级是否信任他;二是他的下属是否尊重他。领导有时担心下属不执行自己的决策,可能看不起自己等。作为秘书必须认识到领导在才干、经验、学识、阅历、人际关系等方面必有许多超过自己的地方。如果自己在内心里轻视领导,那么在言谈举止中便有可能不自觉地流露出对领导的不尊重。

(二)平时要多请示勤汇报

作为领导,判断其下属是否尊重他的一个很重要的因素,就是下属是否经常向他请示汇报工作。对于多疑型领导来说,如果你不及时汇报工作,他就会做出各种猜测,是不是不尊重我了?一旦这种猜测成了他的某种认定,他就会利用手中的权力来“捍卫”自己的“尊严”,从而做出对下属不利的举动。

(三)表明愿在领导者的领导下工作

要多和领导交流,给领导创造机会和条件,让领导显得很重要。要抓住机会向领导表示自己的心迹,愿在该领导的领导下工作。同时,也要表明自己是讲信义、重感情的人,并处处表现出自己的谦逊和服从。

(四)小事做好,合理让功

要把小事做好,做那些你能做得很漂亮、很成功的小事。须知许多领导常用这种方式考验下属。如果你对小事粗心大意,不屑为之,认为大材小用,领导就会怀疑你工作不踏实,不愿在他领导下好好工作。

工作有了成绩,不要沾沾自喜,到处炫耀,而要把名利让给领导,表示这是领导栽培的结果。

二、优柔寡断的领导

这属于小富即安型的领导，凡事怕出乱子，缺乏当机立断的勇气。

（一）做好可行性分析

这类领导的优点是求稳，遇事细致认真、不莽撞。

如果你向他提建议，必须考虑周全，特别是做好最坏的结果预测，你要仔细推敲你提供的方案，确信没有漏洞，具有较强的可行性时再提出来，这样就容易收到预期的效果。如果你考虑欠周到，他一询问，答不上来，就又需要重新做方案。

（二）选择合理的方式

优柔寡断的领导遇事心细、谨慎，有时会出奇的固执，该决断时犹豫不决，拿不定主意。此时他最反感别人逼迫。如果下属过分着急，有时会适得其反。与这样的领导谈话，不要性急，要和风细雨，循循善诱，反复权衡利弊，多种方案进行比较，以达到说服领导的目的。

（三）发挥集体决策的力量

有的领导之所以在决策时犹豫不决，在于他不愿意承担较大的风险。这时可以依靠集体的力量，多使用集体决策、集体承担风险的方式，这样就可以增加决策的科学性，也不至于丧失好的发展机遇。

三、完美主义的领导

这样的领导对秘书、下属要求很高，要求各方面都要做得很漂亮，因为他本身的能力和水平就很高。他总是按自己的能力标准要求秘书。面对这样的领导，作为秘书应该注意的是：

（一）工作细致认真

在工作中尽量不要给领导挑出毛病的机会，这也是在锻炼自己，加快自己的成长，要处处争取给领导留下好的印象。

（二）多向领导请教

在工作中尽量向领导请教，多听取领导的意见。你要表明你的工作成绩中有领导的指导成分，有领导的心血，这样领导自然就不会否定，反而会肯定和赞扬你的工作。

（三）摸清领导的评价标准

在不违背原则的情况下，尽量按照领导的要求进行工作，以免领导不满意，费力不讨好。

小贴士

123 法则

有一个著名的“123”法则，简单地说，就是讲 1 分钟，听 2 分钟，在听的过程中做 3 次以上的肯定表示。在谈话中，认真地遵循“123”法则是非常必要的。阐明自己的看法，描述自己的经历，要简明扼要，以 1 分钟为限；给对方 2 分钟的时间来表示他的看法，并且在倾听时要积极地回应，通过语言或者神态做出赞同的表示，给对方以有效的鼓励，使谈话在融洽的气氛中进行下去。按照这样的模式来控制谈话的节奏和进程，双方都能够积极参与到对话中来，从对话中获得鼓舞和满足，这样才能是一次成功的对话。

四、脾气火暴的领导

这样的领导一般都有非凡的意志力和决策力，对成功十分看重，不能容许失败。他对秘书的要求是非常严格的，稍不如意就大发雷霆。和这种类型的领导相处，一定要尽快提高自己的业务能力以及综合素质。因为在他的心目中，事业永远是第一位的。另外你也一定要了解他的性格特点，并且尽量明白他发脾气的原因所在。遇上一位火暴脾气的领导，该怎么与之友好相处呢？

（一）认真做好本职工作

身为秘书，与脾气大的领导相处，需要了解领导的性格特点，同时要理解他。他不是有意与你过不去，即使他向你发火，你也不要太在意，这是由他的性格决定的。对你自己来说，要认真做好本职工作，需要你完成的工作，不要拖延耽搁；做事要干脆利落，雷厉风行；汇报前做好各种准备，注意说话技巧和方式。总之，尽量减少领导发脾气的可能。

（二）虚心听取领导的批评

假如领导发火了，一定不要马上反驳，或愤愤离开；更不能和领导对着干，火上浇油，导致火势越来越大。最好的办法是根据实际情况，采用以柔克刚的方式，讲究技巧，使自己成为一条灭火“隔离带”，使领导的火不能持久，自动熄灭。如果是你的过失导致领导发火，一定要耐住性子，虚心听取领导的批评，承认错误。不要在中途打断领导的话，为自己辩解，也不要表现出漫不经心或不屑的表情，否则只能使事情越来越糟，给自己带来不必要的负面影响。

（三）择机进言，积极防范

爱发脾气的人，火一上来，如同火山爆发，有时固执己见，急不择言，只图痛快。所以要在领导心情好的时候，择机进言。另外，要在适当的时候向领导讲明常发火对身体、对同事和对工作都不利，请领导加以注意，保重身体，遇事要冷静，不要放纵不好的脾气，要采取积极的防范措施。

五、与自己有矛盾的领导

一般来说，秘书人员应尽量避免和领导发生正面冲突，但是我们有自己的做人做事的原则，看出领导做法是违法的，也不制止，过分迁就领导是害了领导。作为领导身边的秘书，要光明磊落，凡事都要合情、合理、合法。作为一名普通的秘书，如果你与领导产生冲突，该如何去做呢？

（一）学会忍耐，避免冲突

学会忍耐，但要有限度，当与领导出现矛盾时，要尽量忍耐。毕竟他是你的领导，你的工作还需要他来分配，还需听取他的指导，因此为了和谐地与领导相处，必须学会忍耐。一定要坚持宽松、忍耐、克制，它可以使自己和领导在心理上有一个缓冲的坡度，使自己和领导都有一个反思的过程，突然而激烈的外部冲突，只会增加彼此间的反感，导致关系的破裂，使上下级交往难以良性发展。

（二）尊重领导，直言力谏

要维护公司、领导的利益。在处理具体问题时，要考虑周到，采用合适的方式，不能只顾直言力谏，而不考虑直言遭忌。尽量给领导一个台阶，使他能体面地对待这个问题。任何时候，处理任何问题，秘书都不要只想到自己的利害得失，要为领导、集体、公司着想。

（三）接受批评，理智面对

在组织系统中，如果秘书人员的言行违背了组织的统一运作，领导有权力对下属、对秘书进行批评、惩处。领导这是在履行职责，是对事不对人。作为秘书应当具有这种起码的组织观念，不应当有领导故意找自己碴儿、跟自己过意不去的想法。这种想法会演变成抵触情绪，影响与领导的正常工作关系和上下级间的感情。

六、彼此有矛盾的领导

对于许多单位来说，领导之间有矛盾是正常现象。但作为秘书，不能陷入这种派系矛盾当中。

（一）不能仅与一个顶头上司搞好关系

领导和领导之间，顶头上司和其他领导之间、领导和下级之间，有些工作上的矛盾是正常现象。如果你在这些矛盾冲突中只对一方负责，就未免患了“近视眼”，这是典型的“短期行为”。如果你陷于矛盾旋涡中不能自拔，不是妥善地、兼顾地去处理各种关系，而是只对一位领导表忠心、紧跟随，那么一旦情况发生变化，你的结果可想而知。

（二）要疏密有度，一视同仁

要实行“等距外交”策略。为了不陷入派别之争，秘书对待上级领导要疏密有度，一视同仁，不搞特殊化。做到这点，要求我们在工作上对待任何领导都一样支持，万不可因人而异，“看人下菜碟儿”。下级服从上级，这是一条基本组织原则。

人际箴言

一旦与领导发生冲突怎么办？通常情况下，缓和气氛、疏通关系、引咎自责、自我批评、积极化解，这才是正确的思路。

第五节　领导者要获得下属的了解与信任

一、领导者必须与下级和睦相处

领导者必须与下级和睦相处，主动接近他们。这不仅是为了了解他们，也是为了取得下级的理解与信任。一个领导者，对整个集体的心理氛围有着决定性的影响，而他对自己所领导的集体的态度,不仅取决于对工作的认识,还取决于他对人的认识。作为一个领导者,难点常常不是工作任务本身,而是如何做人的工作。他要了解人、使用人。而另一个难点,就是如何让大家了解你,信任你。如果做不到这一点,那工作上默契配合、友好相处的气氛都无从谈起。因为一旦别人对你在心理上产生戒心,轻则对你敬而远之,重则产生反感或敌意。

一个领导者对下级的态度,直接影响到他能得到多大程度的尊重。以坦率真诚的态度向下级表示希望得到帮助的愿望,会获得大家的好感。因为这种态度会使人感到你是尊重他们的。一个领导者对下级的关心,不仅是工作方法,对他人的关心反映了一个人的修养。经常抽暇了解一下大家的生活情况、思想情绪、工作中出现的问题,即便是无具体目的的聊天,也可以使人们知道,领导想接近他们,想知道周围同志怎么工作、生活,他们在想什么、做什么。交谈中也可以谈谈自己的工作,生活情况,遇到了什么难题,怎样解决的,有什么意想不到的收获和快乐。随便谈到的东西,有时会收到意外的效果。大家会在谈话中忘记你是"领导",而把你作为一个朋友来信任、相处,因为他们同样感到了你的信任。

只有信任才能换得信任,只有尊重才能换得尊重。宽容、谅解是一个人修养的体现,也是取得信任的条件。如果下级因为一时冲动或对领导者的不了解而在态度、言行上有所冒犯,不必挂在心上。他将因你的宽厚而乐意向你靠拢,产生或增强信任感。在处理上下级关系上,宽容大度是一副良药。

获得下级了解和信任的方法当然是很多的,我们不可能一一列举,因为每个人要依据自己的性格特点和各方面的修养来决定如何实现他的愿望。但是有一点是相同的,即必须有一个良好的愿望,与大家更好地相处。此一地的人并不比彼一地的人更难相处,能否遂愿,98%取决于自己。

二、怎样看待领导人的架子

官架子,是中国封建社会遗留下来的顽症,是封建等级观念的产物。它的产生与存在是以人与人之间的不平等为基础的。因此,官架子这种东西,最容易使人产生反感情绪,造成人们之间的心理距离。

在一个社会主义的民主国家里,本不应有"官"这个概念。职务的区别,只能说明每个人的社会分工和他所担负的责任不同。但是总有那么一些担任领导职务的人,在工作中甚至在日常生活中表现出一种对人冷淡、高高在上,说话颐指气使、令人难以接近的态度,与周围同志和下级之间保持着相当的情感上的距离。于是人们极形象地称之为"官架子"。

但是很多人并未意识到自己有架子,平心而论,许多架子不一定是故意摆出来的。谁愿意做一个被人视为官气十足、不好接近的人?可是不少人常常被下级和较为熟悉的人认为有架子。那是因为"架子"不仅仅是思想道德修养的反映,也是心理变化的反映。

一个领导者的思想作风,会给自己的群体带来很大影响。一项调查表明,不愿接近领导的人中,有1/3的人是因为领导架子大;70%的人认为,双方关系不融洽的主要责任在领导,这很能说明一些问题。新步入领导岗位的同志,较为容易引人注目,大家在观察、分析他是否称职,他的能力如何,他的思想修养怎样,他的言谈举止是否恰当,他怎样处理与下级的关系,等等。对自己的经验、能力缺乏足够自信的同志,会因此而形成一种心理上的压力,认为别人不尊重自己,轻视自己。于是行为上就来一个反抗——表面化的威严,这在别人眼里可能就是架子。

长期处于领导岗位的人,由于时间、环境、工作方法和工作条件的固定性,容易对过去常须反省的事情习以为常。领导工作复杂、繁忙,很可能在一些自己不注意的地方造成下级的难堪和反感。有的领导在同志们来谈工作时,坐在那儿像尊佛爷,既不请坐,也不停下手头的工作,或者是敷衍地哼哼哈哈。无论是否为有意或者是工作忙,给人的印象、在人情绪上造成的影响都是可想而知的。有自尊心的人会尽量避免与你的接触,谁愿意受这种冷落和难堪?所以,千万不能忽视这些看来是无足轻重的细小行为,礼貌与关心虽然有时只是一两句话,但赢得的不仅仅是工作上的相互配合,更重要的是思想感情上的相通和互相信任与尊重。

我们也应注意到这么一种情况。有些同志对"官"极为敏感,本来是挺好的同事,一旦人家担任了领导,就横挑鼻子竖挑眼。日常工作中谁能没有点疏忽?稍有不周就认为别人有官架子,这就未免苛求了。下级的涵养也是非常重要的,应体谅当领导的苦衷。有些领导者除了工作忙外,还有性格上的特点,如生性寡言,在生活上粗心,说话比较直率、不讲究方式等,下级应了解并予以体谅。不必别人一当领导就处处称之为"官",待之以"官",把他置于不得不"官"的境地。

三、对下级批评与表扬的方法要得当

我们知道,对一个人的行为进行褒贬,是极容易引起人的思想和情绪波动的,当一个人听到批评或表扬,思想上、情绪上会立刻产生反应。每个人的人生观、道德感(当然包括职业道德感)以及教育水平不同,人们会由此产生荣誉感或耻辱感,并依此来调整自己的行为。

正确的褒贬方式,能引起积极的心理反应,使被批评者或受表扬者在冷静的情绪状态下考虑自己应采取的态度或进行反省。而这样的批评或表扬哪怕只有一分钟,也会收到很好的效果。相反,如果动机不纯或方法不当,用的时间再多也不可能取得好效果,甚至会产生相反效果,越是絮絮叨叨,人家越是反感。

批评与表扬,要在对部下了解的基础上进行。不同性格、心境、经历、教养的人,对于批评或表扬的接受能力、接受方式往往是有差别甚至是有很大差别的。只有因人而异、对症下药才能取得好效果。

批评犯错误和有过失的同志，对错误本身不必着词太多，只要指明问题就可以了，更不要强迫对方当面承认错误，这样最容易引起反感情绪。重要的是，要在指出错误的同时，让被批评者理解，你的批评仅仅是对这一错误而发出的，绝非对他全部工作的否定。既然整个工作是好的，指出的错误又是准确的，那么多数情况下他是不会推卸责任的。在批评中要使对方能够体会到这样一种态度：你是个不错的同志，这样的错误不应发生在你身上，这使我感到不安，所以及时提醒你注意。像这样的批评，任何一个有修养的人都不会不接受的。

批评的效果好坏，时间和场合很重要。应了解部下，知道他的心境如何，使之对批评能乐于接受而不至于情绪低落或暴跳如雷。场合不适容易引起过激的心理反应，可能对方只是因为被当众批评而感到伤了面子进而拒绝接受批评。从心理学的角度讲，客观行为只有一个，而主观解释可以是多样的。领导者在提出批评之前对部下的了解和体谅极为重要，信任部下的领导往往能够对造成错误的客观、主观原因进行充分了解而提出恰当的意见。

称赞和表扬往往会引起接受者积极的心理反应，令人振奋、愉快，善于表扬的领导会因此而建立起与部下的感情联系并调动他们的积极性。领导者在表扬时要达到预期的目的，就要使部下知道，上级对他的工作是关心并了解的，注意到了他的优点，并且为他有成效的工作感到由衷的高兴。这样，他除了对你的信任、关心有感情上的反应外，还会对受表扬的原因留下深刻印象并继续发挥这些长处。

善于批评和表扬的领导，会用自己的言行告诉下级，他从心底喜爱和关心他们，希望他们都有很好的表现。这样，下级会尊重、信任领导，把领导引为知己，努力在工作上与领导配合。在这种气氛中，工作将会是卓有成效的。

科学管理之父泰勒曾指出，领导者在处理问题时必须问一下自己：①这样做符合真理吗？②这样做公平吗？③这样做能否建立起良好的信誉和友谊？④这样做能使有关人员受益吗？我们不妨也多用几分钟问一下自己。

四、领导怎样对待迎合、奉承自己的人

有些同志不愿意接近领导，原因是“怕有拍马之嫌”。不能否认，确有那么一些人，为了达到个人的某种目的，不惜降低人格，违心地迎合、奉承、讨好领导。在一个工作环境中，有这样的一些人围着领导转，不仅容易造成领导工作上的失误，损害领导的威信，也极易使大家产生厌恶感，造成同事间的不和谐。有时，正因为有这样的人，许多同志本来所持的对领导真诚的赞扬和公正评价也不愿表示了，“怕有拍马之嫌”。

鼓励他人，对别人的长处、成绩表示敬佩并为之高兴，是每个有修养的人都应有的行为。而对别人真诚得体的嘉许表示自己的谢意也是有修养的表现。因此我们不提倡毫无自信心甚至虚伪地一味贬低自己；对他人表示善意和由衷的赞赏也不等于阿谀奉承。领导者对曲意奉承、迎合讨好抱什么态度，能反映一个人的品德修养和对自己

的认识，并且由此决定了他在别人心目中的位置，决定了他与周围人的关系。一个领导者的态度会影响到整个工作集体的情绪。

领导者对自己要有一个清醒、客观的认识，才能进一步想到别人为什么要奉承讨好自己。不少奉承讨好是乘虚荣心之“虚”而入的。在听到不恰当的恭维时，可以检点一下自己，是不是在言行中流露了喜好奉迎的态度？同时，凡是曲意迎合讨好的人，大多数都是有他们自己的目的，搞清楚奉迎者的目的，对于了解他人，了解自己在人们眼中的形象是有利的，也有助于思考怎样抵御这种行为。

当然，自身的思想道德修养只是一方面。由于许多复杂的社会和个体因素，生活中往往会有极少数想以迎合、讨好而达到个人某些愿望的人。遇到这种人，我们不宜也不可能一概以严词或白眼待之。如果在态度上不得体，很可能将周围同志或下级本来出自善意真诚的赞扬也拒之门外，这也容易影响和大家的关系，把自己孤立起来。千万不要一听到称赞就想到别人有什么不可告人的目的。一般来讲，只要正确估量自己，是否溢美之词是可以判断的。如果当众听到过分的奉承，应婉言表示自己的态度，说明事实上并非如此；指出这种评价是不客观的，不合乎实际的评价是一种讽刺。这就是一种委婉的拒绝。这样做既不会使奉迎者太难堪，也是一个声明，它拒绝了讨好，赢得了尊重。如果奉承讨好出现在个别交谈的场合，可以严肃地加以回绝。因为这种时候，对方往往希望得到一个真实的态度。可以说明，如果为了工作，应该直截了当地谈，个人有什么难处，只要要求正当，作为同志、领导也应尽力帮忙。但是想以一种庸俗的方式来实现自己的愿望，这是令人厌恶的，是不应该的。明确表达这种态度，会杜绝今后再产生类似现象，这才是一个人真正自尊正直的表现。

五、领导应能容纳各种不同特点的人

诸葛亮讲过一条为将之道：“宽，能容众也。”

待人宽厚、容忍，善于与各种不同工作方法和个性特点的人在一起工作并建立较为融洽、亲密的关系，对于每个领导都是极为重要的，因为他还要使用人，管理人，要与不同的人打交道。

我们常说的“领导者的胸怀”或“宰相的肚子”之类的话，都是指领导者的气度，指他对周围发生的事和各种人所抱的态度。在这些人里，自然有和自己持不同意见甚至反对自己的人。对他们的态度如何，不仅是个工作方法问题，它还直接反映了一个人各方面的修养，反映着他对事业、对社会、对人的态度，同时，也直接影响到自己领导下的整个工作集体的心理气氛。为什么这么说呢？我们知道，作为一个领导，他与任何一个部下的关系都会引起整个集体的注意，并且使每个人都由此而想到与自己有关的许多问题。如果你不能容纳持不同意见的人，那么人们会坦率地向你谈自己的不同看法或反对意见吗？如果一个集体中人人对自己的领导都抱着这种戒备心理，那么相互间的关系将是紧张、不稳定的。从领导者这方面看，他失掉了许多听取各种好的意见、

建议的机会，工作受到损失，更要紧的是失掉了“人和”。

容人，首先是说可以容纳各种不同特点的人在周围工作。诸葛亮对这一点的论述是客观的：“士之不能皆锐，马之不能皆良，器械之不能皆坚也。”而他对此采取的态度也是值得借鉴的：“忠益者，莫大于进人，进人者各务其所尚。”每个人都有自己的长处和弱点，用人“务其所尚”就是扬其长，避其短。无伤大局的小毛病人人都有，应该相信别人会不断地修正自己。同时，让同志知道领导了解他的长处，希望他能发挥出来，这是建立相互间信任和亲密感的基础。其次，“容人”当然包括容人之言。这里仍引用诸葛亮的一句话：“为政之道，务于多闻。”善于听取不同人的各种意见，特别是那些与自己的想法有出入的意见，不仅是为政之道，也是为人之道。当部下知道你乐于与各种人打交道，乐于听取各种意见并确实予以考虑时，他们会向你靠拢，会对你信任，与你以诚相见，会坦率地提出许多好的意见。这样，你就能在自己身边吸引不少有头脑、有事业心而又正直的人，就能更得心应手地用人，很好地完成各项任务。

六、领导的尊严从哪里来

尊严，往往指一种受人尊敬的身份和地位。这是不是说只有有地位的人才有尊严，而一般人就谈不上什么尊严呢？不是的。一些处于领导地位的人，尽管享受着表面上的礼节性的尊敬，但在实际上得不到大家的尊重。假如有人以为有了权力、地位就是有了尊严，如果不说这是一种无知和浅薄，起码也是一种误解。尊严得自于高度的教养，它是一个人思想内涵的综合反映。正如华丽的服饰掩盖不了丑恶的灵魂一般，一个人的知识、智慧、品格、思想等一切内在的东西都会有所流露，这些是无法依靠表象化的形式来掩盖的。车尔尼雪夫斯基说，一个真正有教养的人“必须具备三个品质：渊博的知识、思维的习惯和高尚的情操。知识不多就是愚昧；不习惯于思维就是粗鲁和蠢笨；没有高尚的情操，就是卑俗”。受轻视的领导者的特点包括：懦弱、无知、不容人、自私、不公正等。受尊重的领导具备的特点包括：开明、公正、与人为善、和蔼可亲、有工作能力、以身作则等。可见，受不受尊重，有没有尊严，主要在于思想、品格、知识等方面的修养，至于某些个性上的弱点，大家并不苛求。

领导要享有尊严，就必须置自己于普通人的行列，忘记自己的权力地位而注意提高各方面的修养。尊重是无法索取的，但它能依自己的努力而得到。

思考与练习

1. 如何维护领导的尊严？
2. 领导喜欢秘书的哪些做法？
3. 与领导沟通应掌握哪些方式、方法？
4. 阅读下文，如何理解“向领导提出忠告是一次有风险的沟通”？

提出忠告，必须谨慎

首先，在提出忠告前要保持理性、克制的态度。人一旦为强烈的情绪所支配，说出的话难免刺耳。所以，在向领导提出忠告时，头脑要冷静，要尽可能地以委婉的语气和诚恳的态度提出忠告，避免在心理上刺激对方，阻碍沟通目的的实现。忠告是一次有风险的沟通，必须采取谨慎的态度，不能随随便便地向领导提出忠告。如果忠告是不必要的、草率的，就会被领导视为对自己权威的挑战。

其次，忠告要在恰当的时机和场合提出。有人说过这样一段话："人有时会很自然地改变自己的看法，但是如果有人说他错了，他会恼火，更加固执己见，甚至会全心全意地去维护自己的看法。这不是那种看法本身多么珍贵，而是他的自尊心受到了威胁。"作为下属，向领导进言时，"耳目众多"的场合要回避，以免使领导下不来台，为了维护自己的尊严和权威，产生抗拒心理。如果领导对自己的新想法正兴致勃勃或者因为计划失败，一肚子火没处发，此时提出忠告显然阻力更大，弄不好会引火烧身。如果决定提一个忠告，就要有足够的耐心，等待合适的时机，不能凭一时冲动，逞匹夫之勇。

第四章　要善于和同事相处

本章重点内容

无论是领导者,还是秘书人员,都同时扮演着同事的角色。同事间的交往,恐怕仅次于家庭成员之间的交往了。因此我们说同事关系是家庭之外的社会关系中最为重要的关系。

同事关系是一种相互依存的关系,因为大家的事业是共同的,必须依靠合作才能完成。而合作,又需要气氛上的和谐一致,友好相处,情感相容。为此,本章将着重介绍与同事相处的原则及相处的方法。

案例导入

高尚品德,沟通基础

吴刚是一位大学刚毕业的学生,他孤身来到深圳一家四星级酒店打工,成为一名餐饮部的服务员。在结束试用期的前一天晚上,一件意想不到的事情发生了。当晚,有位港商模样的人单独要了一间客房,还指名道姓的要吴刚送去一杯咖啡。当时,吴刚忙得脱不开身,等到了那位港商房间时,比约定的时间迟到了20多分钟。吴刚小心翼翼地把咖啡给对方调好送去,面带微笑地说:"先生,首先感谢您对我的欣赏和信任。但由于暂时没能抽出身来,耽误了您的时间,我感到非常抱歉!"这位港商却不领情,把左手一扬,正好碰到吴刚双手捧着的咖啡杯,杯里的咖啡溅了吴刚一身,可他却视而不见,指了指手表说:"多长时间了?像你这样服务,还会有人再来吗?"

不管吴刚怎样解释和道歉,这位港商都不领情。最后,港商要来了意见簿,吴刚心里一沉,心想这位港商要投诉自己了。如果客人投诉的话,那么自己3个月的试用期就白费了。尽管十分委屈,但是吴刚还是表现得非常有礼貌,仍然面带微笑地双手呈上意见簿,向他真诚地说:"我为今晚的服务不佳表示道歉,您有什么意见和看法尽管写上去吧,我会欣然接受您的批评。"

第二天早上，餐饮部经理宣布录用正式员工的名单中，没有吴刚的名字！就在人们都看着吴刚的时候，经理又宣读了任命书，说是根据酒店总经理的特别提议，任命吴刚为餐饮部的领班。

会后，餐饮部经理带吴刚见了酒店老总。没想到，他就是那晚刁难吴刚的港商。酒店老总说："虽然你的综合素质表现得很不错，但真正能打动我的，还是你的微笑。那一脸甜美灿烂的微笑，你一共发挥了9次。特别是你那种毫不矫情的、纯真的笑，简直可以击退我最后一丝冷漠！"

案例点评

的确，没有人能轻易拒绝一个笑脸。笑是人类的本能，要人类将笑容从脸上抹去是件很困难的事情。因此微笑就成了人们之间最短的距离，具有神奇的魔力。真诚的微笑是交友的无价之宝，是社交的最高艺术，在为人处世中，微笑是一盏永不熄灭的绿灯。

第一节　与同事相处之道

人际箴言

人际关系的深度和广度决定了一个人的生存高度。

我们希望在同事间、在自己的工作集体中依靠努力，创造一个和谐友好的气氛，成为一个为大家尊重、信任和需要的人。

当我们从周围同事身上感受到了友好与尊重，就会更加自信，更加友好地与人相处。因为我们从他们身上看到了自己的价值，看到了生活、工作的美好和希望。

一、友好愿望，和谐起点

须知友好相处的愿望，是同事间和谐的起点。大家知道日本人有一种习惯，初到一个新环境，第一件事就是向周围的同事作自我介绍，然后说请大家多多关照，表达出一种希望得到信任和帮助的愿望。

工作中表现出的人与人的关系是一种相互依存的关系，因为大家的事业是共同的，必须依靠合作才能完成。而合作，又需要气氛上的和谐一致。情感上互不相容，气氛上别扭紧张，就不可能协调一致地工作。

每个人都有着自己的个性、爱好、追求和生活方式，因教养、文化水平、生活经历等不同，不可能也不必要要求每个人处处都与他所处的群体合拍。但是，任何一项事业的成功，都不可能仅靠一个人的力量，谁也不愿意成为群体中的破坏因素，被别人嫌弃而“孤军作战”，这就是共同点。一个有修养的、集体感强的秘书，应能够利用这一共同点，以自己的情绪、语言、得体的行为和善意的态度去感染、吸引或帮助别人，使周围的关系更融洽。

二、与人为善，平等尊重

与人为善，平等尊重，是与人友好相处的基础。作为秘书，该主动热情地与周围同志接近，表示一种愿意与人交际的愿望。如果没有这种表示，别人可能会以为你希望独处，不敢来打扰。切记不要显出孤芳自赏、自诩清高的态度，不平等的态度，永远不会赢得友谊。

言谈举止也是非常重要的。谈话应选择别人感兴趣、听了愉快的话题，使人觉得你是个谈得拢的朋友，只有让人从你的言谈中得到乐趣，别人才会愿意与你交谈。我们反对一味地曲意迎合，但是善意、友好的称赞会使人愉快，刻薄、不善意的取笑会让人感到自尊心受到伤害而不愿和你接近。

任何人和任何事情都不可能尽善尽美、尽如人意。善于发现别人的长处，认识到大多数人都是通情达理的，会使自己以宽容的态度与人相处。谁都会有不顺心的时候，善于克制自己的情绪，约束自己的行为，而在别人产生消极行为和情绪时又能予以谅解，这正是一种有教养的表现，它会使人处处感到你的友好。

其实，哪一个地方的人都不难相处，能否友好相处，主要取决于自己。可以说，任何人人际关系搞不好，都不怨别人，只怨自己。“爱产生爱，恨产生恨”，这句话是不会错的。

三、控制情绪，冷静思考

我们知道，人际关系的重要特点是情绪基础。积极的情绪会解除紧张，促成协调；消极的情绪则会制造紧张，甚至造成对抗行为。在一起工作的同事，性格各异，工作方法、思想方法、生活方式都各不相同，难免发生一些误会和摩擦，并可能随之引起一些情绪上的波动。试想，经常发怒，大家怎么相处？工作怎么做？

我们常说某人脾气好，某人爱发脾气，这似乎是他们的性格。实际上，是否善于控制自己的情绪，不仅反映一个人的性格，更能说明一个人的修养。

一个人修养好，他会随时随地注意自己的言行给周围带来的影响。有修养的人会首先想到：我的脾气会给人家的情绪带来什么影响？这么发泄一下怒气于解决问题有益吗？这件事值得生气吗？如果更进一步想到发怒往往会失去同事的信任和亲近，倒不如先保持沉默，使自己冷静下来为好，这就再好不过了。

对于周围有时出现的令人厌烦的人或事，应学会克制自己。毫不掩饰地表现自己的反感情绪甚至恶语伤人，对人对己都无益处。不要以“我就是这种个性”来为自己的冲动行为辩解。自觉进行个性修养的人，会努力使自己的情绪行为与集体协调，不会因自己的失误给别人造成心理上的压力。自制力，正是修养的体现；冲动，恰是对自己的行为失去了意志监督。

小贴士

与他人交际原则

尊重——与他人交际的原则
宽容——人际关系和谐的法宝
幽默——吸引他人的磁石
关爱——受他人欢迎的关键
助人——欲得人助的前提
善心——给予更多就会收获更多
仁义——赢得他人支持的基础
谦虚——使人更容易接近
赞美——事业成功的阶梯
倾听——了解他人的良方
距离——形成良好关系的秘诀
诚信——赢得高朋满座的资本

四、宽以待人，严于律己

每日与人打交道，时时都会出现如何要求别人，如何对待自己的问题。待人与律己的态度，可以充分反映一个秘书的修养，也是决定他能否与人很好相处的重要因素。中国古来就有的“君子宽以待人，严于责己”的处世方法是非常可取的。

以宽容态度待人，是以理解为基础的，以客观的态度给人以评价，会使我们从别人身上看到自己所没有的优秀之处，又能使我们对人的缺点错误抱一种善意的态度并予以充分的谅解。这是一个人有知识、有修养的表现。“如果我们自身毫无缺点的话，就不会以如此大的兴趣去注意别人的缺点。”这话值得深思。

鲁迅先生是一个责人严的人，但是他“解剖自己并不比解剖别人更留情面”。一个时时注意解剖自己的人，不仅仅是“吾日三省吾身”，因为一个人无法仅靠闭门思过来发现自己的缺点，还要从周围人那里寻找自己需要学习的长处，从他们对自己的认识中看到自己的不足。所以，反省还有着从别人那里认识自己的含义。这就是“见贤思齐焉，见不贤则内自省”。

严于律己还表现在秘书独处的时候，即所谓“慎独”。一个人的道德品质是否高尚，修养是否高深，在别人看不到的独居闲处情况下是一个考验。

听到别人的评论，即使是不公正的批评，也要采取严于律己的态度加以冷静的思考，这对身处集体中的人来说显得格外必要。《音乐之声》女主角、奥斯卡金像奖得主、美国演员玛丽亚·马丁回忆少年时有人挖苦她皮包骨、不是好学生、自高自大、捣蛋等，她满含眼泪与愤怒告诉父亲，父亲则平静地告诉她：“难道知道自己实际上是怎样的人不好吗？你可以把人家的意见都写下来，在正确的地方标上记号，其他的则不必理会。”玛丽亚说父亲的谈话使她“在我的生平中，第一次对自己有了一个公正清晰的认识”。这篇文章名为《最好的忠告》，对我们不也是一个忠告吗？

五、君子之交淡如水

友谊是一个人生活中一项非常重要的内容，它对人的思想、事业以及生活的各个方面都有着极大影响。我们可以从古今中外许多传说和真实的故事中看到这一点。春秋时代的俞伯牙与钟子期的友谊，李白与杜甫两位文学巨匠的友谊，马克思与恩格斯两位思想家的友谊，还有音乐大师贝多芬与舒伯特的友谊……这些都说明了真正的持久的友谊，在我们生活中的重要作用。既然如此，我们又怎么理解“君子之交淡如水”呢？

“君子之交淡如水”这句话，出自中国古代文学家、思想家庄周。他的原话是“君子之交淡如水，小人之交甘若醴”。君子相交淡如清水却日渐亲近，小人相交甜如蜜糖反而疏远分离。这是因为它们的基础和出发点有着根本的区别。和同事共同为事业奋斗，即使个性、爱好不太一致，但大家有共同的理想，为共同的目标工作，也能建立起友谊，因为大家的根本追求是一致的。如果觉得性格志趣合得来就形影不离，合不来就疏远，必然造成同事之间的亲疏不一，这会使同事之间产生一种不和谐的关系。

六、真诚同情，关心理解

每个人在生活、工作中都会遇到困难、意外事故甚至不幸，一个坚强的人，总是力求依靠自己的力量去战胜困难，勇敢地面对不幸。但是，无论如何，一个人没有别人的帮助和支持是不可能很好地发展下去的。

有人说，看一个人道德修养如何，只要让他面对同事的欢乐和不幸。这话是有一定道理的。面对同事的快乐，是由衷地为他人的成功而高兴还是妒忌，面对同事的不幸和困难，是为他人焦急，为他人排忧解难还是冷漠甚至幸灾乐祸，能充分显示一个人的精神世界。

一个人的修养，直接表明个人的道德教养的深度。道德教养决定着一个人的同情心。

什么是同情？同情不是怜悯，或者说不仅仅是怜悯。有许多自尊心很强的人，是很少向人诉说自己的困难与不幸的。因此，仅仅是怜悯的表示，非但不能帮他解除苦恼，反而使他的自尊心受到伤害。但是很少有人会对无声的、真诚的帮助予以拒绝。

当一个同事向你诉说他的烦恼时，在你看来可能是小事一桩，甚至枯燥无味，但以充分理解的态度倾听，使他感到你的友谊和关心，对他则是莫大的安慰。善于理解，及时发现同事的困难和苦恼，给予得体的精神上的支持和行动上的帮助，可以说是我们的义务。冷漠、不关心，既不与大家分享欢乐，也不为别人分担痛苦的人，是缺乏道德修养的自私之人，是不适合做秘书工作的。

七、避免冲突，有话好说

在日常工作中容易发生争执，如果搞得不欢而散会使双方结下芥蒂。人是有记忆的，发生了冲突或争吵之后，无论怎样妥善处理，总会在心理、感情上蒙上一层阴影，为日后的相处带来障碍。最好的办法，还是尽量避免出现冲突。

我们常用这么一句话来排解争吵者之间的过激情绪：有话好说。这是很有道理的。据心理学家分析，争吵者往往会犯三个错误：第一，没有明确清楚地说明自己的想法，含糊，不坦白；第二，措辞激烈、武断，没有商量余地；第三，不愿以尊重态度聆听对方的意见。又有一个调查说明，在承认自己容易与人争吵的人中，绝大多数说自己个性太强，也就是不善于克制自己。

同事之间有了不同的看法，最好以商量的口气提出自己的意见和建议，语言的得体是十分重要的。应该尽量避免用“你根本不懂”这类绝对否定别人的消极措辞。每个人都有自尊心，伤害了他人的自尊心，必然会引起对方反感。即使是对错误的意见或事情提出看法，也切忌嘲笑。幽默的语言能使人在笑声中思考，而嘲笑使人感到恶意，这是很伤人的。真诚、坦白地说明自己的想法和要求，让人觉得你是希望得到合作而不是在挑人的毛病。同时，要学会听，耐心、留神听对方的意见，从中发现合理的成分并及时给予赞扬或同意。这不仅能使对方产生积极的心理反应，也给自己带来思考的机会。如果双方个性修养、思想水平及文化修养都比较高的话，做到这些并非难事。

如果遇到一位不合作的人，首先要冷静，不要让自己也成为一个不能合作的人。宽容忍让可能令自己一时觉得委屈，但这不仅表现了你的修养，也能使对方在你的冷静态度下平静下来。当时不能取得一致的意见，不妨把事情搁一搁，认真考虑之后，或许大家能共同找到解决问题的好办法。善于理解、体谅别人在特殊情况下的心理、情绪是一种较高的修养。有的人生性敏感，有的人恰巧遇到不顺心的事没处发泄怒气……这些都可能是造成态度、情绪反常或过激的原因。对此予以充分谅解，会得到相应的回报。

心胸开阔是非常重要的，谁能没有一点言谈上的失误和过错，对别人无意间造成的过错应充分谅解，不必计较无关大局的小事情。一位哲人说过："两个都不原谅对方细小过错的人不可能成为老朋友。"如果以朋友的态度进行合作，许多冲突是可以避免的。

"人能成全他人，也能毁弃他人；互相帮助能使人奋发向上；互相抱怨会使人退缩不前。"只要想到为了共同的崇高事业，相互帮助，相互谅解，冲突是完全可以缓解和避免的。

八、不挑毛病，乐于协作

如果你细心观察一下，就可以发现嫉妒有一个明显的特点，那就是：你行我不行，就想办法把你搞得也不行。一项调查也说，有100%的人认为，嫉妒的最主要表现是挑毛病。嫉妒的确是一种极为普遍的现象，又是生活中极为消极的因素。

一个单位里有人被提拔到领导岗位，有人的工作做出了成绩受到嘉奖……总要有人说点风凉话，讲点这人有什么什么毛病。说来说去，就是嫉妒在作怪。

德国一个心理研究所的研究成果表明，嫉妒，特别是过度的嫉妒心理，属于精神病理现象，须用药物加以控制。我们当然不会简单肯定他们的论断，但我们认为，人毕竟是有思想、有理智的社会动物，能否自觉控制思想，排除恶性心理，首先取决于他的人生观、事业观和道德修养。药物只能控制一时，而高尚的思想情操却能使这种毒素消失。

嫉妒，是共同事业中的一大障碍，它是一个人内在虚弱和自私的反映。一个有着强烈事业心的人，时时想着如何为人类为社会多做有益的事情，懂得事业成功要靠大家的努力；一个充满求知欲和自信心的人，会努力地充实自己，相信靠不懈的奋斗和追求定能获得成功。他无暇去想方设法挑别人的毛病，永远不会产生害怕别人的成功而影响自己的担忧。

成功者有一些共同特点，其中一条就是这些人是在与自己竞争而不是与他人竞争。他们想的是尽最大努力把事情做好，乐于集体协作。他们懂得，集体的智慧更利于解决棘手的问题，而很少想到怎么打败对手。试想，一个总是担心别人胜过自己，把精力放在为别人设置障碍上的人，还能在事业上取得真正的成就吗？

人际箴言

任何时候，都不要去伤害同事的"自尊心"，因为那样足以使同事反目。

第二节　要博得同事的认同与赞美

同事的认同和赞美，这是自己在一个单位中发展的基础。认同的人越多，范围越广，自己的价值也就越大。

自己的一言一行，都可能成为同事茶余饭后的谈资。同事之口是对自己人品最好的广告。所以，我们必须为自己的所作所为负责。

自我宣传、自吹自擂绝对不如同事对你的赞美来得有效。为此，自己应该处理好与同事的关系，博得同事的认同与赞美。怎样做到这一点呢？

一、安全感

要用自己的行为让同事感到与你相处有安全感。安全需要是人们必不可少的首属需要。为此，你在与同事交往中，不探听、更不可揭露他人的隐私；不背后道人之长短，更不可搬弄是非；人孰无过，因此要不记人过错，更不可存报复之心；不狂妄自大，不嫉贤妒能，更不可事事处处尽占上风。这样，同事们自然会认为你是忠实可靠的同事和朋友，便会乐于同你交往、合作了。

二、相互满足

需要的满足是相互的，人际交往的目的是满足彼此的需要。在人际交往中一方付出信息、感情或者物质等，另一方理应相应做出回应，如态度的转变、交往频率和深度的增加、感情的融洽、关系的改善等。如果人际交往中付出和回报不对等，则人际关系将受到影响。如果你能待人真诚、不谋私利、急人所急、豁达大度，那么同事关系一定是好的；反之，若有己无人、盛气凌人、利用人、占人便宜，那么同事关系必然不好。

三、距离适度

作为职场中人，每天和你在一起时间最长的人是谁？不是你的亲人也不是你的朋友，而是你的同事。

同事关系好，本是好事。我们来自五湖四海，为了一个共同的目标走到一起，心往一处想、劲往一处使，团结互助当然是好的，但是切记同事之间不可过于亲密。同事就是同事，所以，你不能对同事有过高的期望值，要注意交往过度会造成心理及情感的饱和，“物极必反”。因此，同事间的交往，无论从频率上讲，还是从空间上讲，都要恰如其分，即保持“君子之交”的时空距离。这样各自都能冷静地处理相互关系，不致因交往过密而对另一方产生过高的期望，避免因期望不能实现产生失望感，甚至怨恨情绪，这样反而不利于保持同事间的正常关系。

与异性同事，更要保持一定距离，以免犯忌。对异性可采取大方、不轻浮的态度。

小贴士

距离产生美

在这个世界上，和我们关系最近的人，也常常会和我们发生矛盾与冲突。

适度的距离是一种美。和谐的人际关系，需要双方保持适度的距离，为彼此留下一点心理空间。生活和工作中，就算是最好的朋友，也应该有自己的心理空间。如果没有一个安全的自我空间，任何人都会感到无形的压力与恐惧。

人与人之间的误会、争执、利害冲突不是人们的疏远造成的，恰恰相反，往往是因为太亲密造成的。驾驶员朋友都知道，要避免撞车，就要注意车距。同样，在人际关系中，与他人保持适当距离是避免发生冲突的手段之一。

四、有竞争又有合作

在当今社会，要认识到同事之间是既竞争又合作的。各单位、公司都有评先进、选优秀、晋升、加薪的机会，人人都有好胜争强之心，这是自强不息的表现，也是满足自我实现需要的表现。因此，同事之间相互竞争是很正常的。大家围绕一个共同的目标而展开的竞争，有利于相互促进，有利于共同目标和个人抱负的实现，这是组织和个人有活力的标志之一。因此，在竞争中我们都应有这样的认识和态度：竞争中人人平等，人人都有获胜的机会，也都有失败的可能。胜要胜得光荣，输要输得坦然；输了不嫉妒，胜了不骄傲，胜负只说明过去。今天你晋升了，我衷心地向你表示祝贺，诚心地向你学习。在竞争中虽然我们是对手，但在工作中我们是好同事，在生活中我们是好朋友。一定要做到“争”而不伤团结，不失风格，得意时不忘形，受挫时也不丧志。唯有这样做，同事才会更加认同你，同事关系也不会因竞争而受到损害。

五、正确对待自己与他人

在同事中要对自己有正确的评价，形成正确的自我意识。在工作中既要看到自己的能力与潜力，又要清醒地认识到，离开集体和同事的协助，自己将一事无成。乐于与同事交往，乐于与同事交换和分享信息，既追求自我实现，又乐于与同事合作。

要善于与同事合作，不能把同事当作自己升迁的障碍，不起高调，不出风头，处事公平、诚恳。

在工作中，要想给领导、同事们留下好的印象，就要学会从小事做起，不能在小处失礼于人。通过细节上下工夫，一点一滴、循序渐进地树立自己在大家心目中的形象，赢得人们的认可。作为一名秘书，最重要的就是要和离自己最近的人，尤其是同一个办公室的同事建立起和谐、融洽的关系。因为这些人和你朝夕相处，在工作中交往最多，他们对你的印象、评价直接影响着其他人对你的印象、评价，要借他们的口耳相传，树立自己的形象。

作为秘书，有一点要特别注意，就是不能信口开河，口无遮拦。一方面，不要卷入单位的是非旋涡。只要有人群的地方，每个人都品行不一，总有一些人喜欢说长道短，评论是非。但不了解事情的来龙去脉，没有正确的分析判断，最好保持沉默，既不参与议论，更不要散布传言，卷入是非旋涡。很多单位里人际关系错综复杂，有老同事、老同学、老朋友，甚至是沾亲带故。在这些人之间，有时可能会发生冲突，有时又休戚与共，表面上争吵不断，私底下可能过从甚密。如果秘书贸然介入他们的冲突，卷入是非当中，可能会两面不讨好，自以为在伸张正义、主持公道，在别人眼里可能就是多事了。

第三节　与同事相处要有清醒的认识

一个单位就是一个小社会，人多嘴杂。面对各种利益冲突，你必须找准角色定位，既不能孤芳自赏，又不能表现过度。作为秘书，进入一个单位，人地生疏，如何迅速赢得大多数人的好感，尽快融入其中，营造良好的人际关系呢？

这里需要克服以下几种错误认识：

一、认为做好工作就能得到重视

要明白工作能力、效率、可信赖的程度，甚至你的学历，都不是最重要的。工作环境是人组成的，每个人有每个人关心的事务及其优先顺序，学会调节与领导或同事之间的关系，这就是职场中的政治。当你看到工作能力不如你、学历没有你高的人升职、加薪而愤愤不平，百思不得其解时，实际上这不是你工作能力不足，而是你的人际关系不足。如果你人际关系不好，不会与领导、同事相处，你将得不到重视，这就是现实。

小贴士

提升社交竞争力

一个社交竞争力强的人,所拥有的人际关系资源就比别人更深更广。在平时,这些人际关系资源可以让我们比别人更快速地获取有用的信息,进而转换成工作升迁、发展生意的机会;而在危急或关键时刻,也往往可以发挥转危为安,或临门一脚的作用。这就要求我们掌握一些必要的方法来提升我们的社交竞争力。

人际箴言

职场中流行这样一句话:"同事就是同时争取一件东西的一群人。"

二、对有关你的谣言毫不在意

你觉得"身正不怕影斜",由他们说去,事实早晚会清楚的,这你可就错了,别忘了"谎话说一百遍,就变成了真理"这句话。谣言往往是山雨欲来前的征兆,即使谣言的细节都不对,但是无风不起浪,你可以从中看出些端倪。要采取对策,找出散布谣言的人,并向领导汇报,甚至向司法部门起诉,万不可让对手觉得你软弱可欺。

三、认为同事可以是患难知己

有人说:"亲友不如朋友,朋友不如学友,学友不如战友,最不好处的友是同事友。"因为同事之间有利害冲突,如你高升,平时和你不错的同事,也许会嫉妒你,说你的坏话。所以平时对同事不能什么话都说,也不要在同事中间传播小道消息。不利于团队的话不说,不利于团队的事不做。

四、和领导过于亲密,攀龙附凤

你认为领导都爱听阿谀奉承的话,这可不一定。领导不是糊涂人,你昧着良心说的话,领导能听得出来,如果你真正看到领导的可佩服之处,适时赞美,这不是"拍马",至少这没有拍在马腿上。实际上用不着处处讨好领导,做人要光明正大,诚实正派,人前人后不能有两张面孔。在领导面前充分表现自己,趋炎附势,极尽溜拍功夫;在同事面前,爱理不理,一副予人恩惠的面孔,长此以往,同事肯定反感。

除此以外,工作时应保持高昂的情绪状态。遇到挫折,饱受委屈,暂时得不到领导信任,面对这种情况,也切忌情绪不佳,牢骚满腹,动不动就发牢骚,这不仅招人嫌,还会被同事瞧不起。应把注意力放到充满希望的未来,做一个工作、生活中的强者。

小贴士

遇到了"苦菜花"

尽管有些同事的脾气不像"火药桶"那样恐怖,但如果有位同事整天在你耳边喋喋不休,不停抱怨,你的心情也好不到哪儿去。有些人把这样的同事叫做"苦菜花"。那些爱抱怨的人,常常搅得同事们无法好好工作。

假使碰到那些喜欢抱怨或想法消极的"苦菜花",可以先花几分钟听听他们的抱怨,真诚地对他们的境遇表示同情,然后再引导他们关注一些正面的事情;或是把焦点拉回到工作中来:"有些事就是不合理,可我们现在能怎么办?该怎么做?"引导他思考解决方案。如果他继续抱怨,不妨采取"敬而远之"的策略,不要经过他们的座位,对他们的抱怨也不要有所反应,久而久之,他们得不到共鸣,就不会再来骚扰你了。

第四节　怎样避免与同事发生冲突

不要同任何人争吵,双方的争执就如同一场大火,两个人都没有什么收获,只能是双双受到伤害。

一、针对原因找出办法

发生争吵的原因通常包括:

一是没有把话说清楚,没有明确说明自己的想法,说得含糊,不坦白,使对方产生误解。

二是说话生硬、措辞激烈,没有商量余地,对方感到你武断专行。

三是分明是自己错了,却死要面子,不肯认错,强词夺理,嫁祸于人。

四是不愿意以尊重的态度聆听对方的意见,不让对方把话说完,个性太强,不善于克制自己。

针对这些情况，平时要善于分析发生争吵的原因，以便找到避免发生冲突的办法。

同事之间有了不同的看法，最好是以商量的口气提出自己的意见或建议，态度和气、语言得体是十分重要的。不要认为自己比别人强，就不能平等待人。每个人都有自尊心，你伤害了人家的自尊心，必然引起对方的反感。即使对方说错了话，看法不对，也不能嘲笑，更不能以教训人的口吻指责人家。说话能反映出一个人的修养，要善待每一位同事，幽默的语言能使人在笑声中思考，而嘲笑却使人感到屈辱，这是很伤人的。

要维护同事的尊严。真诚、坦白地说明自己的想法和意见，让人家觉得你是希望合作而不是在挑人的毛病。同时，要认真聆听，要有耐心，留神听对方的意见，从中发现合理的成分并及时给予赞扬或表示同意。这不仅能使对方产生积极的心理反应，也给自己带来思考的机会。如果双方个性、思想水平及文化修养都比较高的话，做到这些并非难事。

二、冲突是完全可以避免的

如果遇到一位爱争吵、不合作的人，首先要冷静，不要让自己也成为一个不能合作的人。宽容忍让可能令自己一时委屈，但这不仅体现你的修养，也能使对方在你的冷静态度面前平静下来。当时不能取得一致的意见，不妨把事情搁一搁，认真考虑之后，或许大家能共同找到解决问题的好办法。善于理解、体谅别人在特殊情况下的心理、情绪是一种较高的修养。

心胸开阔是非常重要的，谁能没有一点言谈上的失误和过错，别人无意间造成的过错应充分谅解，不必计较无关大局的小事情。“两个都不原谅对方细小过错的人不可能成为好同事”，如果以宽容的态度进行合作，许多冲突是可以避免的。

“人能成全他人，也能毁弃他人；互相帮助能使人奋发向上，互相抱怨会使人退缩不前。”只要想到为了共同的崇高事业，相互帮助，相互谅解，冲突是完全可以缓解和避免的。不懂得把愤怒转化为欢乐，把仇敌转化为知己的人，就是不懂得职场规则的人。

人际箴言

“让别人有面子，他就会支持你。”在交际中，将“面子”有关的人情做好，有时候赢得的不止是简单的支持，更可能是“士为知己者死”般的支持。

小贴士

道歉与道谢

在工作过程中或日常交往中，如果自己的言行有不当、冒犯之处，打扰、麻烦、妨碍、伤害了别人，最聪明的方法就是及时向对方道歉。道歉的好处在于，它可以冰释前嫌，消除他人对自己的恶感，也可以防患于未然，为自己留住知己，赢得朋友。

道歉应当及时。知道自己错了，马上就要说“对不起”，否则拖得越久，就越会让人家“窝火”，越容易使人误解。道歉及时，还有助于当事人“退一步海阔天空”，避免因小失大。在态度上，应当自然、大方。

道歉可以弥补人际关系的裂痕，而道谢则可以让职场上的人际关系更加融洽。“谢谢”两个字虽然至为简单，但如运用得当，会让人觉得言简意深。在必要之时，对他人给予自己的关心、照顾、支持、帮助表示必要的感谢，不仅是一个人应当具备的职业素养和个人修养，而且也是对对方为自己“付出”的最直接的肯定。

第五节　影响同事关系的言行细节

同在一个单位，导致同事关系不够融洽的原因，除了重大问题上的矛盾和直接的利害冲突外，平时不注意自己的言行细节也是一个原因。

那么，哪些言行细节会影响同事间的关系呢？

一、有好事不告知同事

单位里发物品、领奖金或组织提前下班看电影等，你先知道了，或东西已先领了，回到办公室像没事人似的，从不向大家通报一下，有些东西可以代领的，也从不帮同事代领一下。这样，几次下来，同事自然会有想法，觉得你不合群，缺乏共同意识和协作精神。以后同事有了事先知道的事，也不告诉你了。如此下去，彼此关系就不会和谐。

二、进出不与同事打招呼

你如果有事要外出一会儿，或请假不上班，要与办公室的同事说一声，即使你临时出去半个小时也要与同事打个招呼。这样，倘若有电话找你，或熟人来找你，同事可替你接待。如果你进进出出像保密似的，正好有要紧的事，人家就没法替你说了，受影响的最终还是你自己。进进出出，互相告知，既是共同工作的需要，也是联络感情的需要。这表明双方互有的尊重与信任。

三、不为同事的来访者着想

同事出差去了,或者临时出去一会儿,这时正好有人来找他,或者正好来电话找他,如果同事走时没告诉你,但你知道,你不妨告诉来访者;如果你确实不知,那不妨问问别人,然后再告诉对方,以显示自己的热情。明明知道,而你却直通通地说不知道,一旦被人知晓,那彼此的关系就势必会受到影响。来访者找同事,不管情况怎样,你都要热情接待,这样,即使没有起实际作用,来访者也会觉得你们的同事关系很好。

四、不肯与同事说自己生活中的事

有些生活中的私事不能说,这是隐私,凡是有损自己的形象,容易给自己找麻烦的事最好不说。但有些私事说说也没有什么坏处,可以增强彼此的亲切感,比如你的男朋友或女朋友的工作单位、学历、年龄及性格脾气等。如果你结了婚,有了孩子,就有关于爱人和孩子方面的话题。在工作之余,这些都可以顺便聊聊,可以增进了解,加深感情。无话不说,通常表明感情之深;有话不说,自然表明人际距离的疏远。你主动跟别人说些私事,别人也会向你说,有时还可以互相帮帮忙。你什么也不说,什么也不让人知道,人家怎么信任你?信任是建立在相互了解的基础之上的。

五、万事不求人是不对的

轻易不求人,这是对的,因为求人总会给别人带来麻烦。但万事不求人,有事不肯向同事求助,这就不对了。任何事物都是辩证的,有时求助于别人反而能表明你对别人的信赖,能融洽关系,加深感情。如你晚上到医院照顾老人,家中孩子请与你住得很近的同事照看一下,这是很正常的求助。倘若你偏不肯求助,同事知道了,反而会觉得你不信任人家。你不愿求人家,人家也就不好意思求你;你怕人家麻烦,人家就以为你也很怕麻烦。良好的同事关系是以互相帮助为前提的。因此,求助他人,在一般情况下是可以的。当然,要讲究分寸,尽量不要使人家为难。

六、不要对同事一口回绝

同事带点水果、瓜子、糖之类的零食到办公室,休息时分吃,你就不要推拒。有时,同事中有人获了奖或评上了职称什么的,大家高兴,要他买点东西请客,这也是很正常的。在同事中,要随和,认同群体,不能“离群索居”。

七、与同事保持平衡,不即不离

同事常常不止一个,你对每一个同事都要尽量保持平衡,对每一个同事都处于不即不离的状态,也就是说,不要对其中某一个特别亲近或特别疏远。在平时,不要老是和同一个同事说悄悄话，进进出出也不要总是和一个同事在一起。否则，你们两个也许亲近了，但被疏远的可能更多，甚至还会被人认为你们在搞小团体。

人际箴言

与同事相处要有分寸，一旦触到了对方的隐私和短处，就相当于踏进了社交"雷区"。每个人都有所长，亦有所短，要坚持"避免矛盾，稳中求安"的原则，关键是善于发现对方身上的优点，而不要抓住别人的隐私、痛处大做文章。

八、不要热衷于探听同事的家事

在单位不要热衷于打听他人的私事，人家能说的自然会说，不能说的不要瞎打听。

每个人都有自己的秘密。有时，人家不留意把心中的秘密说漏了嘴，对此，你不要去探听，不要刨根问底。有些人热衷于探听，事事都想了解得明明白白，根根梢梢都想弄清楚，这种人是被别人瞧不起的。你喜欢探听，即使什么目的也没有，人家也会厌你三分，从某种意义上说，爱探听人家私事，是一种不道德的行为，是素质差的表现，同事是不喜欢这种人的。

九、不要强词夺理占便宜

在与同事相处中，有些人总想在嘴巴上占便宜。有些人喜欢说别人的笑话，讨人家的便宜，虽是开玩笑，也绝不肯以自己吃亏而告终；有些人喜欢争辩，有理要争，没理也要争三分；有些人不论国家大事还是生活小事，一见对方有破绽，就死死抓住不放，非要让对方败下阵来不可；有些人对本来就争不清的问题，也想要争个水落石出；有些人常常主动出击，人家不说他，他总是先说人家。这些都是不对的。

十、忌搞小圈子、散小道消息

办公室内切忌私下拉帮结派，形成小圈子，这样容易引发圈外人的对立情绪。更不应该的是在圈内圈外散布小道消息，充当消息灵通人士，这样永远不会得到他人的真心对待，只会对你唯恐避之不及。

小贴士

愚人的心

老子在《道德经》中写道:“我愚人之心也哉,沌沌兮。俗人昭昭,我独若昏。俗人察察,我独闷闷。忽兮若海,漂兮若无所止。众人皆有以,而我独顽,似鄙。”意思是说:我真是有一颗愚人的心啊!众人光辉自炫,唯独我迷迷糊糊;众人都那么严厉苛刻,唯独我这样淳厚宽宏。恍惚啊,像大海汹涌;恍惚啊,像漂泊无处停留。世人都精明灵巧有本领,唯独我愚昧而笨拙。

这一席话告诉我们,与人相处多看人家优点,自己糊涂一点,不必斤斤计较,这样就会有越来越多的朋友。

第六节 同事间言归于好的艺术

同事间的争吵或隔阂在职场中是经常发生的事,遇到这种情况时,如你不知道如何与同事言归于好,不妨遵循以下的做法,也许能挽救你们曾经拥有的友谊。

一、弄清争吵的原因

同事间的争吵,原因是多种多样的,只有弄清原因才能对症下药。

一是你们争辩的是十分可笑的话题,你不必介意,过一阵儿自然就过去了。

二是在某个观点上意见不一致,发生争辩,这也没有什么大不了的,不会影响彼此间的友谊。

三是你泄露了同事的秘密,甚至讲了同事的坏话,同事知道后,自尊心受到了伤害,与你发生了争吵,这可就是你的过错了。任何时候都不能说同事的隐私和坏话,揭别人短处是不道德的。你要主动找同事道歉,承认自己的过错,力求与同事言归于好。

四是同事陷入困境,为一点小事与你发脾气,拿你当“出气筒”,你要忍耐,弄清同事的“无明火”从何而来,多理解对方,不要与他争辩,待日后有机会再做解决。

二、要主动负起责任

与同事争吵后,别等同事来找你道歉,你要主动迈出第一步找同事,检讨自己的过错。如果你不肯让步,让争吵恶化,那么你们两个人会一起失去友谊;如果你不等待他解决问题,而是主动负起责任,主动与他言归于好,这样你们俩都是胜利者。只知埋怨对方的过错,不反省自己,是解决不了问题的。

三、循序渐进消除隔阂

与同事争吵后,不能假装什么都没有发生过。这样拖下去,只能加深双方的隔阂。你需要主动去尝试,用积极的态度唤起彼此的信心。如主动和对方打招呼:"嗨,你还生我气啊?""喂,让你生气了,真对不起,有空咱俩聊聊。"要面带微笑,面对面地与他谈话,要知道,微笑能化解对方心头的怨气。

四、倾听彼此的心声

假如你们双方都坚信自己是正确的,那么很难听进对方的倾诉,这是化解不了双方矛盾的。要解决矛盾就得弄清对方的感受,要冷静倾听对方的意见。你应主动地、开诚布公地说明:"我想听听你的意见,告诉我你是如何想的,好吗?"当对方说话时,即使你觉得对方谈的不是事实,也不要插话解释或争辩,要耐心让对方说完,让对方感到你是尊重他的,是对他友好的。这样,也许矛盾会好解决一些。

要记住,忍让不是软弱,而是大度,是策略。

五、不要伤害别人的自尊

我们在与人打交道的过程中,要学会在不同的场合说不同的话。场面话谁都能说几句,但并不是谁都会说,一不小心,也许你就踏进了言语的"雷区",触到了对方的隐私和短处,犯了对方的忌,对听话者造成了伤害,自己也落得下不来台。其实,为人处世的成功,一个很重要的因素就是善于发现对方身上的优点,夸赞对方的长处,而不要抓住别人的隐私、痛处和缺点做文章。所以,一定要注意,不论在何种场合,都不要揭别人的短处,也不要伤害别人的自尊!有句俗语说得好,"矮子面前莫说短话"。在与人相处的时候,一些人容易挑别人的毛病,揭别人的短处,这样是很不正确的。那么,怎样才能做到不揭人之短呢?

1. 深入了解对方,既要了解对方的长处,也要了解对方的不足。只有知己知彼,才能百战不殆。因为每个人都会有自己的个性和习惯,有自己的需求和忌讳。如果你对交际对象的优缺点一无所知,那么与人相处时,就会"盲人骑瞎马",触犯对方的隐私,揭了别人的短处。

2. 善于发现别人好的一面,不要提及不好的一面。在为人处世中要多赞美别人的长处,尽量回避对方的缺点和错误。对于一个普通人来说,谁愿意提及自己不光彩的一页呢?特别是如果有人拿这些不光彩问题来做文章,就等于在其伤口上撒盐,无论谁都是不能忍受的。所以要切记,不要在人面前说他人忌讳的事情。

3. 批评别人时,要顾及场合,不要伤及对方的面子。

4. 批评别人时说话要含蓄。有时候,对方的缺点和错误是我们必须要直接面对、没有办法去回避的，这时不要直来直去，而要采取委婉含蓄的说法，淡化矛盾，以免发生冲突。然而，在现实生活中，我们周围许多人说话往往太直接，结果好心办了坏事，不但自己觉得出力不讨好，别人也不会感激你的好心。

因此，我们要想与他人友好相处，就要时时替他人着想，尽量赞赏他人的优点，表扬他人的长处，维护他人的尊严，做到勿揭他人之短。

人际箴言

同事间相处，永远把别人当作好人，永远记得不可能每个人都好。

第七节 与同事相处的原则

在与同事相处中，不能只为处理好关系而不讲原则。你不讲原则，同事会认为你是“老好人”，甚至会认为你“太圆滑”。与同事相处的原则，大体上可归纳为以下几点。

一、为人要实在、真诚

尔虞我诈的欺骗和虚伪的敷衍都不利于同事关系的建立。真诚不是写在脸上的，而是发自内心的，伪装出来的真诚比真正的欺骗更令人讨厌。

二、要喜欢同事、尊重同事

“爱人者，人恒爱之；敬人者，人恒敬之”，任何人都不会无缘无故地接纳我们、喜欢我们。别人喜欢我们往往是建立在我们喜欢他们、承认他们的价值的前提下的。

三、让别人觉得值得与你交往

我们在交往中总是在交换着某些东西，或者是物质，或者是情感，或者是其他。但在其中，应该注意的是要不怕吃亏、不要急于获得回报和不要付出太多，要让人觉得你是值是交往的人。

四、维护别人的自尊心

维护他人自尊，说白了就是给人家面子，但这并不意味着在同事交往中处处逢迎别人。在不危及他人自尊心的情况下，陈述与对方不同的意见，或者委婉地指出对方的不足是不会影响同事间的交往的。

五、创造一种自由的气氛

在与同事交往的过程中，如果要使别人从内心深处接纳我们，就必须保证别人在与我们相处时是轻松自在和愉快的。也就是说，要让别人在一个平等、自由的气氛中与我们交往。

六、听取相反意见

一个人的想法、做法都是有时空性的。此一时可能是正确的、先进的，彼一时可能就是错误的、落后的。况且，一个人的想法、做法或几个人的想法、做法都是有局限的，不全面的。所以，耐心听取相反的意见，听取他人的意见，对事业进步是极有好处的。

七、不要固执己见

为人处世中，处理好圆通与刚毅的关系是非常重要的。圆通就是坚持原则但不失灵活，不固执。所以，有人将为人处世之道总结为“外圆内方”，方孔代表原则，而圆形代表灵活。

八、融入同事的爱好之中

我们常说“物以类聚，人以群分”，共同的爱好和兴趣更容易使人走到一起。因此，培养自己多方面的兴趣（特别是多数同事共同的兴趣），以兴趣结交朋友，也是改善和增进同事关系的好办法。在闲暇之时，与同事一起出去参加娱乐活动，比如唱歌、郊游、跳舞、参加体育活动等，都可以增加彼此间的了解与友谊。这不仅能让你获得更多的快乐，稀释内心的压力，更有助于培养一个和谐的人际关系。

九、不过问同事的隐私

办公室是大家工作的场所，不是传播个人隐私的地方。因此，不要轻易打听别人的生活状况，除非对方主动向你说起。过分关心别人隐私是无聊、没有修养的行为。另外，如果同事能将自己的隐私告诉你，那只能说明同事对你足够的信任，否则他（她）不会将自己的私密之事告诉你。这时，你一定要替他（她）保守这个秘密，而不要四处传播，要是同事在别人嘴中听到自己的秘密被公开，肯定认为是你出卖了他（她）。因此，不随意泄露他人隐私是巩固职业友情的基本要求。如果这一点做不好，恐怕没有哪个同事敢和你做知心朋友。

十、善于控制自己的情绪

在工作中难免碰到各种挫折和委屈、误解，这时要努力学会控制自己的情绪，不能因为一些细小的人际摩擦和矛盾而影响团结，否则就难以在工作中进行人与人之间有效的沟通和协调。同时，不要把个人感情带入办公室之中。你有自己的喜恶，对很多事物的看法和观念都带有自己强烈的感情色彩，但要记住：切勿将此带到同事之中。对于和你看法不一致的，你可以保持沉默，一般不要妄加评论。

小案例

值百万美金的笑

原一平在27岁时进入日本明治保险公司开始推销生涯。他身高1.45米，又小又瘦，横看竖看，实在缺乏吸引力。

某日，他向一位老和尚推销保险，原一平详细地说明之后，老和尚平静地说："你的介绍，丝毫引不起我投保的意愿。"

老和尚注视原一平良久，接着又说："人与人之间，像这样相对而坐的时候，一定要具备一种强烈的吸引对方的魅力，如果你做不到这一点，将来就没有什么前途可言了。"

老和尚又说："年轻人，先努力改造自己吧！"

后来原一平苦练笑容，凭借着让人愉快、给人信任的微笑，原一平最终获得了成功，成为一流的保险推销员，他也被日本人誉为"值百万美金的笑"。

思考与练习

1. 如何博得同事的信任与好感？
2. 怎样避免与同事发生冲突？
3. 与同事相处的原则是什么？
4. 你如何理解"越是喜欢受人夸奖的人，越是没有本领的人"这句话。请看下面的案例，小秦的苦恼在哪里？

小秦的苦恼

在新员工座谈会上，领导希望新来的员工能够结合自己的专业，多提意见和建议，给单位注入新的活力。其中有一位学管理专业的小秦,非常积极地响应了领导的号召,不到一个月时间,就结合自己所学的专业,写出了一份洋洋万言的建议书,从部门设置、工作流程、作息时间等很多方面,找出了单位的不少“毛病”,并提出了改进意见。之后,领导在大会上好好表扬了他,他也认为自己是科班出身,在管理理论方面比别人懂得多。在以后的工作中,他开始锋芒毕露,周围的同事却慢慢对他没了好感,都对他敬而远之。至于他的建议中提到的问题,公司没有一个人因此做出改变。为此,他很苦恼,苦思冥想也不知道问题出在了哪里,一年以后,他辞职离开了这家公司。

第五章　办公室内的人际关系

本章重点内容

办公室是一个复杂的、竞争的舞台。要想使自己在这个小社会中脱颖而出，稳稳占有自己的一席之地，你必须谙熟其间的人际关系规则。

在办公室工作，不仅靠能力和智慧，还必须面对现实，不断磨炼自己处世的本领，提高自己做人的境界，磨砺自己洞察世事的眼光，理清办公室里的人际关系，在人际网络上创造优势，从而提高自己的竞争力。

案例导入

应该这样对待同事吗？

一位职员热情邀请自己的上司到家里做客，庆祝自己乔迁之喜。她的几位同事也早就说过一定要去她家拜访，于是，她顺便也叫上了他们。

入席，女主人把上司让到了主坐，然后对几位同事说："都是自己人，我就不和你们客气了。"随后便张罗着给上司倒酒，同事们不声不响地落座了。

女主人把酒菜摆满了整个桌子，不停地向上司介绍菜名和特色。接着，女主人又起身向上司敬酒，说了些"感谢关心、谢谢培养"之类的客气话。

似乎女主人眼里只有上司一个人，其他人都是不存在的。于是，同事一个个难掩心中的不满，宴席还没有结束，就纷纷告辞了。

案例点评

平等对待每一个人是与同事相处的基本之道。在待人问题上，不可谄媚讨好上级，也不可歧视冷落下级。

第一节　办公室人际关系类型与规则

办公室人际关系对于办公室工作效率具有一定的影响作用，良好的人际关系是舒心工作、安心生活的必要条件。办公室工作人员应克服办公室人际关系障碍，确立正确的人际理念。

一、办公室人际关系类型

心理学家从心理行为的角度，把办公室人际关系划分为感情型、志趣型和利益型。

（一）感情型

感情型指办公室人际关系的确立以感情为基础，它的特点是重感情、讲义气，互相友爱，互相帮助。以感情为基础的人际关系往往较为稳定和持久，对于工作中出现的一些矛盾也较容易化解。

（二）志趣型

志趣型又可分为兴趣型和志向型。兴趣型往往是以办公室工作人员的共同兴趣、爱好为基础而形成的一种人际关系。志向型的人际关系则是以办公室工作人员共同的信念、理想和目标为基础而形成的一种人际关系。

（三）利益型

利益型是指办公室工作人员以相互的利益为媒介而形成的一种人际关系。人们形成人际关系的目的是为了追求某种利益。

从办公室工作人员的合作关系来看，办公室人际关系又可分为主从型、合作型和竞争型等三种。

主从型人际关系是最基本的一种，喜欢支配他人和喜欢服从他人的人交往时就形成了主从型人际关系。办公室工作人员中，上下级的关系就是这种主从型角色关系。

合作型人际关系是人们为了达到共同的奋斗目标，彼此互相配合、互相帮助的人际关系，合作双方利益相关，目标一致，在发生矛盾时能互相忍让，求大同存小异。

竞争型人际关系是双方为了达到各自的目标，在人际交往中双方互相竞争的关系。

从以上分类来看，在实际生活中，办公室人际关系往往不是单一型的，在更多的情况下，以复合型的状态呈现。

二、办公室人际关系的影响因素

(一)思想因素

思想、观念、理想等方面较为接近的办公室人员,容易互相吸引,互相爱护,较易结成密切的关系。反之,则会关系疏远,彼此冷落,甚至互相排斥,互相诋毁。

(二)爱好因素

共同的兴趣、爱好也是办公室人员形成良好人际关系的润滑剂。如,爱下棋的人,由棋友关系促成良好的人际关,彼此亲近,进而有利于合作。

(三)利益因素

某种利益的需要也调节着办公室工作人员相互间的人际关系。一旦这种利害关系不复存在,为这种利害而发生的人际关系也随之淡薄。如,单位举行知识竞赛,同事为集体荣誉,放弃个人恩怨,团结一致,互相配合,全力拼搏,人际关系融洽;一旦竞赛结束,有的人际关系就开始冷淡。

(四)年龄因素

一般来说,办公室工作人员的年龄差距与他们的心理差别成正比。年龄差别大,就意味着其社会角色和社会经验的差别大,他们可能在思想观念、思维方式和行为方式等方面存在较大差异,这会影响人际关系。但是年龄也并不是不可逾越的交际障碍。

(五)性格因素

办公室工作人员在人际交往中所表出的性格、能力等品质,对其人际关系有一定影响。如具有谦虚勤劳、热爱集体等性格,就会有人缘。而以自我为中心,有极强的嫉妒心,固执虚伪,自命不凡,猜疑孤僻等性格,就不易搞好人际关系。

当然,办公室工作人员良好的仪表、言谈举止等礼仪修养也有助于建立良好的人际关系。

人际箴言

性格决定命运,有个好性格会幸福一辈子;没有好性格,会苦恼一辈子。

三、办公室人际关系形态

办公室人际关系形态是办公室人际关系不同的表现形式。大家比较公认的办公室人际关系的基本形态主要有下列几种：

(一)稳定形态

这是办公室人际关系的各项功能发挥得较好的阶段。办公室工作人员相互帮助，默契配合，彼此友好相待。这种形态的特征是:办公室工作人员之间相互理解，办公室人际交往的频率、交流的信息量较为稳定。这种形态的出现往往与办公室领导者的领导才能、领导艺术和办公室人员综合素质等因素密切相关。

(二)障碍形态

这是由于某种因素致使办公室人际关系处于不正常发展阶段。其特征是:办公室人际关系的正常机能受损，办公室工作人员的情绪基础发生了较大变化，人际交往产生了一定的障碍。这种障碍如果能被排除，彼此的关系将会复原，甚至向更和谐的方向发展;但是如果矛盾不能得到化解，则将使人际关系进一步恶化，从而导致冲突状态的出现。

(三)冲突形态

这是办公室人际关系不正常发展的严重阶段。矛盾双方彼此互相排斥，互不容忍。关系双方对业已恶化的人际关系不再遮遮掩掩，而是将彼此的矛盾公开化。这种矛盾往往是由对晋升、加薪、奖金、工作分配不均等不满引起的。

(四)维持形态

这种形态的人际关系的形成往往因彼此之间存在着共同的需要，但双方彼此又没有吸引力，或价值观明显不同所致。关系的双方自觉控制自己的情绪和态度，并维护着彼此交往、但又不发展的人际关系。它的特点是关系双方都缺乏改善彼此关系的意愿，双方的交往较为被动，交往的气氛不很融洽。

对以上“形态”的分析，其目的是使大家对办公室人际关系有个基本认识。

四、办公室人际关系规则

办公室人际关系虽然复杂多变，但办公室工作人员人际吸引力的强弱、人际关系的变化，还是存在着一定规则的。研究和把握办公室人际规则，对建立和保持办公室人际关系的和谐融洽，增强办公室的凝聚力具有一定的积极意义。

(一)相似性规则

办公室工作人员在思想观念、兴趣爱好、个性品质、个人经历、年龄、社会地位、经济地位等因素方面相似,彼此之间较容易形成良好的人际关系,尤其是思想观念因素对办公室工作人员人际关系的影响较大。办公室工作人员在交往中具有相似的思想观念,会促进共同语言的产生,彼此的自尊心也会得到一定的满足。特别是对一些与切身利益相关的问题观点一致,更能促进彼此关系的和谐。也就是,有共识才会有友谊,没有共识就没有友谊。

(二)互补性规则

互补包括需求上的互补和利益上的互惠。办公室工作人员有时双方虽然没有相似之处,但也有较强的吸引力,那就是互补性所致。在知识、才能、性格和关系方面,越是存在互补的可能性,人与人的关系就越容易密切。互补性也是促进人际吸引的一个重要规则,当需求上的互补不能满足,利益上的互惠不能达成,彼此的关系就会逐渐疏远。

(三)互利性规则

这包括物质互利和精神互利。当双方利益相关时,人们相互间会为了满足各自的需求而接近。事实上,办公室的工作人员在交往中,彼此都要付出一定的代价,至少要花费人际交往的时间和精力。当人们认为通过交往收益要大于代价的时候,才会感到对方的吸引力。没有任何收益的交往对办公室工作人员是没有吸引力的。

(四)回报性规则

回报的类型主要有两种:一是积极型回报,即办公室工作人员在得到某种关心后,对关心对象报以感激之情,并作出相应的回报。二是消极型回报,即办公室工作人员在受到挫折后,对导致他受挫的对象进行相应的报复。

人际箴言

弯弯曲曲才能前进,曲曲折折才能进步,一帆风顺只是在理想的王国中,现实中不会存在。如若我们了解了办公室人际关系的规则,就会减少跌倒的可能。

五、办公室人际关系心理障碍

(一)优越感与自卑感

办公室工作人员在人际交往中表现出的优越感或自卑感,都是因自我评估的失衡所致。产生优越感或自卑感的原因可归纳为:一是自我认知的盲目性,即盲目、过高地进行自我评估或缺乏自信地自我评估,对自我的价值、力量和地位等方面的估计发生偏差。二是思维方法的片面性,办公室工作人员不能辩证地看待问题,往往以自己的成绩去比他人的过失,或者以自己缺点去比他人的长处。三是掌握信息的有限性,有限的信息致使某些办公室人员眼界狭窄。这两种心态都是办公室人际交往的心理障碍。

(二)自我中心,敷衍待人

在工作中处处从自我利益出发,把困难、责任推给别人,把好处、利益和荣誉留给自己;工作马虎,缺乏责任感。这是一种不健康的状态。

(三)消极平均心理

在工作中自己不能吃亏。在绝不能比别人多做事的同时,又希望别人也少干一些,以减少自己的心理压力。这种心理是十分消极的。

(四)角色冲突

在社会生活中,一个人往往同时有多重角色。每个人应根据他所处的环境变换自己的角色。如果不能顺应环境的变化转换心理角色,必然导致人际关系紧张。

(五)情感因素

消极情感是办公室工作人员协调人际关系的障碍,嫉妒、淡漠、高傲、偏见和厌恶等,都会招致他人的反感,从而导致办公室工作人员间的相互排斥。

(六)性格因素

自私、虚伪、冷酷、顽固、骄横等不良性格也是人际关系的一种心理障碍。在办公室工作人员中,下面几种怪癖不受欢迎。如“干涉癖”,爱打听、传播和干涉他人的隐私、秘密;“犟脾气”,稍有不顺意就大动肝火,恶语伤人;“强迫癖”,自己喜欢的事情,也要强加于人。

小贴士

有感情的动物

人是有感情的动物,“鸟可为食而亡,人可为情所动”。每个人都难逃一个“情”字。感情投资,是拓宽人际、增强人脉的有效手段,凡是成大事的人无不善于围绕“情”字做文章。

第二节 正确处理办公室人际关系

在“要善于和领导相处”的一章中,我们较详细地阐述了如何与领导相处。在“要善于和同事相处”一章中,我们也较详细地阐述了如何与同事相处。本节着重介绍在办公室中与上级、同事相处的规则和应注意的事项。

一、与上级相处的规则及注意事项

办公室一般工作人员在与上级相处时,很重要的一项规则是摆正关系,尊重上级。一般来说,上级在下级面前都有保持一定尊严和权威的心理。办公室工作人员在与其相处时,不能无视上级,否则会引起上级的反感。尊重上级并不是对上级领导唯唯诺诺,而主要是表现在对上级工作上的支持和服从,而下级在工作中做出成绩,是上级对下级信任的基础。

在与上级相处时,应注意以下几点:

第一,尊重上级的职权。

第二,维护上级的威信。

第三,尊重上级的工作业绩。

第四,理解上级工作的甘苦。

另外,对上级提出建议要讲究技巧。发现上级的缺点和错误,办公室工作人员应本着事业为重的态度,对上级提出建议,但要注意方式方法,否则会导致上下级的人际关系紧张。提出建议时应注意:

其一,注意提出建议的方式,下级应尽量使气氛轻松一些。

其二,注意时机的选择,避开上级领导情绪激动、心情不好的时候。

其三,注意选择合适的场合,如在一些非正式的场合提出建议。

小案例

门庭冷落下的拜访

有一个人，担任某公司总经理期间，年底的礼物、贺卡就像雪片一般飞来，可是自他退休之后，礼物只有一两件，贺卡一张也没有，以往访客不绝，而今寥寥无几。正在他心情落寞的时候，以前的一位下属带着礼物来看望。在任期间，他并不看重这位职员，可是来拜访的竟是这个人，不觉使他感动得热泪盈眶。过了两三年，这位总经理又被原来的公司聘为顾问，当然很自然地就重用和提拔了这位职员，因为他能在没有利益关系的情况下登门拜访。

二、与同事相处的规则及注意事项

（一）与同事相处的规则

1. 加强同事间的交流，主动与同事合作。
2. 经常关心、帮助同事。
3. 对待同事一视同仁。
4. 谨慎对待赞扬和嘉奖。当你受到赞扬时，不要洋洋自得，不妨夸夸其他与你共事的同事。
5. 正确对待同事的优点和成绩，对于同事的优点给予真心实意的夸奖。
6. 欢迎同事强于自己，超过自己，勇于承认差距，虚心学习他人长处，并以此为动力，激励自己追赶并超过他们。
7. 关心同事的工作成绩，经常肯定和赞美同事的优点。
8. 工作中进行竞争应保持心平气和。
9. 当你与同事一起取得工作成绩的时候，不要争名利。

（二）与同事相处的注意事项

1. 对于同事的问话，不要显得漫不经心或随便回答。
2. 对于自己无法做到的事，不要轻易许诺。
3. 不要总是批评别人，自己却什么也不做。
4. 切忌搬弄是非，引起同事间的猜疑。
5. 不要忽视集体行为的规章，一味我行我素。
6. 不要将麻烦推给他人，不要排挤他人，不要不遵守集体活动的时间。
7. 不要故意搅局，不要欺骗同事。

（三）要妥善处理同事间的矛盾

1. 不要轻易责怪、批评和抱怨别人。
2. 不在领导面前诋毁或贬低其他同事。
3. 当同事利益受损时，即使同事不在，也不能幸灾乐祸，应挺身而出进行维护。
4. 不散布他人隐私和秘密，不要过分干涉别人的私生活。
5. 不扩大矛盾的知悉范围。
6. 对不同意见，应求大同，存小异。

三、上级与下属相处的规则及注意事项

（一）上级与下属相处的规则

1. 尊重下属，平等待人。尊重下属具体表现为领导者能虚心听取下属的意见，对于下属工作中的成绩给予实事求是的评价。

2. 廉洁奉公。领导者应确立全心全意为人民服务的观念。上级应严格要求自己，杜绝以权谋私、贪污腐化的现象，在群众中树立良好的形象。

3. 体察下情，关心和爱护下属。当下属有好的发展机会时，要尽量为下属争取。当下属在工作、生活中遇到困难时，设法帮助解决。当下属工作中出现差错时，要注意保护其积极性。

4. 实事求是，公正处事。上级对于下属应一视同仁，赏罚分明。上级对下级的公正评价，是上下级关系融洽的基础。

5. 言而有信，敢于承认错误和承担责任。

6. 以身作则。在工作中，领导者要以身作则，自己要积极带头，起到好的表率作用。

7. 奖励得当。奖励不当，会造成被奖励者与其他工作人员关系疏远或紧张。应注意：第一，避免奖励过滥或过分。适当的、恰如其分的行使奖励权是很重要的，否则会有消极作用。第二，避免奖励不准确。这往往是由于上级对奖励对象不很了解造成的。由于奖励不准确，该得奖的没得奖或不该得奖的得了奖，会严重挫伤下级工作的积极性。

（二）上级与下属在日常交往中的注意事项

1. 注意淡化上下级的角色差异。上下级角色地位的差异往往会加大上下级之间的心理距离，对于上下级之间建立融洽、亲近的关系是不利的。上级在与下级的日常交往中，应避免工作交往中所表现出的角色行为模式，有意识地通过自己的态度、言行等，淡化上下级的角色差异，以平等的身份与下属沟通信息，交流感情。具体的方法

如:在日常交往中不称呼职务名称;不用命令口吻讲话;闲谈时避免谈及工作问题;主动交流自己生活中的喜怒哀乐;等等。在日常交往中上级不以领导自居,不摆架子,这种淡化角色差异的方法不但不会降低领导者的威信,反而会提高领导者的威信,对于融洽上下级的人际关系具有积极的作用。

2. 日常交往中角色的选择。在日常交往中,上级在有意识地淡化角色差异的同时,对待不同的交往对象还应注意到,在与年长者交往时,应以尊敬的态度,以晚辈的身份与之交往;与年轻的下属交往时,以慈祥的长者形象出现,应该表现出对下属的关心、爱护、理解和支持;与其他对象交往时,以朋友的身份以诚相待。

3. 积极主动的交往态度。上下级日常交往不同于工作性质的交往,交往双方的态度对交往的质和量有重要的影响,尤其是上级积极、主动的交往态度是相当关键的。上下级通过日常交往可以收集到大量信息,有些信息是在工作交往中难以获得的。通过有效的日常交往,还能提高领导者非职权性的影响力。此外,上下级通过积极的日常交往,还可以改善工作氛围。

4. 上级应有意识地培养多方面的兴趣爱好。共同的兴趣爱好可以促进上下级关系的融洽。在共同兴趣爱好的基础上形成的人际关系效果较好,交往也较为自然。

(三)上下级之间出现问题的处理

1. 正确对待下级的不同意见。上级与下属的意见分歧是工作中的正常现象,实践是检验真理的唯一标准。当上级的意见经过实践检验被证明是正确的时候,作为上级不能因此而有骄傲情绪,也不能因此而嘲笑持不同意见者;当上级的意见经过实践检验被证明是错误的,上级应该敢于承认错误,敢于承担责任,并明确修正自己的观点。

2. 正确处理上级与下属之间的矛盾。下属对于工作中的不满常常会通过各种形式表现出来,对于这种现象,上级应以宽容大度的姿态去对待,让下属有机会把牢骚、怨气发泄出来,并针对问题进行认真分析,根据不同的情况,采取不同的方式予以解决。如果工作中确实存在一定的问题,应敢于承认工作中的问题,敢于主动承担责任,求得下属的谅解,并采取积极的改进措施;如果属于意见分歧,也应认真听取对方意见中的正确成分,通过相互沟通了解,求同存异,从而达成统一的认识;如果是因为误会而引起的问题,则应通过相互解释、做进一步的沟通;如果是有人故意捣乱,则应予以严肃的批评。

3. 对下属的错误应正确地进行批评和处罚。在批评时要力求做到:第一,实事求是,准确无误。批评是十分严肃的事,对下属的错误一定要弄清事实,不能偏听偏信,在没有掌握确凿的凭据前不要急于批评。错误的批评不仅会伤害感情,而且也会丧失自己的威信。第二,注意态度,提高效果。上级在批评下属时,如果态度不当,批评效果会适得其反。上级在批评下属时,忌恶语伤人,忌伤害下属的自尊心,忌发怒失态,忌以权压人;上级批评下属时,还要允许被批评的下属申辩;批评过后,还要对下属进行勉励,并继续关心下属今后的发展情况。第三,尽量采用当面批评的方式。当面批评有利于双方进行意见交流,使下属对自己的错误、缺点有所了解,并能较好地明白上级的意见和看法。第四,及时批评,忌算总账。当上级发现下属的错误时,应及时予以批评指正,避免因时间延长而给工作造成过多的损失。第五,诚心诚意提出批评意见,动之以情,晓之以理。批评的目的是为了使下属能及时改正错误,不断提高。要诚心诚意地提出批评意见,使下属感到组织和领导的关怀和帮助。第六,上级在批评下属时应主动承担自己应负的责任。这样做既有利于从领导的角度接受经验教训,也有利于被批评的人更心服口服地承认错误,主动作自我检查。第七,批评要针对事情,不要针对人。

四、正确与异性相处

这需要注意以下方面:

第一,消除与异性相处的不自然感。办公室工作人员在与异性相处时,最忌讳的是不自然感和非友谊性的动机。办公室工作人员与异性交往时要自然、坦诚。

第二,要把握好交往的度,即与异性之间交往的方法要适合当前社会多数人的接受程度,严格把握友谊的界限。在尊重他人的同时,保持自己的自尊。

第三,在与异性相处时,自信是成功的前提。自信是一个人对自己具有一定能力的信心,是一种健康的心理状态。当然自信也应有个限度,傲慢、清高、妄自尊大、盲目自信,将使异性感到厌恶。而自卑感是一种妨害心理健康的不良心理状态,在与异性相处时,应避免出现自卑感。

第四,在与异性相处时相互信任是很重要的。与异性相处时双方都应以诚相待,相互信赖,信任能缩小异性间的心理距离。

第五,在与异性相处时,切忌为讨好对方,盲目附和对方的观点,丧失自己的独立性,这不但是不尊重对方,更重要的是失去了自尊。

第六,在与异性相处时,谦虚也是十分重要的。办公室工作人员对自己应实事求是,做出中肯评估,同时又要虚心地接受他人的批评,这样才能受到异性欢迎。

第七,风趣幽默的谈吐,耐心的聆听,能增进交谈双方的乐趣,有助于与异性和谐交往。

第八,良好的第一印象。人的内在气质在人际交往中主要通过言行表现出来,在与异性相处时,应谈吐文雅,举止文明,礼貌待人。

第九,与异性交往时,应力求公开化,包括交流的对象、形式等。

五、正确处理好与职能部门的关系

这需要做到以下方面:

第一,积极合作,相互配合。办公室工作人员必须注意尊重职能部门及其职权,维护他们的威信,不干预职能部门的工作,也不对职能部门的工作妄加评论,本着积极合作、相互配合的态度处理好与职能部门的关系。

第二,坚持原则,分清是非。在处理涉及原则性的问题时,要敢于坚持原则,不妥协,不让步。对于一些无关紧要的"小事",则应采取谦和忍让、豁达大度的态度,不要过于计较。在处理有关矛盾时,注意防止将矛盾随意公开化和扩大化,避免使用过激言辞,不要伤及对方的尊严。

第三,经常沟通,不互相排挤。与职能部门之间应经常沟通信息,交流思想,这有利于增进相互之间的合作、了解和感情,融洽相互之间的关系。相互猜忌、互相排挤会导致双方关系紧张。

第四,职责分明,不争功诿过。在涉及一些需要与职能部门共同处理的问题时,应职责明确,分工合作,相互配合,而不能互相推诿,争功诿过。

第五,互相学习,取长补短。办公室与职能部门之间应互相学习,取长补短,切忌嫉贤妒能,互相拆台。

人际箴言

勿在办公室里制造桃色新闻。

六、正确处理好与系统外部的关系

(一)协调与系统外部关系的意义

1. 沟通信息,交流情报。通过对外交往,收集所需信息、情报,了解国家方针政策,研究各种经济法规,综合各方面的信息;还可通过各种媒介了解社会各界动态及有关本单位的形象和声誉的信息。

2. 取长补短,交换资源。通过与系统外部的交流,互通有无,取长补短。

3. 协助领导联系公众。办公室工作人员应协助领导通过各种渠道同公众保持密切联系,这有助于树立办公室整体的公共形象。

4. 建立信誉,塑造形象。办公室工作人员在对外交往中要注意建立信誉,塑造良好的形象。

5. 互相帮助,共同发展。通过与系统外部的协调,形成一种相互了解、相互沟通、友善合作的气氛，彼此互相帮助，共同发展。

办公室工作人员对外交流的一般要求有这样几个方面：第一，自信心；第二，灵活性；第三，幽默感；第四，自控力；第五，庄重的仪表。

（二）处理与系统外部关系的原则

1. 主动性原则。办公室工作人员应主动了解系统外部的情况，掌握有关的信息内容，主动寻求与系统外部相关单位、人员的交流与合作。

2. 真诚合作原则。办公室工作人员与系统外部的关系应遵守真诚合作、言而有信的原则，不传播虚假的或容易使人发生误解的信息。如果缺乏真诚合作的态度，双方的关系便不能有良好的发展。

3. 求同存异原则。双方应以促进相互团结、共同发展为目的，求大同，存小异。

4. 重视未来原则。办公室工作人员在处理与系统外部关系时，不能只看见眼前利益，要重视长远的利益。

小案例

经理发觉自己犯了傻

一位管技术的部门经理在上任的第一个月内就向公司 CEO 指出，他感到公司内部技术部门的管理通路不太顺，但他接着说，“请放心，让我来搞定”。半年内，经过多次和总部之间不断地争吵、沟通之后，他竟然真的搞定了。但这个成绩非但没为他赢得 CEO 的表彰，反而带来了不少副作用，比如猜忌和冷落。此后 CEO 经常对他使用这样的句式：“你那么能干，相信这件事情你也一定能……”“你那么聪明，这点小事对你来说是小菜一碟……”然后把一堆苦活扔给他，并且拒绝提供任何资源协助。这样的事一件接着一件，技术经理这才发觉自己当初的做法问题有多大。

小贴士

1. 用诚信换取信任

诚信，人生重要的信条，是立身之本。

诚信能赢得他人的信赖与友谊。

诚信是为人的无形资本，说到就要做到。

诚信是真心交往，彼此信任。

2. 拆除你心中的篱笆墙

敞开你的心扉，表里如一。

积极主动与同事打招呼、交往。

在同事间，特别要克服嫉妒心理。

3. 要有一颗宽容的心

宽容是人际交往的智慧。

宽容为怀，就能赢取人心。

允许别人犯错误，不要瞧不起人。

尽力把“敌人”变成朋友。

执意抓住宿怨不放，只会更伤害自己。

4. 学会倾听，做一位好听众

倾听是对别人的最大赞赏。

倾听为你赢得办公室同事的喜爱。

多听少说，肯定会有人缘。

5. 管好自己的嘴巴，不乱说话

在办公室工作，要做到“三慎”——慎言、慎责、慎诺。

谨言慎行，说话要有分寸。

特别注意，别人短处揭不得。

6. 避免不必要的争论

永远不说“你错了”这句话。

避免争论，不要争一口气，要咽下一口气。你争赢了，人家恨你；你争输了，人家瞧不起你。

糊涂一点会减少许多麻烦。

7. 恰到好处地赞美他人

赞美是人际交往的万能钥匙。

人都喜欢赞美他的人，不喜欢责备他的人，更不喜欢被责备。

在办公室坦诚地欣赏他人。

8. 别吝惜你的微笑

微笑是人际关系和谐的甘露。

微笑是融化人际坚冰的阳光。

微笑不用投资，但能给你带来无穷的价值。

永远保持微笑，永远都有“人缘”。

9. 用幽默化解尴尬

幽默是人际交往的润滑剂。

幽默可以减少人际冲突。

幽默能使别人消除怨恨。

10. 低调做人,高调做事

做人不能锋芒太露。

谦虚谨慎容易让人接近。

狂妄自大惹人厌烦。

11. 尊重别人,就是尊重自己

尊重有多深,友谊就有多深。

尊重他人,就能赢得友谊。

永远把别人放在心上。

在办公室要尊重人、关心人、理解人、体贴人、善待人。

12. 与人交往,要保持适当的距离

人际交往要控制适当的空间距离和心理距离。

距离产生美,距离适度,关系和谐。

把握好职场中的距离尺度。

13. 有时,忍让是必要的

忍让不是软弱,是策略。

忍得一时,赢得长远。

以忍为上,吃亏是福。

和为贵、忍为上、诚为本、默为高。

14. 树立良好的个人形象

好形象容易获得认同与喜爱。

把个人形象打造成一流品牌。

个人形象是公司代表,是领导形象的缩影。

把自己塑造成有风度、有气质、有魅力的人。

15. 运用你的人格魅力

拥有自己的人格魅力。

学会展示自己的魅力,有花往头上戴,有粉往脸上搽。

一定要有自己的强项,有一技之长,技压群芳。

增强自己的人际吸引力。

16. 遵守互利互惠原则

互利互惠是人际交往的根基。

只要你有付出,就会有回报。

帮人实际上就是帮自己。

17. 学会融入团队或组织

要争取成为团队或组织的一员,人不能离群索居。

建立起正常和谐的人际关系。

处理好个人与团队的关系。

18. 融洽与领导的关系

一定要与领导和谐相处。

学会主动服从,善于领会意图。

对领导一定要忠诚,维护领导威信。

要巧妙化解与领导的冲突。

19. 融洽与同事的关系

主动与同事和谐相处。

对同事要关心、要热情。

与同事不要有金钱来往。

对同事一视同仁,不搞“小圈子”。

20. 交际中不良习惯要根除

要控制自己的情绪,不要乱发脾气。

吃亏是福,不要占别人便宜。

同事间,不可抢他人风头,不过于显山露水。

背地里对他人不说长道短,要维护对方自尊心。

要放下虚荣的面子。

第三节　办公室工作礼仪

一个单位的办公室,它的角色定位决定了它对外是一个窗口,对内是一个枢纽,可以说是上下左右的一个交汇点。因而办公室的工作人员不仅要有较强的政策观念,严密的工作计划性,熟练的办公工作技能,还需要有一定的办公室礼仪修养。

一、办公室礼仪的作用

办公室礼仪是办公室人员在辅助决策者更好地达到相应的工作意图的活动中所应具备的礼节。办公室人员的礼仪都是在这一系列活动中体现出来的。如果做得好,就能产生以下的作用。

(一)有利于办公室人际形象开发

办公室工作人员的人际关系是一种无形的财富,通过办公室人际形象的开发,有助于提高办公室工作人员的知名度,提高办公室工作人员的信誉;有助于增进同事之间、上下级之间的认识和了解;有助于办公室工作人员广结善缘,谋求进一步的发展。

(二)有利于办公室信息沟通

办公室要成为一个耳聪目明的场所,积极的社交是一个获取信息的重要渠道。社交信息渠道和“官方”信息渠道相比,具有来源广、传递快、内容自然的优势。如果我们重视礼仪,广交朋友,人家就愿意向你提供情况和消息。

(三)有利于人际关系协调与和谐

礼仪在人际关系中起着微妙的协调作用。因为人生来就需要得到别人的尊重、同情、理解、关怀和帮助。人与人之间的相互理解、信任、关心和友爱会造成良好的氛围。俗话说,“人敬我一尺,我敬人一丈”。在交往中,我们以礼待人,有时一句关心的话语或一杯热茶,就能帮助加深彼此的情感,甚至能“化干戈为玉帛”,即使意见分歧解决不了问题,也能让人心情舒畅并给予理解。

(四)有利于解决复杂事项与突发事件

在办公室工作,不应该碰到复杂事项或突发事件而忘记了礼仪。礼仪在此刻可能成为一种润滑剂、消火栓,帮助你减轻压力和渡过难关。我们可能碰到一个十分难对付的谈判者,他总是固执己见,没有一点变通商量的余地,甚至拍案而起退出会场。此时,我们如指责对方,必然会火上浇油,使谈判陷入僵局甚至破裂。如果我们仍然以礼待人,该吃饭还是请人家吃饭,该游览仍然带人家游览,从中消气降温,另找新的结合点,也许能起死回生,柳暗花明。

人际箴言

每个人都爱面子,一些人甚至把面子看得比生命还要重要。一旦伤了人家的面子,可能就会给自己留下无穷后患,因此任何时候都要注意保全别人的面子。

二、办公室内部礼仪

(一)办公室内部基本礼仪

举止的文雅,谈吐的谦虚,表情的和蔼,都是在社交上应有的礼仪。其实,在办公室里,同样是需要注意这些礼仪的,尽管周围都是你熟悉的同事。

最重要的一项,就是切勿闲谈别人。因为闲言碎语容易传播,尤其容易伤害人。

薪酬是不应该在办公室里谈论的一个话题。假如有人旁敲侧击,意图试探你的薪金多少,不妨一笑置之,或者给他以不着边际的答复。要知道,你的薪水可能比他高,说了出来,容易引起他人的反感。

不要诿过于同事,这也是办公室内的一种基本礼仪。如果有些小事情弄错了,领导问起来时,即使是大家都有点责任,你只可直接地给领导明白解释,自己首先向领导道歉。犯了过错,不要诿过给他人,自己承认,这可能挨一顿批评,可是赢得了勇于承担责任的声誉。

私人生活约会不可带到办公室去,每个人都应记着,单位给你薪酬,目的就是需要你替他工作,你应当做你分内应该做的事情。

许多单位都有一些规定,例如办公时不能接听私人电话,不能随便跑出去买东西,规定午餐时间,上班下班要绝对守时等。未到下班时间,不要偷偷溜走。

事实上,办公室礼仪对一个人的前途关系是很大的,因为没有哪个单位会乐意给一个老是张望着时钟和喜欢在工作时间闲谈的人,或一个经常偷懒的人升职。

(二)个人仪态仪表与办公环境

办公室既是工作场合也是公共场合,工作人员要注意个人卫生的清洁,仪表要保持整洁、大方。发型要简洁,女士一般应施淡妆。衣着朴素得体,西装、套裙等都很适宜。新潮服装、无领无袖的衣服、汗衫、牛仔装则与办公室的严肃气氛十分不谐调,穿拖鞋和赤脚穿凉鞋更是没有礼貌的表现。许多特殊办公室还设有专门的工作服。

在办公室里举止要庄重、文明。大声叫嚷、指手画脚会显得你没有修养,粗俗。注意保持良好的站姿和坐姿,不要斜身倚靠办公桌,更不要坐在办公桌上面。尽量不在办公室里吃东西,尤其吃瓜子等有响声的食品。谈话时注意身体距离,1 米左右为宜,过近(尤其异性)会令对方不自在,也不要过分亲昵地拍肩搂臂。如果你是个不拘小节的人,应该注意在办公室里收敛你的习惯,下班或朋友聚会时再自由发挥。

办公环境不仅影响工作人员的情绪和工作效率,也是单位形象的一个窗口。整洁、优雅的办公室体现了井然有序的工作状态和乐观进取的精神风貌。每个人都应将自己的办公桌收拾整齐,并爱护、保持办公室的公共卫生。

(三)同事之间的礼仪

办公室里,同事天天见面,关系往往十分密切,但又不同于家人和朋友,能否处得和谐、融洽,对工作是否轻松愉快有着很大的影响。同事交往的基本原则是平等与相互尊重。

1. 在工作中要公平竞争。同事之间是存在着竞争的,但要遵循一定的规范,不能为了某种利益就不择手段。可以通过自己的发奋超过别人,也可以宣传自己的长处,毛遂自荐,主动承担重任,但不可弄虚作假,借贬低同事来抬高自己,更不能踩着别人肩膀往上爬。要在工作中多竞争,在物质利益和日常琐事中少竞争。

2. 要讲求协作精神。一件工作往往需要多方的协调才能做好,在办公室中一定要同心协力,相互协作,互相支持。

3. 要尊重他人。不仅尊重他人的人格,也要尊重他人的物品。同事不在或未经允许的情况下,不要动用别人的物品。如果必须动用,最好令第三者能看到或留下个便条致歉。

4. 要平等、广泛地交往,不要结成小集团。同事之间虽熟,不同于朋友,经常会有自己喜欢的和不喜欢的同事与自己共处一室,在交往态度上,特别是上班时间内,一定要一视同仁,平等对待。

5. 要注意和同事交往中的语言技巧。在公务交往时,“您”、“请”、“劳驾”、“多谢”等文明用语要不离口。工作之余,闲谈时可以随便些,开开玩笑,但要注意对象和场合。即使你有幽默的天赋,也不可在办公室里滥用。开长者、前辈和不太熟的同事的玩笑是不合适的。说话格调宜高不宜低,忌污言秽语、讲低级庸俗的笑话。话语中避免涉及同事的隐私或短处,不能挖苦、讽刺别人。谈话要自然随意,不要心不在焉,爱理不理的,也不要忸怩作态或哗众取宠。如果谈话中出现了矛盾、分歧,不必较真儿,可以开个玩笑并转移话题,切勿因闲谈伤了同事间的和气。无论何种闲谈,都应适可而止,绝不能耽误了正常工作。

(四)上下级之间的礼仪

不管身处什么职位,从本质上讲,人人都是平等的,在处理上下级之间的关系时,这是最基本的观念。权力意识过强的领导或媚上的下属都令人讨厌。不过由于分工、职责的不同,上下级之间还是有差别的,处理这种关系,要更讲究艺术。总体来说,上级对下级要宽宏、知人善用,下级对上级要尊重、不卑不亢。

1. 上级对下级。作为领导,往往有些心理优势,时间一长难免有傲慢、盛气凌人的做派,这是领导者的大忌。真正有成就的人士往往更平易近人。因此上级对待下级首先要放下架子,特别对优秀的下属要格外尊重,尊重人才的上级才能吸引更多的有识之士。另外,上级应多深入基层,能通过谈话交往了解下属,以便做到心中有数,知人善用。对有成绩的下属要表彰,对工作出现的意外事故要给下属以体谅,指明缺欠并鼓励其做好,不可一味斥责惩罚,而对自己做错的事不可将责任推给下级。

2. 下级对上级。年轻的秘书,经常遇到的问题是如何处理好与上级的关系。一般来说,上级相对具有较强的能力和较高的声望。作为下级,首先应当尊重上级,即使你确实才能过人,也要认真遵循上级的命令,听取上级的意见,迅速、准确地完成上级交给的任务。建议和意见可以通过其他渠道提出,这样才能保证工作的顺利进行。

对上级的尊重并不等于唯命是从、唯唯诺诺,这样的下属上级并不欣赏。不卑不亢的态度比较可取,公事公办,对上级的私人要求则可酌情拒绝。因为上下级的关系首先是工作关系,不要因个人喜好而区别对待,也不必担心拒绝上司会带来麻烦。

作为秘书这类特殊的下属,恪职敬业,做好辅助工作是本职。要保持清醒头脑,摆正自己的位置,不可越权而行,随意利用上级的权威做出损害领导形象的事情或私自代做决定。同时注意严格遵守组织纪律,加强保密观念,不该问的不问,不该说的不说。

三、办公室工作礼仪

(一)日常工作性会议礼仪

一般单位、企业、机关都会定期召开工作性的会议,也可能临时召集员工开会总结工作情况、讨论解决问题。这属于比较日常的活动,与会人员又多是本单位的“自己人”,因此程序比较简单,人员要求也相对宽松,但是也要讲究基本的礼仪。

1. 作为办公室工作人员最基本的是要按时到会,遵守会议纪律。开会时要尊重会议主持人和发言人。当别人讲话时,应认真倾听,可以准备纸笔记录下与自己工作相关的内容或要求。不要在别人发言时说话、随意走动、打哈欠等,这是失礼的行为。会中尽量不离开会场,如果必须离开,要轻手轻脚,尽量不影响发言者和其他与会者,如果长时间离开或提前退场,应与会议组织者打招呼,说明理由,征得同意后再离开。

2. 在开会过程中,如果有讨论,最好不要保持沉默,这会让人感到你对工作、对单位漠不关心。想要发言时应先在心里有个准备。发言应简明、清楚、有条理,实事求是。

3. 参加大、中型会议应穿着整洁,提前一点到达会场,服从会议组织人员的安排,讲究礼节。按要求就座,姿态端正,不要交头接耳,不要擅自离席。当听众鼓掌时也要微笑鼓掌。

4. 会议上有发言任务的人,仪态要落落大方,掌握好语速、音量。注意观众反应,当会场中人声渐大时,则标志着你该压缩内容、尽快结束了。发言完毕应向全体与会者表示感谢。

（二）接打电话礼仪

秘书礼仪都要谈到接打电话的礼仪，这里从细节上简要介绍一下接打电话应注意的礼仪。

1. 态度礼貌、友好。在通话过程中，全凭声音传递信息，办公室人员要特别注意自己的说话方式和态度。

（1）要尽量使用礼貌用语，如“您好”、“请”、“不客气”、“谢谢”等。

（2）及时向对方问候。秘书对领导的声音一定是熟悉的，除此之外，还应该努力记住经常联系的其他人的声音。

2. 声音积极、自然

（1）要微笑着接打电话。也就是要将自己的情绪调节到积极状态，这样微笑才会自然，通过话筒传递的声音才能体现出情绪饱满，态度热情。

（2）语速适中。说话太快对方不易听清，太慢又显得懒散，所以通话时比平常面对面交流时的语速稍慢一点即可。

（3）音量适中。声音太小固然不行，声音过大也会让对方不舒服，还会有咄咄逼人的感觉。所谓音量适中，是以对方能听清为标准的。

3. 通话简洁、高效。办公室人员要接打大量的电话，如果每一次通话都能够简洁，那么工作效率就能提高。一般的通话应该尽量控制在 3 分钟之内。

4. 接电话礼仪要求

（1）电话铃响三声之内应该拿起话筒，即“铃响不过三”。但是只响一声甚至一声都没有响完马上就接，对方心理多半没有准备，而且电话也可能还没接通；在响两声到三声的时候接起来是最正常的。如果电话已经响了四五声才拿起来，就算接迟了，此时应该说的第一句话就是：“对不起，让您久等了！”

（2）在规定时间内接起电话，应对的第一句话应该是问候语——“你好”或“早上好”、“下午好”，然后是“自报家门”：对外部来电报单位名称，如“××公司”；对内部来电则直接说“××部门”。这样的应答暗示给对方的意思就是“我们欢迎你”，而且对方还能马上知道自己的拨号是否正确。

（3）在对方说话的时候，我们要给以反馈，适时回应，如“是的”、“好，我明白了”、“对不起，我没听清，您能再说一遍吗？”等。

（4）如果电话掉线，应该把电话机挂上等待。在这种情况下，主动拨打电话的一方应该再次重拨。

（5）前台办公室人员转接外线电话时，语速要适中，吐字要清晰，语调要积极热情，即向对方通报单位名称的时候，尾音要上扬，而不要下沉或模糊不清。即使在将下班时也不能显出着急、疲劳。

（6）如何处理同时打来的几个电话

①请正在交谈的一方稍等,告诉他有电话打进来,需要马上处理。

②迅速接听另一部电话,快速处理完,赶快回到第一个电话上。

③如果第二个电话一时不能处理完,也不属于紧急内容,则应该告诉他还有一个电话没有结束,建议一会儿再给他回电话,然后马上回到第一个电话上。如果第二个电话是紧急的事情,则要马上向第一个来电者道歉,建议他先挂上电话稍等或快速处理完第一个电话。无论怎样,回到第一个电话时,都要向来电者致歉。

(7)领导或同事不在时的应对

①如果上司或同事不在,可以笼统地说"对不起,某某现在不在他的座位上",或者"他出差了"。不必说像"他正在开有关开发新产品的会"这样具体,以防无意中泄露公司秘密。

②负责地为上司或同事转达电话。这需要填写电话记录单。填好记录单后,把它背面朝上放在上司或同事的办公桌上,要有替别人保密的意识。

③设计电话记录单的要求。电话记录单的设计,要突出这几个要素,即何人、为何事来电话,如何处理,用英文来表示就是 5W1H,即 WHO/WHEN/WHERE/WHAT/WHY/HOW。

电话记录单的格式如表 5-1 所示。

表 5-1 电话记录单

来电者		受话者	
对方单位			
电话内容			
紧急程度	□紧急　　□正常		
处理意见			
记录人		记录时间	

5. 打电话礼仪要求

(1)提高效率。最好把一天之中需要拨打的电话集中在一起,选择适当的时段拨出。

(2)适时拨出。非紧急电话,一般不要选择上班后半小时、下班前半小时及午餐时间打出。

(3)写下要点。内容比较复杂的电话,应该先把要点记在纸上,以免通话时遗漏。

(4)控制时间。尽量把一次通话时间控制在 3 分钟之内。如果由于内容较多,预计将超出 3 分钟,则应该先与对方商量:"可能会占用您比较长的时间,您现在方便吗?"

(5)自报家门。电话接通以后,应该马上清晰地报上自己的姓名和单位,即使是熟人也要如此。不要让对方猜测来电话者到底是谁。

(6)以问候开始,以感谢结束。因为占用了对方的时间,所以要在通话结束前向对方表示感谢:"占用了您的宝贵时间,对不起! 非常感谢您对我们的理解和支持!""谢谢您支持我们的工作!"

(7)对录音电话的应对方法:要向对其本人一样,以问候始,以感谢终。简要说明事情,留下自己的姓名和电话号码。

(三)迎送来访者礼仪

1. 接待准备。来访者对单位的第一印象是从他首先看到的人、物上得到的。因此办公室人员要坚持每天做好接待准备工作。

(1)心理准备

①"诚恳"的心情。无论来访的客人是预约的还是未预约的,是易于沟通的还是脾气急躁的,都要让对方感到自己是受到欢迎、得到重视的。对客人要有"感谢光临"的心理。当客人发火或急躁时,不要受其影响,是你自己的问题就应道歉;是单位的或其他人的问题,作为接待人员,你也应该道歉,因为你被客人看作是单位的代表。

②合作精神。看到同事在招待客人,要有主动协助的精神,不能认为不是我的客人就不管。

(2)物质准备。物质准备包括环境准备和办公用品准备。

①环境准备。接待环境应该清洁、整齐、明亮、美观。接待环境包括前台、会客室、办公室、走廊、楼梯等处。

前台或会客室摆放花束、绿色植物,表现出"欢迎您"的气氛,会使对方产生好感。

办公桌上的文件、文具、电话等物要各归其位、摆放整齐。不常用的东西和私人用品,应该放到抽屉里固定的地方,以便用时马上就能找到。

②办公用品准备。与接待工作相关的用品有:

在前厅要为客人准备座椅。让客人站着等候是不恭敬的。座椅样式应该线条简洁、色彩明快,还应配有茶几。

在会客室,桌椅要摆放整齐,桌面清洁,没有水渍、污渍。墙上可挂与环境协调的画,也可挂单位领导与知名人士的合影,或某次成功的大型公关活动的照片,以提高单位的可信度。桌上可放一些介绍单位情况的材料。另外,茶具、茶叶、饮料要准备齐全。一般客人可以用一次性纸杯,重要客人还是用正规茶具为好。会客室应有良好的照明及空调设备。电话、复印机、传真机等即使不放在会客室,也不要离得太远。

客人走后,要及时清理会客室,清洗茶具、烟灰缸,换空气,然后关好门窗。否则,会使下一批客人感到不受重视。

2. 迎接礼仪。站立迎接,礼貌招呼,亲切问询,恰当应接。

(1)自我介绍。在缺少介绍人的时候,及时自我介绍是非常必要的。介绍的内容依场合而定,公务场合除介绍自己的姓名以外,还需要介绍自己的职务:“你好！我是××公司办公室工作人员,我叫××。”

(2)为他人作介绍。首先确定被介绍的双方哪一方更应该被尊敬。对于更被尊敬的人,介绍人就要让他先了解对方的情况,即先把对方介绍给他。一般说来,应该先把职位低者、年轻人、男士、来访者介绍给职位高者、年长者、女士、主人。在工作中,不以性别决定介绍的次序,而是以职位的高低、资历的深浅来决定的。介绍的方式是这样的:

介绍人先注视并称呼更被尊重的一方,伸出右手,手指自然并拢并抬至齐胸高指向被介绍者,“张总经理,这位是长风公司技术部的王××经理;王经理,这位就是我们公司张××总经理”。

在社交场合,国际通行的是“女士优先”的原则,需要先把男士介绍给女士。

被介绍者的正确做法是:如果原本是坐着的,此时应该站起来,走上前去,在距离对方一臂左右的地方站好,注视对方,面带微笑,待介绍以后,握手或点头致意,并互致问候。

小贴士

迎接来访者

见到客人的第一时间,应该马上做出如下的动作表情,我们简称为“3S”:

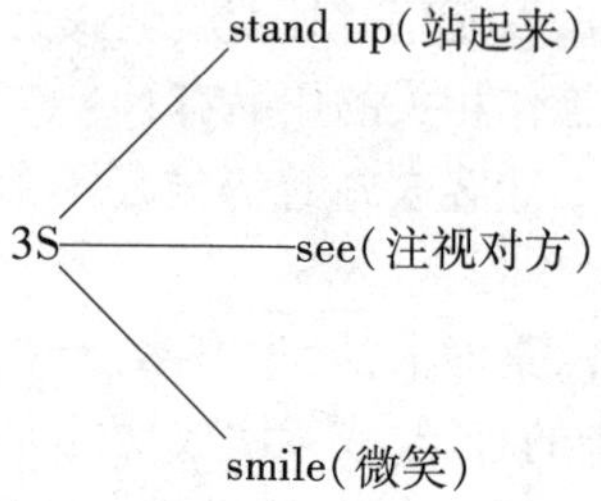

然后伴以15°鞠躬。上身要以腰为轴前倾。鞠躬的时候,眼睛要随着身体的前倾而向下看。鞠躬的同时不说话,鞠躬礼毕再向客人问候。

(3)握手

①握手的次序。职位高者、年长者、主人、女性先伸手,表示出握手的意愿,而职位低者、年轻人、客人、男性则应该马上伸手相握。在这一次序中,握不握手的主动权在

前者那里,没有握手习惯或者不想握的人,可以欠欠身、点点头,或者鞠躬。有时后者表现得很热情,主动伸出手来,此时前者不要再矜持于自己的身份,赶快伸手相握,避免让对方尴尬。

②握手时的目光。握手时要注视对方的眼睛,表示你的诚恳和自信。握手时眼睛东张西望,传达给别人的意思是心不在焉、轻视或内心慌乱。

③握手的方法。握手时要力度适中,握上两三秒钟就行。一般商务活动或社交场合中,没有必要握着手大幅抖动,也不必握着手说个没完,除非是为了让记者拍下这一镜头。

多人见面时,注意不要交叉握手,也就是当两个人握手时,另外的人不要把胳膊架在其上急着去和别人握手。

握手时应该摘掉手套、墨镜。如果女性穿着礼服并戴着与之配套的手套,则可以例外。

(4)互换名片。名片的使用在国内已不陌生,在国际上,名片的使用也比较普遍。宾主相见时互相交换名片,已成为现代社会中相互介绍和建立联系的一个重要方式,在商业活动中尤其受到重视。随着社会的发展和人际交往的日益增多,交换名片的方式已成为一种普遍的礼仪,更是涉外日常交往中宾主见面双方常用的礼节。名片有公务名片和社交名片之分。

①名片的内容

A. 公务名片。公务活动中使用的名片其内容不出这几项,即所在单位、部门、姓名、职务或职称、地址、电话等联络方式。名片上的字数不宜太多,头衔也不宜太多,名字在名片中应该是最大的几个字,这样便于对方一眼就看到你的姓名,并能迅速称呼你。头衔太多给人一种炫耀的感觉。名片的颜色最好选择白色,显得朴素大方。

B. 社交名片。社交名片用于社交场合,让谈话对象知道你是谁、怎么称呼,这是它最基本的作用。所以有人只在上面印自己的姓名,而无其他内容。如果还想让别人了解得更多,印什么都悉听尊便,没有一定之规。在名片的外观上,社交名片可以选择不同规格的纸张,选择自己喜欢的颜色、图案、字体等,显示出你的个人喜好和品位。

②正确携带名片。随身携带的名片,应该放置于名片盒或名片夹中,不要直接放在衣袋里或钱包中,这样既不利于保存,也是对自己的不尊重。女性可以把名片夹放在手提包内,男性可放在西服上衣内侧口袋里或公文包内。

③递接名片的礼仪

A. 递名片的时机。初次相识的人在做完自我介绍或被他人介绍之后,便可递上名片。告辞时递上也是常见的。早递名片便于对方更清楚地了解你,谈话时也好把握分寸。告辞之前递名片的意思是希望以后多联络,体现了积极的诚意。在谈话之中如果提及公司地址、联系方式等内容,也可以拿出名片交换。

B.递名片的礼仪。一般来说,应该是来访者、男性、身份低者先向被访者、女性、身份高者递名片,而后者在接到名片后回赠对方自己的名片。递名片时应该站起来,以齐胸的高度递上。双手拿着名片上方,让名片上字的正面朝向对方,以便对方接过后就能马上看清楚。如果对方也同时拿出名片,来访者、男性、身份低者应该使自己的名片低于对方,以示尊敬。如果对方不止一人,应该按职位从高到低或按位置从近至远递上。

④接名片的礼仪。当别人站起来递过名片时,应该马上站起来双手接过。接受对方的名片后,不可以立刻放到自己口袋里,而应首先表示谢意,然后再认真拜读一下,看清楚对方的姓名、身份。如果对姓名中的某个字认不准的话,应该恭敬地向对方请教:“对不起,请问您的名字中这个字怎么读?”或者“对不起,请问贵姓的读音是……”

如遇自己名片正好用完,无法回赠对方时,可说明原因,表示歉意,并手写姓名、地址、联络方式送给对方。

拜读完名片后要郑重地把它放在桌子上,注意不要把文件压在上面。如果在会谈,可以把名片按对方的座次摆放在自己面前,这样做的好处是,在谈话中你可不时看一眼名片,和人对上号,加深印象。如果在谈话中或下次见面时能准确地称呼出对方的姓名,就能表现出你对他的尊重,赢得对方的好感。

事后保存时则应放在名片盒或名片夹中,既方便查找,也利于保存。

要像整理文件一样,按一定次序把名片归档。把名片放入客户档案里是最常用的一个办法。另外,还可以按姓名、业务范围、关系的性质(工作关系或私人关系)等你认为最方便的查找办法来整理。把它们按一定次序输入到电脑里进行管理则更方便。

3.恭送来访者的礼仪。主人应等客人提出告辞并起身后再站起来相送。主人先于客人起身,是急于送客的表现,这是不礼貌的。当客人起身告辞时,接待方的工作人员应马上站起来,主动为客人取过衣帽,与客人握手告别。同时选择最合适的言辞送别,如“希望下次再来”“与您合作,感到很荣幸”。前台正在工作的人员当目光与客人接触时,亦应点头微笑,向客人告别。

人际箴言

有一句谚语:“愚笨的人,说想说的话;聪明的人,说该说的话。”

四、馈赠礼仪

在人际交往中，为了对有关方表示祝贺、慰问和感谢，往往需要赠送一些礼物。送礼是国内外通行的礼仪活动形式之一，也是向对方表示心意的具体表现。

（一）馈赠的基本要求

1. 要明确赠礼的性质。是为生日庆典、荣升高就、乔迁新居、结婚仪式而赠礼，还是为初次见面、逢年过节而赠礼，在选购和送出之前都必须做到心中有数。

2. 要摸清赠礼对象的身份、性格、爱好和习惯及文化修养等。同样一份礼品，不同收礼者有不同反应，赠给俄国人一瓶名酒，他会高兴地向你表示感谢，而赠阿拉伯人一份同样礼品，他会面露难色，甚至拒绝。

3. 要掌握好赠礼的时间。有的客人初次见面就要送礼，如对日本人。但对阿拉伯人初次见面不宜送礼，否则会被认为是贿赂。对法国人也是如此，要等到下次见面时再送。送英国人的礼物，最好在用完晚餐或看完戏以后，而且不要太贵重。

4. 要选择赠礼的适当场合。初次在办公室或公共场合见面，就送上一份厚礼，容易使人产生“重礼之下，必有所求”之嫌；而在庄重场合或大庭广众面前，赠送女性衬衣、丝袜或食品之类的礼品，会给人俗气的感觉。在礼仪场合，宜送大方、体面、高雅的礼品，如书籍、纪念品、花束等；而在小范围或个别场合，赠送吃、穿、用等生活用品也会受到欢迎。

（二）如何赠送礼物

1. 送什么礼物

（1）选择受礼者想要的东西才是最好的礼物。如，送给老年人一部字大、铃声响的手机。

（2）最好的礼物是意外的。如，对京剧爱好者，送两张京剧戏票。

（3）最好的礼物是一个忠实的友谊的表示。如，对集邮爱好者，送给他“首日封”或外国的邮票。

（4）要在礼物上反映出你的情意来，“千里送鹅毛，礼轻情意重”。如，对于结婚周年的夫妇，送两人野餐用的食品篮或一瓶葡萄酒，再加一本诗集。

（5）最好的礼物不是价钱最贵的礼物，要选择价钱合理又合适的礼物。

2. 什么时候送礼

（1）节日。在各种节日中送上礼物，便于联络情感。祝贺节日、赠送年礼，可派人送上门或邮寄。这时应随礼品附上送礼人名片，也可手写贺词，装在信封中。

（2）送礼不宜在公开场合进行。

（3）当众只给一群人中的某一个送礼是不合适的。

(4)送礼时要注意态度,动作语言表达平和友善,落落大方。

(5)参加婚礼,礼物也可以事先送去,或送红包(现金)。

(6)要顾及习俗与礼俗。要针对不同的受礼对象区别对待。对家庭困难者,以实惠为佳;对富裕者,以精巧为佳;对恋人、爱人,以纪念性为佳;对老年人,以实用为佳;对孩子,以启智新颖的玩具、图书为佳;对外宾,以特产为佳。

(7)要考虑中国普遍有"好事成双"的说法,因而凡是大贺大喜之事,所送之礼,均好双忌单。另外,不选白色、黑色礼品,这被视为不吉利。

3. 如何给外国人送礼。由于国与国习俗不同,国际上赠送礼物,事先必须弄清楚对方的习俗,避免犯讳或有贿赂的嫌疑。

一般在双方开始谈生意前或结束时送礼物,很少在商业交易正在进行之中送。

(1)在挪威,普通的礼物如酒或巧克力,在第一次见面时是可以接受的。

(2)在日本,一般第一次见面就送礼。要让日本人先送礼物,如果你先送礼物,他们会觉得丢面子。在国内,也可以在第一次见面时赠送礼物,以加深友谊,不赠送商务礼品可能会对将来的关系产生消极影响。

(3)第一次去阿拉伯国家一般不送礼。如果你与他们见了几次面,送件小礼物是可以的。

(4)在拉丁美洲,交换礼物是普遍的,但在商务活动中却不送礼。人们往往在轻松的社交场合送礼。

(5)一般说来,在香港地区和英语国家包括英国、爱尔兰、加拿大和澳大利亚,商务礼品并不是必不可少的。它们有的地方与美国相似,即公司之间很少互送礼物,大多数商务礼品是公司送给雇员作为奖励的。

(6)法国很少交换商务礼品。在西班牙一般不送礼。然而,虽然商务礼品在欧洲不是必需的,但是做客礼品却必不可少。在欧洲应邀去某人家做客,一般都要送礼物,巧克力和鲜花总是合适的。

如果你要给几个人送礼,一般来讲,最好他们同时在场时送。职位最高的人一般最先得到礼物。

(7)在日本和马来西亚,送礼要双手递给职位最高的人,这表示尊敬。他可能会推辞再三不肯接受,但你要坚持,并言明礼物并不十分贵重,他最终会接受的。

女士应注意,送给男性外国生意伙伴的任何礼品均不代表个人。公对公的礼物一般是最好的,而不至于带有你所不希望包含的信息。

你送的礼物应该包装起来,否则会被认为不讲究形式。在有些国家,礼品的包装几乎与礼物本身同样重要。这样做,可以显示出你不仅做事周密细致,而且具有艺术修养。

包装之前,一定要去除礼物上的价格标签。

(8)如果礼物未打开,受礼人就表示接受礼物,这是对你表示尊重。在日本、新加坡、韩国和马来西亚，收礼人不当着送礼人的面打开礼物。他们不急于打开礼物，说明他们重视的是送礼这一行动，而不是礼品本身。

(9)国家不同，送礼时人们期望你讲话的内容也不同。

如果临别时送礼，很容易概括你送礼的原因：感谢他们热情的接待，期望成为长期合作的开端。如果指名道姓，则不要漏掉任何人。还要注意职务方面的礼仪，一般应先说最重要的人，而且明确表示你对他特别感谢。

如果抵达时送礼，可以对他们提供这项共同工作的机会表示感谢，还可以加上对礼物本身的一点解释。

(10)当你身处海外，称赞别人的物品应慎重。在某些国家的文化中，这将使拥有者感到有义务把你称赞的物品作为礼物送给你。一旦不慎，称赞也将失礼。

我们在接受礼品时，一定要表示感谢，让对方感受到你的愉快。

小贴士

送　礼

自古中国人就懂得投桃报李的交往礼仪，出游返乡，捎回些特产纪念品；逢年过节，相互赠送敬贺礼品……可以说，送礼是最能表现人情、寄寓感情、增加友情的方式。但送礼还需学礼、知礼，馈赠礼品一定要选对时机、用对方式，这样才有情义、有意义。

送礼是一门学问，是一门艺术。如果送得好，方法得当，则会皆大欢喜，境界全出。如果送得不好，受礼者不愿接受，或严词拒绝，或婉言推却，或事后退回，都只会令送礼者尴尬。

第四节　办公室书面礼仪

在办公室工作中，书面的对外交往占了相当大的比重，也就是我们经常所说的文书工作。譬如相关的文书运用，日常的计划总结，开会时的记录和纪要，还要编印简报与资料。它们的内容、格式与要求，在相应的文书学、秘书写作中均有规定(其中包括礼仪)。作为办公室礼仪，本节只选择属于礼仪文书的种类，如柬帖、公务专用信件、贺卡等来谈一谈书面礼仪的基本要求。

一、柬帖的用法

柬帖是请柬、请帖的总称,是礼仪文书中最常用的一种。但在 1949 年之后改革开放以前的一段较长的时期里,柬帖作为一种书面礼仪文书在社会上不多见,往往被视为旧风俗,因而,凡是机关、团体需要举行庆贺活动时经常用公文通知来替代柬帖,个人的婚嫁喜庆也惯用口头邀请。改革开放以后与外界接触多了,运用柬帖之风又重新盛行,机关团体及个人要举办庆贺活动,从用红纸的通知开始,发展到今天的各种各样的柬帖,而且有越来越精美、考究的趋势。"恭请光临"之类的词汇又开始重新流行。

(一)柬帖的种类

柬帖的种类是以举办活动的内容来区别的,大致可分为:

1. 婚嫁柬帖;
2. 喜庆柬帖;
3. 开张、落成、揭幕柬帖;
4. 纪念、联谊柬帖;
5. 谢帖;
6. 丧葬柬帖(讣告)。

(二)柬帖的内容

柬帖的内容是这种礼仪文书的核心,也是为了让受帖人了解活动的整体安排,按照柬帖所提示的内容前往参加活动。如果写得不清楚,或有什么疏漏之处,不仅会给受帖人带来不同程度的麻烦,也是最大的失礼,最终会影响活动的气氛及效果。现在柬帖的内容表达形式虽然没有统一的格式,但必须包含以下 10 条内容:

1. 事由(祝贺活动的内容);
2. 时间(年、月、日、时、分);
3. 地点(路名、号码、场所名);
4. 招待形式(宴请、茶话、礼品、纪念品);
5. 被邀请人姓名(或单位名称)(如偕夫人应注明);
6. 邀请人姓名(或单位名称);
7. 附嘱(车辆接送、司机安排、停车地点等);
8. 敬语(恭请光临);
9. 谦语(谨邀、敬启、鞠躬、泣告),如作为机关、团体的柬帖,这部分可免;
10. 发柬日期。

(三)柬帖的形式

柬帖是艺术化的通知,制作比较讲究、精致,很多人把柬帖作为一种艺术品来收藏。关于柬帖,有以下几点需注意。

1. 柬帖的形式大致可分为三种:一种是通用性的柬帖,市场上现成有卖,一般中小型的庆贺活动经常采用这一种。但要注意这类通用柬帖的样式很多,大小不一,文字表达也不一致。要尽量选择一种适合自己庆贺活动要求的。第二种是自制柬帖,一般是因为机关、团体、企业举行大型的庆贺活动,要求高,人数多,需要自行设计印制。这类柬帖比通用柬帖有个性,一般也比较精美,是收藏的珍品。第三种是手写柬帖。这类柬帖较少,一般是个人小型庆贺活动之用,邀请人本人又是具有相应造诣的人,便可自己设计,亲手写成。但此方式不可轻易尝试,以免弄巧成拙。

2. 被邀请人的姓名是柬帖的主要内容。现在比较完备的柬帖由本件及信封组成。有人贪图方便,在信封上写了被邀请人的姓名后,柬帖本件上就不写了,这是失礼的行为。因为万一本件与信封分开之后,这张柬帖便成了无主柬帖。姓名一般写在柬帖的上首,也可写在“恭请”之后。

3. 时间、地点、招待形式也是柬帖的重要内容。基本的有两种格式:一种包含在事由中,即“兹定于××××年×月×日(时间)在××××(地点)举行×××活动,会后举行××招待(形式)”。还有一种是事由栏里只写举行什么内容的活动,而在柬帖的左下角另印有时间、地点、招待形式栏供填写。

4. 柬帖的格式与书信一样,也有横式与直式两种,可选择使用。如果是涉外活动的话,一般应以横式为主。

(四)柬帖的颜色

柬帖的颜色没有什么统一规定,属于约定俗成的东西,大致要掌握:

1. 喜庆活动的柬帖一般采用大红烫金的颜色。

2. 开张、落成、揭幕等典礼一般采用粉红或橘红色的柬帖。

3. 纪念、联谊等宜用庄重、朴素的颜色,如蓝色、黄色。

4. 丧、葬等用白底黑字或月白等素色。

(五)发柬方式

柬帖的发送也是相当重要的,发送的是否仔细、周到体现了邀请人的诚意程度。发柬方式大致有以下几种:

1. 专送,指派人专门将柬帖送到被邀请人手中。这是最郑重的一种,反映了邀请人的诚意。

2. 邮寄,指柬帖通过邮局发送,这是最通常的做法,特别是规模大、人数多的情况下，只能这样做。

3. 回执，这是邀请人为了要证实究竟有多少来客能出席的一种做法。回执随同柬帖一起发出，在规定时间内由对方填写寄回。

4. 电话，是指用打电话的方式通知被邀请人。

柬帖切忌转送。切不可为了图方便随便请人捎带，一来万一捎带者忘记送，会误事；二来可能会引起被邀请人的不快，怀疑邀请人对他不重视。

二、公务专用信件

公务专用信件实际上也是公文用“函”的一类，只是因为这类信件多数用于团体及个人的商务或其他事务活动，要求不像公函那样正规，相反要有一点感情色彩，比较注意礼仪。

（一）公务专用信件的格式要求

1. 信头。信头包括标题和发函字号两部分。为了醒目和查找方便，公务专用信函需要有标题，标题在信的最前端，如《关于请求设计××冰箱商标图案的函》。

公务专用信函必须要存档，因此也要有发函字号，字号由机关代号、年号、编号组成，位置不能颠倒。如：“×××字〔1998〕第××号”。

2. 称谓。顶格书写受信单位或受信人的姓名，如是个人，应在姓名后加职务衔，以示尊重。

3. 正文。正文由前文、主文和末文构成。

前文指进入正题前的问候语；主文指信函要叙述的主要事项，分引据和申述两部分。引据指引事实或法令或成案或来文或某种理论；申述指叙述自己的意见。如“日前接奉贵公司第140号来函……”是引据，“我公司愿意与贵方建立业务关系……”为申述。末文指对主文所叙述内容再加以简要概括。

4. 具名。一般应用单位具名，再盖公章，如具个人姓名，则签明具体职务，公章应盖在发信者中央，私章盖在姓名最后一字上，公章应用全称。

（二）公务专用信件书写礼仪

1. 称呼。称呼指收函单位或个人。称呼后习惯用语有：“台鉴”、“惠鉴”、“雅鉴”、“××公司经理先生如面”等。

2. 开头语、惯用语有“悉”、“顷悉”、“值此”、“际此”、“关于”等。

3. 正文中提到对方单位应写“贵公司”、“贵校”。正文语言要求明了、简洁、准确、合乎规范。最忌语言夸大其辞或以偏概全。正文中提到本单位时应用谦称，应写“敝公司”、“敝校”等。

4. 结尾语、惯用礼貌语，有关申述的有“特此函商”、“见复”、“奉复”；有关祈请的有“敬希谅解”、“希予批准”、“务请回复”等。

5. 祝颂辞。祝颂辞主要用于表达问候、祝愿、赞美之意，常用的有“台安”、“台祺”、“台绥”、“商安”、“钧安”等。

6. 落款。写上发函单位全称或发函者姓名和职衔，写上详细拟稿时间。常用语有“谨复”、“谨启”、“钧启”等。

公务专用书信的写作是办公室人员日常工作之一，公务人员应尽早熟悉信函书写要求，努力提高写作水平，以适应工作需要。

三、贺卡

贺卡是近年来流行于国内的一种祝贺节日的新形式，贺卡制作讲究、精美，甚至出现了音乐贺卡、活动贺卡等。贺卡内容表达自由，多有诗意，尤受青少年欢迎。贺卡往往不仅有符合人们心理的诗句，又留有可以随意添加的空白，因而也为单位所接受。在生日、春节、国庆节、教师节、圣诞节寄贺卡，成为单位与有关人员之间联络感情的一种方式。作为办公室人员，在选择贺卡时要有针对性，对于被送卡对象的年龄、职业、文化修养等有所了解，否则会在贺卡的花样选择、内容表达上闹出不该有的笑话。

第五节　办公室语言礼仪

办公室工作中，经常要依赖口头的语言表达，也就是我们常说的交谈。譬如我们日常的接待、电话、谈判、咨询、庆典及其他交际场合的谈话，都属于交谈。有人以为交谈是件极平常的事，哪个不会讲上几句？其实不然，要真正用好语言，其中大有学问，它包含着语言礼仪，必须讲求交谈艺术，遵循相应的礼节。

一、基调的确立

这里基调指的是根据谈话的场合、谈话人的身份以及谈话意图和内容所确定的一种谈话总原则。也就是我们通常所讲的对什么人说什么话，对什么事发什么言。传说英国女王维多利亚深夜回到卧室敲门，其丈夫阿尔伯特问是谁？女王答道：“我是女王。”门没有开。女王再敲门，阿尔伯特再问是谁？女王答道：“维多利亚。”门还是没有开。女王寻思半晌说：“你的妻子。”这时门开了。这个例子表明了什么场合说什么话的重要。

从办公室工作来看，说话的基调可按照以下几种对象来确立。

(一)咨询型的对象

这类对象往往是指初次联系和进行一般咨询的人。他们一般不具有明确的要求,只是想了解和咨询一些情况,为今后是否能建立联系、开展业务做试探和准备。对这类对象,交谈的基调应掌握为平和、友善,比较简易而又清楚地介绍本人、本单位的一些基本情况,了解来访者的身份及意图,看是否应建立联系再做出反应。

(二)交往型的对象

这类对象是指自己的客户和合作者。他们往往与本部门有明确的工作联系或交流。对这类对象,交谈的基调应掌握为热情、周到、灵活。交谈既要有原则,不信口开河,同时又要留有余地,显得宽松。

(三)谈判型的对象

这类对象往往涉及重大合作项目。他们一般是有充分准备而来,所以交谈的基调应掌握为严肃、坚定、充满信心,事先一定要详细研究所有的资料,做好几种预案的准备。在用词上要准确无误,柔中有刚,切忌模棱两可,造成歧义。

(四)"兴师"型的对象

这类对象多数是由于业务上的问题前来调查、告发、索债、问责的。他们都有一个共同特点,那就是心里不痛快,脸色很难看,弄不好就出言不逊。对这样的对象,交谈的基调应掌握为谦逊、耐心、实事求是、不卑不亢。是本单位的缺失和错误,应如实认错道歉,并提出补救办法;是对方误解,应耐心说明和解释,心平气和,不以牙还牙;是污蔑或挑衅,应据理力争,一条总的原则是不让事态扩大,妥善解决。

(五)庆贺型的对象

这类对象都是前来表示感谢、表扬、祝贺的。他们往往都是含笑而来,讲的都是好话,对这样的对象,交谈的基调应掌握为热情、洒脱、大方。应该说与这样的对象交谈是比较容易和愉快的。但也要注意不能自命不凡,趾高气扬,千万不能说过头话,否则也很容易失礼,给人留下不良的印象。

二、程序的掌握

在语言礼仪中,除了要注意基调的确立外,还要注意程序的掌握。也就是说,正常的交谈应该有个程序,先讲什么,后讲什么,如何结束交谈要有讲究,如果颠三倒四,东一榔头西一棒子,这同样是缺乏礼仪的一种表现。

交谈的程序一般有以下几种。

(一)介绍与寒暄

交谈的第一条程序便是介绍与寒暄,即人们通常讲的“开场白”。一见面应首先相互将自己的单位、姓名与职务告诉对方,如有名片应及时双手奉上,互作交换。同时应简单说明来意。假如通过电话交谈,则介绍时还应做必要的注释。譬如自己的名字叫曹赫,应该说清是曲日曹,两个赤字的赫,但不要说成是曹操的曹,赫赫有名的赫,以免使人发笑,叫人有浅薄感。

寒暄也是一种礼节,目的是联络感情,为正式交谈创造一种良好的气氛,但作为办公室的语言礼仪,这种寒暄与亲戚朋友之间的寒暄应有所区别。亲戚朋友一见面常常会说:“好久不见,近来可好?”“你夫人身体好吗?”“饭吃过了没有?”“你近来气色不错,长胖了”“今天天气真好!”等等。办公室交谈的寒暄应以公事为基点,要与当时的场合结合起来,比如:“贵单位这几年成绩卓著,我们有幸与你们合作,非常高兴”,“哪里,哪里,我们刚刚起步,贵单位能来与我们合作,这是对我们最大的支持”等等。

如果来访者上门,正好遇到自己要去处理紧急事务或正在接待另外的客人,应先让客人坐下休息。如果有来电的话,应请人家等一段时间再打来,在寒暄时应加上一句:“实在对不起,让您久等了。”

(二)交谈转入正题

介绍与寒暄之后,交谈就转入正题。这时要注意三点:

一是注意尊重对方的原则,即交谈中目光一定要注视对方,不看人家或目光飘来飘去是对人的不尊重。同时一定要虚心和耐心地听人家把话说完,突然打断对方,会使对方的思路“短路”,发生不愉快。再有在听对方讲话时要有所呼应,如可以点头微笑示意。

二是注意讲究实效的原则。即交谈转入正题后,应马上接触实质性的问题,双方都不宜兜圈子。在交谈推进过程中,对可以接受的对方要求要表示同意;需要研究的要明确表示研究后答复;需经领导批准的要表示请示领导后告知;分歧太大而实在无法接受的应礼貌地予以拒绝。

三是注意时间观念的原则。办公室的交谈不是拉家常、侃大山。大家都很忙,一定要掌握时间。实质性的内容谈完,交谈就应该结束。可以事先说明,比如先说明一个小时后我有事情;也可掌握火候,恰当的时候说,很高兴今天谈到这里。对个别不知趣者,可以用沉默暗示对方,但不能采取逐客的方式,这是不礼貌的。

(三)尾声的处理

尾声的处理是交谈程序的最后阶段。从礼仪上讲应该有始有终,不应开头热闹最后冷清。尾声的处理应包括两部分:一部分是双方应重复一下今天交谈的成果,另一部分是主客双方送客与告别。送客一般可按来客的身份与熟悉程度分为起立相送;送至办公室门口及电梯口;送出大门,送上车,握手道别等。

三、语汇的选择

在交谈中,不论自我介绍、评价对方、推销产品或表示不同意见,均应采用适中的语汇。切忌使用过傲与过谦的语汇。

(一)善于变化语汇

汉语的语汇非常丰富,因此,不要千篇一律,不同场合、对不同对象应该采用不同的语汇。不能老是"十分高兴"、"非常感谢"、"大力支持"、"热烈欢迎"。至少可以变为"颇为欣慰"、"深表谢意"、"承蒙支援"、"欢迎光临"。同样是请人家来,在不同的背景下就有不同的请法:"请你来一下"、"希望你来一下"、"麻烦你来一下"、"恳求你来一下",不同的请法大有讲究。

(二)注意纯洁语汇

从办公室语言礼仪角度讲,纯洁语汇包括:一是坚持使用普通话,因为办公室面对天南地北的对象,一味讲方言,不管人家是否听懂,实际上是对人的不敬。二是不讲生造词汇。现在社会上生造的僻词、怪词很多,不应不加选择地搬用到办公室交谈中来。三是注意不读错音,如把莘莘(shēn shēn)学子读成(xīn xīn)学子。四是力戒口头禅。在办公室交谈过程中,老是无休无止地说"这个"、"那个"、"是啰"的话,非常令人生厌。

四、节奏、音量与语气的控制

节奏、音量与语气是属于表达上的技术性问题,但也是体现礼仪的一个重要方面,应予以相应的重视。

节奏是指说话的速度要正常,太快使人听不清,也欠风度;太慢使人感到漫不经心,不可信任。节奏也是指整个交谈过程中的间隙与暂停,即一个问题讲完后稍作停顿看看对方的反应,以作调整,听者也可以利用这个间隙,对不清楚的问题进行询问。

音量是指说话轻重要得当,音量的控制要根据场合、场所的大小,听者多寡,交谈者的相互距离来确定。大、多、远的情况下,音量应该稍大一点,否则人家听不清楚,影响效果。小、少、近的情况下,音量应该小一点,使人觉得比较亲切。电话交谈不像当面交谈那样复杂,但也有音量控制的问题,主要依据线路远近、话机质量及听话者的反应来调节。如对方老是在问"你说什么"或表示"我听不清楚",那就说明音量太低了,需要提高音量。

语气是指说话的完整的色彩。首先咬字吐音要清晰,不要含糊不清;其次表达句子要完整,不要断断续续。最好还要有抑扬顿挫,平铺直叙的语气容易使人生厌,对重点、要害部分要加重语气并进行必要的重复。当然,讲究音色柔美也是包含在语气之中的,但这受天然嗓音的限制,只能尽力而不能苛求。

第六节 办公室人际形象

办公室人际形象的塑造,既要注重办公室工作人员人际形象的外在因素,更要注重其内在因素。办公室人际形象的内在因素主要包括办公室工作人员的思想素质、知识素质、能力素质和心理素质等。办公室人际形象的外在因素主要包括办公室工作人员的仪表、精神面貌、个人风度以及其他言行举止等。

一、朴素大方形象

办公室工作人员应该朴素大方,谈吐文雅,坐姿立势都很标准。走路及进出办公室均应保持安静。

办公室工作人员在与人接洽或打电话时应热情和蔼,彬彬有礼,先让人家讲明来意,然后表示自己的意见,决不贸然插话或显出不耐烦情绪。来人笑面相迎,送人周到细致。

特别要注意服饰礼仪,在社会交往中给人第一印象的往往是仪表和服饰。服饰是一种文化,一种文明,它有广义和狭义之分。从广义而言,服饰是指人的服装穿着、饰物佩戴、美容化妆三者的统一;狭义的是专指衣着穿戴。现代人的服饰已在御寒、遮体之外,衍生出一系列的功能,如体形展现、职业区分、年龄划分、性别标识等,还传递出很多信息,因而它又是一系列符号的集结:如服饰是社会符号,又是历史符号、情感符号,更是一种审美的符号。

(一)服饰与TPO原则

TPO分别是英语中Time,Place,Occasion三个词的缩写字头,意思是时间、地点、场合。TPO原则是指人们选配和穿着服装时必须考虑时间、地点、场合这三个基本因素。例如,出席晚宴、音乐会、演出等较正规的场合,人们往往对服饰给以更多的关注和重视。如果有人穿着便服去参加宴会或进音乐厅看演出,会使人感到他缺乏教养。

(二)服装的礼仪规格

世界各国均有自己的礼服。例如欧洲各国的西装,日本的和服,印度的古尔达、莎丽,缅甸的笼基、特敏等。在中国,一般说来,男士的礼服分为上下同色、同质的毛料中山装，配黑色皮鞋，或着西装系领带；便服为各种样式的外衣与长西裤，配颜色相宜的皮鞋或布鞋。女士按季节与活动性质的不同可穿西装（下身为西裤或裙）、民族服装、旗袍或连衣裙等。如果请柬上要求穿礼服，男士穿中山装或西服，女士最好穿旗袍或西装、长裙。

小贴士

着装宜人增风采

着装打扮的基本要求是：合体、合适、合度、有新意、有个性、整洁卫生。所谓合体，是指要根据每个人的自身条件，去选择最合适的服装；所谓合适，是指要分场合、分地点、分情境、分季节穿衣；所谓合度，是指穿衣也要掌握分寸，恰到好处，这样才能显出你的审美观和涵养。

人际箴言

日本著名的"推销大王"齐藤竹之助说："服装不能造出完人，但是初次见面给人印象的90%，产生于服装。"

二、诚实可信形象

办公室工作人员必须信守诺言，与人交往时要"言必信，行必果"。凡对方的要求自己可以办到的，要热心地办，办不到或暂时有困难的，要说明原委，不能信口开河乱许诺，以致失信于人。

信任可分为三种类型：道德信任、技术信任和人际信任。道德信任是人们的一种社会情感的信任。道德信任可细分为社会道德和职业道德两类；这里所说的技术信任即人们对办公室工作人员技术能力的认可，相信他能在完成某项任务的时候，技术方面具有一定的可靠性；人际信任是亲和力的基础，其表现为善于了解和满足他人的需要，有较好的人际关系。办公室工作人员有了人际信任，在生活、工作之中就会经常获得帮助,赢得友情。

诚实可信的形象是具体的、实实在在的,一般通过三大效应来表现:一是通过行动效应表现。这是最基本的,也是最有说服力的。这种信任表现为:有事经常与人商量,上级在工作中依靠和相信下级,工作中不嫉贤妒能等。二是通过感情效应表达。关心他人,在他人遇到困难时,热情相助。三是通过语言效应表达。语言是表达信任的桥梁,通过语言,将信任传递给对方,使对方真实地感受到这种可信性。

三、精明能干形象

这主要包括以下方面:

第一,精明干练的办事能力。办公室的工作特点要求办公室工作人员头脑灵活,思路敏捷,办事利落,能分清事情的轻重缓急,有条不紊,做到大事不误,小事不漏。

第二,勤奋工作,积极主动的精神风貌。办公室工作是一种事务性、服务性的工作,办公室工作人员勤奋工作的态度会给人留下很好的印象,积极主动的精神风貌有利于工作的开展。

第三,简明、准确的语言能力。这主要表现为口齿清晰,语气谦和,语调适中,语言生动,语意确切。切忌语意表达不准确,啰唆重复或打官腔。

第四,认识决断能力。认识能力,即人们对客观事物的认识能力,它往往通过观察、记忆、思维和想象等活动表现出来。决断能力,包括敢于决断的能力和善于决断的能力,能够抓住问题的实质,分清轻重缓急,权衡利弊得失,当机立断,及时做出合适的决定。

第五,创新应变能力。创新能力,指具有一定的改革意识和开拓精神。既敢想、敢闯,又善于思考。应变能力,指具有在各种紧急情况面前根据实际环境随机应变的能力。

第六,现代化办公操作能力。随着现代科技的发展,经济文化交流的节奏日益加快,竞争日趋激烈,办公室工作人员要善于接受新事物、新观念,掌握办公室现代化设备操作技能,不断提高网络办公效率。

四、整洁良好形象

一个好的办公室应布置得庄重得体,环境清洁卫生,桌面整齐有序,文件堆放合理,物品放置得当。这是给人们的第一印象。

(一)整洁美观的办公环境

办公室环境主要包括绿化、空气、光线、声音等。绿化环境,应在办公室摆放绿色植物或鲜花;空气环境,主要是做好室内通风和空气调节;光线环境,室内的光照应以自然光源为主、人造光源为辅;声音环境,办公室应该保持肃静、安宁,使办公室人际关系处在和谐、舒适的工作场所。

(二)个人办公区的良好环境

个人办公区是指办公室工作人员自己的办公室、办公间以及直接用于个人办公的设备和用品。这方面要做到以下几点：

1. 保持台面、地面、电脑、电话等办公设备以及门窗墙壁等处的清洁。
2. 经常保持办公桌面的清洁、整齐、美观，不乱放零散物品和个人的生活用品。
3. 来访者用过的茶具应及时清洁干净，并重新摆放好。
4. 报纸、杂志、资料、文件等要及时进行清理，摆放到文件柜等固定处存放。

小贴士

展示自己魅力的艺术

什么是魅力？有人说："魅力是很能吸引人的力量。"有人说："魅力是能唤起爱慕或钦佩的品质、特征或吸引力，难以名状而予人快乐的力量。"不管如何给"魅力"定义，但有一点是肯定的，即魅力可分为外在的魅力和内在的魅力两种。外在的魅力是有形的，主要是指外貌的俊美，服饰的适宜，言谈的优雅，举止的得体，以及传情的目光，动人的微笑等。内在的魅力是无形的。它包括良好的气质，优雅的个性，丰富的学识，出众的才华，高尚的品德等。要展示自己的魅力，应从追求外在的魅力和内在的魅力两个方面努力，尤其要注重内在魅力的培养和发挥。

思考与练习

1. 办公室人际关系有哪些影响因素？
2. 办公室人际关系有哪些规则？
3. 如何处理同事间的矛盾？
4. 心理学家认为：同事之间用争斗的方法，你永远无法得到满足，但用让步的方法，你可能收获更多。请看下面的寓言故事，之后谈谈你如何理解心理学家的看法。

窄桥相逢

有一天，两只小山羊分别从河两岸走上一座独木桥，到了桥中间，两只山羊相遇了。但因桥面太窄，谁也无法通过，而这两只山羊谁也不肯退让。结果，两只山羊在桥上用角顶撞起来，双方互不示弱，拼死相抵，最终双双跌落桥下，被河水吞没。

第六章　公共关系与人际关系

本章重点内容

当今是一个以成败论英雄、以竞争分胜负的时代，没有任何一个时代比现在更注重人际关系，也没有任何时代比现在更注重公共关系。

行走社会，没有关系难以立足，不懂公共关系难以成大事。

公共关系的职能是树立个人及其组织机构在公众中的良好形象与信誉，博得公众的理解、信任和支持，推动全局工作的顺利进行。在公共关系工作中要掌握人际吸引规律，建立良好的人际关系，提升自己的交际水平与竞争力。

案例导入

让更多的人成为企业的主人

某电视台经常举办邀请员工家属参观的活动，由台长亲自向他们介绍电视台的历史，然后充分肯定家属们对电视台工作的支持，并向他们表示感谢。家属们还被邀请至各摄影室，登上电视塔，使家属们充分了解员工所在岗位的责任和重要性。这种不花钱也不复杂的活动却使许多员工家属获得了很大的满足感。道理很简单，平日为家务操劳，今日总算得到报偿。

还有不少企业的公关部在本单位的喜庆日子里千方百计把已退休的员工请来当贵宾。这些做法很能打动全体员工的心。因为所有在职的员工都从公司的做法上看到了未来的自己也能得到如此的尊重。

案例点评

一个公司成功的秘诀，在于全体职工同心同德，齐心协力。单位领导能给家属介绍情况，给员工庆祝生日，慰问退休职工，这种情感投资将会形成极大的向心力，使所有在职的员工，团结一致共同奋斗。

第一节　公共关系的特征与职能

公共关系一词源于美国，它是英文 Public Relations 的直译，英文简称 PR，中文简称为“公关”。

一、什么是公共关系

我们知道，人们生活在社会上，人与人之间存在着各种不同性质的联系，这里的联系也可以称为关系。血缘关系有父母子女、兄弟姊妹等；业缘关系有上下级、同事、同学等；地缘关系有邻居、同乡等，这都是人际关系。可见，人际关系是以个人为主体与他人的关系。

同样道理，单位、团体、公司、工厂、机关、学校、商店等，在外部与消费者群体有服务供需关系；与生产厂家、批发部门有贸易协作关系；与工商、银行、税务部门有管理监督关系；在内部则有员工关系、股东关系等。这说明公共关系主体是组织机构，客体是其服务对象、有业务关系的单位与个人，这些被称作公众。

（一）公共关系定义

为了使大家能对公共关系这一概念有更全面的认识，这里引用一些国外专家或机构的表述：

1. 公共关系是一种管理职能，它评估公众的态度，检验个人或组织的政策、活动是否与公众利益相一致，并负责设计与执行旨在争取公众理解与认可的行动计划。（美国《公共关系新闻》杂志）

2. 公共关系是我们从事的各种活动与所发生的各种关系的统称。这些活动与关系都是公众性的，并且都有其社会意义。（普林斯顿大学教授切尔兹）

3. 公共关系是一个公司或机构为了与它的各类公众建立有利于双方的关系而采取的有计划、有组织的行动。（W. 艾吉等著：《大众传播导论》）

4. 公共关系是一种处理一个团体与公众或者是决定该团体活力的公众之间关系的职业，公共关系就是投公众所好。（爱德华 · 伯内斯）

5. 公共关系是一种管理职能，它用以认定、建立和维持某个组织与各类公众之间的互利关系，而各类公众则是决定其成败的关键。（卡特利普）

6. 英国公共关系协会的定义是:“公共关系的实施是一种积极的、有计划的以及持久的努力,以建立并维护一个组织与其公众之间的相互了解。”

7. 英国著名公关学者佛兰克·杰夫金斯的定义:“公共关系就是一个组织为了达到与它的公众之间相互了解的确定目标,而有计划地采用一切对内和对外的传播沟通方式的总和。”

8. 美国著名公关学者卡特利普和森特所下的定义:“公共关系是这样一种管理功能,它确定、建立和维持一个组织与决定其成败的各类公众之间的互益关系。”

9. 美国著名公关学者詹姆斯·格鲁尼格所下的定义:“公共关系是一个组织与其公众的传播管理,其目的是建立一种与这些公众相互信任的关系。”

10. 中国的公关学者、专家也提出了一些带有中国特色的定义,如:“所谓公共关系,就是一个企业或组织,为了增进内部及社会公众的信任与支持,为自身事业发展创造最佳的社会环境,在分析和处理自身面临的各种内部、外部关系时,采取的一系列政策与行动。”

“公共关系是一种内求团结完善、外求和谐发展的经营管理艺术。即一个社会组织在自身完善的基础上,运用各种信息沟通传播的手段,协调和改善自身的人事环境和舆论气氛,使本组织机构的各项政策、活动和产品符合于相关公众的需求,争取公众对自己的理解、信任、好感与合作,在双方互利中共同发展。”

(二)公共关系要素

从我国公共关系的发展状况来看,要使公共关系健康深入地发展,必须澄清对公共关系的误解,提高人们对公共关系的理论认识水平。为此,要掌握公共关系的三个构成要素:社会组织、公众和传播。

1. 社会组织——公共关系的主体

(1)社会组织的含义。社会组织是执行一定的社会职能,完成特定的社会目标,有计划、有组织地建立起来的一种社会机构。这种机构有组织、有领导,成员间有明确的分工和职责范围,有严格的规章制度,有明确的目标。

(2)社会组织有广义和狭义之分。广义的社会组织是人们从事共同活动的所有群体形式,而狭义的社会组织是指社会所属的企业、学校、医院、政府机关等。

2. 公众——公共关系的客体

(1)公众的含义。“公众”一词在公共关系学中具有特定的含义,它与日常生活中在一般意义上使用的“公众”有所不同。在日常生活中,“公众”常与“大众”、“群众”混用,公共关系中的公众,是指任何因面临某个共同问题而形成的社会群体。

(2)公众是公共关系工作的对象。公众是与公共关系主体发生联系及相互作用的个人和组织的总和,从这个意义上说,公众是公共关系行为的客体,它构成了组织存在的环境,公众与环境具有相同含义。

(3)公众是组织和个人的总和。公众可以是由若干人组成的群体,也可以是社会组织,如工厂、商店、医院、政府机构等。一个社会组织既是自身公共关系行为的主体,又是别的社会组织公共关系的客体。公共关系分内部公共关系与外部公共关系。内部公共关系是指员工关系、上下级关系、股东关系等;外部公共关系指顾客关系、政府关系、媒体关系、合作单位关系等。

3. 传播——公共关系的手段。传播是连接公共关系主体和客体(亦即组织和公众)的桥梁。公共关系活动的过程,同时也就是社会组织与公众之间进行信息传播和交流的过程。公共关系工作从本质上说就是一种信息传播、信息交流活动。因此,传播既是公共关系的手段,又是公共关系的过程。公共关系人员应当注意研究不同类型传播的特点,恰如其分地运用不同的传播形式来实现公共关系工作目标。

(1)传播的构成。传播由基本要素和隐含要素两大要素构成。

①传播的基本要素,包括:信源,即信息的发布者;信宿,即接受并利用信息的人;信息,即具有新内容、新知识、新观点的消息(包括观念、态度和情感等);媒介,即用以记录和保存信息并随后由其重现信息的载体;信道,即信息传递的途径、渠道;反馈,即接受者对传播者发出信息的反应。

②传播的隐含要素,包括:时空环境,即传播过程中的时间与空间环境;心理状态,即受者与传者双方在经济环境、风俗习惯、语言文字、性格特征、民族心理、思维方式和价值观念等方面的差异;信誉意识,即传播过程中传播者本人及其传播内容的可信程度。

(2)传播的基本类型。人类的传播有四种基本类型:自身传播,即人的内向信息交流与沟通;人际传播,即个体与个体之间的信息交流与沟通;组织传播,即社会组织与其成员之间、社会组织与其所处环境之间的信息交流与沟通;大众传播,即职业传播者通过大众传媒,将大量复制的信息传递给分散的公众。

同一般传播相比,公共关系传播大多侧重于信息沟通的非宣传性传播,更加注重情感传播,并坚持双向沟通的原则。公共关系的传播媒介从其物质形式来看,可以分为四个大类:①符号媒介,包括有声语言媒介、无声语言媒介、有声非语言媒介和无声非语言媒介;②实物媒介,指的是由实物充当信息传递的载体,包括产品、象征物等;③人体媒介,指的是借助人的行为、服饰、素质和社会影响来作为信息传递的载体;④大众传媒,包括印刷媒介(图书、报纸和杂志)和电子媒介(广播、电视、电影和录像等)。

传播就是传意。传意就是把自己一方的意念诚心诚意地说给别人听。要相互交流思想、意识、感情,以便改变对方的言行,达到更好的互动。

(三)公共关系的特征

公共关系的基本特征主要表现为:

1. 公共关系的基本目标是为一定的组织机构在社会公众中树立良好形象。任何组织的公共关系活动都是以追求良好的公共关系状态为目标的。这具体表现为，通过公共关系活动，使公众了解、理解社会组织的决策和行动，使社会组织在公众中树立良好的形象和声誉，从而进一步得到公众的支持和合作。因此，公共关系是一种为组织塑造良好形象的艺术。

2. 公共关系的基本原则是真诚合作，互利互惠。公共关系是以一定的利益为基础的，因此，公共关系强调组织和公众之间的平等相待，互利互惠，以达到长期真诚的合作。“和自己的公众对象一同发展”，这是公共关系的重要原则。要实现这一原则，必须坚持以事实为基础，以公众利益为出发点，在开展公共关系活动中，坚持科学性和艺术性的统一。那些只顾本单位利益而不择手段，不顾后果，急功近利，不尊重或损害他人利益等做法，是得不到公众的真诚合作的。

3. 公共关系的基本方法是双向沟通，内外结合。搞公共关系要运用许多方法、技术和手段，但最基本的是本组织机构与社会公众之间的双向沟通。一方面对外传播，使公众认识、了解自己，在公众中树立良好的组织形象；另一方面吸取民意以调整改善自身的决策和行动。同时，任何组织都面临着内部公众和外部公众，要达到两者的统一协调，以保持组织目标的实现。

4. 公共关系的基本方针是着眼于长远，着手于平时。一个社会组织与公众之间的良好关系，不是一朝一夕可以建立起来的，即使组织在公众中已有了好的形象和声誉，也还需要平时加以维护、调整与发展。因此，公共关系是一个长期的活动。而这一长期的活动，又要通过平时一点一滴的努力才能达到目标。社会组织的公共关系活动要处理好长远利益与眼前利益的关系，以真正得到公众对组织的支持和合作。

二、公共关系职能

（一）宣传引导，传播推广

公共关系在组织管理中的一个主要职能，就是有效地制造舆论、强化舆论和引导舆论，及时地传播推广与组织有关的信息，赢得社会公众对组织的信任与好感，从而不断地提高组织的知名度和美誉度，为组织创造有利于自身生存与发展的环境和时机。

要宣传组织的整体形象。只有具备良好形象的组织才能取信于民，才能使公众对组织从了解到理解，从理解到信任，从信任到合作。为此，作为组织的“喉舌”，公共关系职能机构应承担的职责是：负责制订组织的公众传播计划，编辑、设计、制作和发行组织的各种宣传材料；负责组织的新闻发布和形象传播工作，将组织的信息真实、准确、及时、有效地传递给特定的公众对象；负责制订组织和产品（服务）的市场推广计划，并付诸实施。

(二)搜集信息,监测环境

现代社会,尤其是随着知识经济的发展,信息已日益成为经济发展不可或缺的重要战略资源。组织的生存和发展离不开特定的环境,而环境又是由组织的公众以及一切有可能影响组织生存发展的社会政治、经济、文化等各方面因素构成的。鉴于环境的动态可变性,组织要适应环境,就必须严密监测环境,对其变化做出准确的判断和科学的预测。

为实现这一目标,组织的公共关系职能机构必须负责监测、搜集、整理和分析组织的公众信息,向组织的领导人提供管理咨询建议。要完成这一任务,公共关系职能机构必须首先搜集组织形象信息、产品(服务)形象信息、组织运行状态及其发展趋势信息、有关公众信息,并注意搜集其他社会信息(如国内外政治、经济、文化、科技等方面的重要变化,以及社会时尚潮流的变化等),然后对所有这些信息进行系统的整理和分析,从而对组织所处的环境进行有效的监测。

信息搜集的基本要求是:

第一,准确。准确是对信息的根本要求之一。为保证信息的准确性,首先要保证信息来源的真实可靠。这就要求秘书人员在信息收集过程中做深入细致的工作。一是善于鉴别,把信息中不真实的部分剔除出去;二是追根溯源,对不太准确的信息进行调查,直至彻底证实为止;三是对未经证实的信息,不予采用。

第二,及时。及时是对信息的另一个基本要求。很多信息都有使用的时间范围。同一信息在某段时期内有实际意义,而过一段时间,它却毫无价值,尤其是市场方面的信息、先进技术方面的信息以及金融信息等。

第三,全面。组织同社会环境之间的联系广泛,为信息来源创造了良好的条件。公共关系活动的目的是为组织寻求最佳的生存环境,首先是全面地了解这个环境。公共关系人员应当充分发挥主观能动性,运用科学的信息收集技术与方法,全面地采集组织所处的社会环境的信息。

第四,有重点。有关社会组织的信息浩如烟海,由于人力、财力、物力和时间的限制,难以全部收集。公共关系人员应把重点集中在可用性强、含量大、先兆性强以及与公共关系活动主题密切相关的信息上。

第五,连续性。信息可以反映事物发展变化的过程,因此,信息的收集要具有连续性。只有不间断地收集与积累有关信息,才能找出事物发展的规律。这样获得的信息科学性强,使用价值高。

(三)咨询建议,形象管理

公共关系作为组织的一种管理职能,其重要性还体现在它在组织的管理决策过程中以提供咨询建议的方式发挥着参谋作用。公共关系职能机构及其人员可以运用专业知识、技能、经验和科学的研究方法，利用信息系统提供的数据、资料、情报等，对组织需要决策的有关问题进行系统研究，提出可供选择的预选方案。因此，公共关系专家往往被一些现代组织冠以“军师”、“顾问”、“参谋”的头衔。

和一般咨询建议不同，公共关系职能机构在组织管理上所发挥的咨询建议作用，更多地侧重于组织的形象管理方面，即制订组织和产品（服务）的形象管理计划，策划和实施各种专题性公众活动，并对其进行评估。

咨询建议包括以下几方面的主要内容：

第一，组织形象的评估和建议。由于一个组织在不同公众心目中的形象往往是不同的，组织自身设想的形象可能与公众心目中的形象存在着很大差异，因此，秘书人员要提供组织形象的咨询，就必须在广泛搜集社会公众对组织形象评价信息的基础上，对获取的有关组织形象的各种不同信息，进行认真、实事求是地分析和整理，供领导层参考。在提出改善组织形象的建议时，应在完整掌握组织内部基本资料的基础上，提出切实可行的具体方案。如组织的制度上应采取或借鉴哪些措施，服务项目应如何增加，员工素质应怎样提高，都应在人员、经费、可行性等问题上予以具体说明。

第二，公众心理的咨询和建议。组织与公众关系的重要性，决定了组织必须随时考虑到公众利益和了解公众的心理。秘书人员在这方面所做的工作主要有：第一，向组织领导者和职能部门提供公众心理需要方面的咨询。第二，向组织领导者和职能部门提供各类公众不同心理特征及其变化方面的咨询。

第三，员工心理状态的咨询和建议。员工是组织的主体，员工的精神状态、心理行为直接关系组织的活力与效率。有些管理者只重业绩不重人，影响了员工积极性的发挥。秘书部门有必要提醒管理者尊重员工，并向他们提供激发员工责任感、工作兴趣、劳动热情的建议。

（四）沟通交际，协调关系

现代社会中，任何组织都是一个开放的系统。它必须和周围环境建立广泛的联系。作为组织对外交往的“名片”和与各界人士沟通的桥梁，公共关系职能机构需要运用交际、协调的手段为组织广交朋友，发展横向联系，减少社会摩擦，缓和各种社会冲突，与内外部公众建立友好、合作的社会关系。其主要任务是负责沟通协调组织与内外部公众之间的关系。

1. 协调组织内部的各种关系。秘书人员协调组织内部的关系，主要内容包括协调组织内部领导者与一般员工、员工与员工以及各部门之间的关系。第一，应力求将组织的信条和原则灌输给每个员工，使人人具有较为一致的价值观，统一于组织的目标基础上，以便在发生人际矛盾和工作纠纷时，有解决矛盾的共同基点和判别是非的原则标准。第二，应注意在组织内部培养公正的气氛。秘书人员应协助和督促各级领导公正地对待一切属员和公正地处理事务。公正是平息怨气、消除矛盾、团结一致的重要保证。第三,应建立和疏通沟通渠道。许多矛盾和摩擦都起源于误解或了解不够,因此建立通畅的沟通渠道尤为重要。秘书人员应及时向员工通报组织的状况和对策,传达和解释管理部门的指令和措施,向领导和管理部门反映员工的建议、意见、情况和问题,促使各部门通报自己的状况和难处,经常帮助成员相互进行意见和情感交流,这样既能增进彼此间的理解,又能使成员有倾诉烦恼的地方,从而降低组织内部的矛盾。第四,应注意培养协作的意识和相互谅解的气氛。在工作中,每个部门、每个人常常会认为自己的工作对组织是极其重要的。这种想法不仅有意无意地影响了人们的全局观念和协作精神,而且使人们对其他部门、其他人的失误和差错缺乏容忍。因此,应该帮助员工树立一盘棋的整体意识,认识到彼此协作的重要意义,克服本位主义思想和做法,形成相互谅解和支持的组织气氛。

2. 协调组织与外部的关系。秘书人员协调组织与外部的关系主要包括协调好组织与外部环境、外界公众之间的关系,组织与社会多方面交往的关系等。公共关系部门作为协调组织与外部关系的主要机构,首先,应积极寻求组织和公众的共同点,促使组织在活动中兼顾自身与公众的利益。其次,应认真倾听和处理客户意见。我们知道,服务周到,保证质量,只是与客户建立了一半的关系,另一半则是倾听客户意见。倾听客户意见,一是可以根据客户需要改进服务方式和产品质量,使客户满意;二是使客户感到组织是诚心诚意为客户服务的合作者;三是能使客户产生被尊重后的满足心理,从而使客户与组织建立真诚有效、密切合作的关系。最后,要让公众了解组织的性质、宗旨、活动方式和产品性能、服务内容,了解组织的实际难处和种种努力,争取公众的信任和好感,以求给予适当的帮助和支持。

(五)解决矛盾,处理危机

现代组织处在一个其活动透明度日益增强的时代,其种种行为很难逃脱外部的审视。而且,随着公众对组织社会责任的期望值以及对自己权利的关注程度越来越高,组织很容易与公众发生矛盾,甚至产生危机。为保证组织的顺利运营,组织的公共关系职能机构必须担负起“协助组织发现、处理并监控其与公众之间的矛盾、问题和危机(突发)事件”的重任。

处理危机的主要原则是:

第一,及时性原则。及时是处理危机的第一原则,是迅速控制事态发展的保证。迅速采取措施将危机影响减小到最低限度,意味着赢得时间,减少损失。及时性不等于冲动性、盲目性。及时,就是引起重视要及时,了解情况要及时,组织应急对策要及时。

第二,准确性原则。准确是确保有效处理危机的必要前提。对危机爆发的时间、地点、性质、损失、缘由,都应准确无误地了解清楚,才能制订出正确有效的处理方案。

第三,实事求是原则。实事求是,是分非明,是处理危机的基本态度。组织应勇于承担责任,对自己的责任绝不推诿。要尊重对方的意见和要求,不能造成对立情绪。

第四,专项管理原则。专项管理是高效率处理危机的保证。要求指派能够掌握处理危机的科学程序和方法,了解组织情况的专人,组成专门班子去处理危机。

第五,积极性原则。积极的态度是赢得时间、争取主动的心理动力。一旦危机爆发,应理智地看待客观事实,抱着负责、向前看的态度去处理危机。

三、公共关系工作程序

公共关系工作程序是指社会组织为达到建立组织与公众和谐信任的关系,并树立组织良好形象的公共关系目的,而进行有组织、有系统活动的一般步骤和规范。通常公共关系的工作程序包括调查、策划、实施、评估四步。这四个步骤又称为“四步工作法”。

(一)公共关系调查

公共关系调查,是把公众对组织形象的评价进行统计分析,用数据或文字的形式显示公众的整体意见,或者就某一具体公共关系活动条件进行实际考察。公共关系调查是组织开展公共关系工作的重要基础,它能够准确地进行组织形象定位,使组织及时把握公众舆论,确定存在的问题,确定公众的状态,为组织决策提供科学依据,提高组织公共关系活动的成功率。

公共关系调查的目的是甄别公众对象,测量舆论情况,评价组织形象。公共关系调查主要有组织的形象地位调查、组织的公众舆论调查和组织开展公共关系活动的客观环境调查等。

组织的形象地位调查是指调查一个组织的实际表现在公众中的投影,也就是公众对一个组织总的印象、看法和评价。社会组织公众舆论调查是对公众的态度倾向进行了解、统计,用数字显示公众的整体意见,主要调查公众对企业的认识、态度与印象,包括:知名度调查、信誉调查、公众评价调查等。公共关系活动客观环境调查分宏观调查和微观调查两部分。宏观调查是对社会大环境的调查,微观调查是对开展公共关系活动的具体条件进行调查。

(二)公共关系策划

经过调查研究,弄清了组织所面临的问题,即可着手公共关系活动策划。策划大体包括以下几项工作:

1.确定目标。目标是公共关系活动的方向,也可以作为检验公共关系活动效果的尺子。公共关系的目标是与组织的总目标、总任务联系在一起的。不同类型的组织,其公共关系的目标也有所不同。

公共关系目标可以分作长期目标、近期目标、一般目标、特殊目标。无论何种目

标,大都不超出以下四个方面:

(1)传播信息。这是最基本的公共关系目标。在某个特定的时期内,组织的公共关系工作可能仅仅把传播信息作为自己的目标,而对公众态度和行为的改变期望不大。有不少组织在一段时期内,特别是在初创时期,大量的公共关系工作就是围绕传播信息这一目标展开的。

(2)联络感情。情感投资既是组织公共关系工作的长期目标,也是在较短时间内即可见效的任务。因此,一方面要细水长流,努力建立起公众对组织比较牢固的情感基础;另一方面在近期工作目标中,可以提出联络组织与公众感情的要求。

(3)改变态度。在实践中,改变公众态度始终是公共关系活动的主要目标。例如,当组织要推行一项新的价格调整政策时,考虑到开始时公众可能对新政策不理解,以致产生抵触情绪,就必须精心策划一项以改变公众态度为目标的公共关系活动,为新价格政策的推行创造条件。

(4)引起行为。这或许可以作为公共关系的最高目标,也是最容易检验的一种目标。比如一个文化事业单位,在一个时期内的公共关系目标是取得主管部门的支持,增加拨款或制定对其有利的政策。但如果经过一段时间的工作,主管部门了解了该单位的境况却没有实质性的动作,那么该单位的公共关系工作就没有达到引起行为的目标。

当然,联络感情、改变态度、引起行为这三类目标,都要通过传播信息来实现。作为手段,传播信息贯穿于公共关系的全部过程。

确定目标应努力做到具体化,因此,要求所传播的信息应是具体信息,所引起的行为应是具体行为。

2. 确定公众。公共关系活动的对象是具体的公众。在制订公共关系计划时,必须分析组织所面对的公众状况,并进一步确定哪些是顺意公众,哪些是逆意公众和中立公众;哪些是知晓公众,哪些是潜在公众和行为公众等。对各类公众的比例、年龄、性别、文化素养、社会阶层等,也必须十分清楚,以便有针对性地拟订活动主题和选择传播渠道。

3. 拟订活动主题。公共关系目标确定以后,应该采取一定方法使之便于组织实施。常用的一种方法就是“主题法”,即把公共关系目标分解成几个不同的工作步骤或程序,对每一个步骤拟订一个形象而又具体的主题,几个主题有机联系并逐次推进以实现公共关系目标。

4. 公关实施。公共关系工作策划一旦完成,一系列的信息传播活动也就开始了。公共关系策划的实施过程就是传播信息的过程。秘书人员要适时、准确、充分地把组织有关信息传递给公众,并注意根据公众的意见、态度和行为及时修正组织的政策。这一步骤的特征可以用一句话来概括:“付出的努力让社会知道,面临的困境求公众理解。”

公关实施的内容包括：

(1)谋划媒介事件。这又称“制造新闻”，是把组织的公共关系工作与新闻媒介的宣传有机结合起来的一种形式。常见的实施方式有：

①对年度公共关系计划中已确定的公关活动，用独特的构思，使活动引人关注，达到较好的传播信息的效果。

②把公共关系贴附在与社会时尚、公众热点有关的事件上，借助于重大事件的吸引力向公众传播信息。

③灵敏地捕捉随机事件，不失时机地开展各种应变性的公共关系活动，以扩大组织的影响。

(2)组织视听材料。一个人从外部接受的信息中，约82%是通过视觉获得的；而视觉可以引起人们的注意并创造出一种心理气氛。组织视听材料是公共关系传播活动的主要内容之一，它包括公共关系影片、电视片、录像带和录音带等音像资料和文字宣传材料。

(3)开展社交活动。开展社交活动的形式有很多，常见的有：

①举行记者招待会。这是组织集中发布信息最有效的方式，尤其是当组织遇到重要的、具有新闻价值的事情，而使用新闻稿又不能迅速达到传播目的时，召开记者招待会是比较合适的。

②举行领导演讲会或报告会。演讲会较之记者招待会拥有更多直接的听众，因而成为组织同各种公众进行沟通较为普遍的活动形式。

③举办展览会。参加或举办各种展览会是许多组织尤其是企业的一项重要的公共关系活动。企业可以租用一个展位进行商业性展览，也可以由企业自己搞自发性展览。展览形式又分为图片展览和实物展览等。

④参加社区活动。为了表明企业的社会责任感和社会价值，应积极参加社区活动。如积极参加并赞助社区内开展的艺术、科技、体育、娱乐活动，关心社区教育事业的发展等。

5.公关评估。评估效果是公共关系程序的最后一个阶段。评估的宗旨在于肯定成绩，找出不足。评估的标准就是要看既定的公共关系目标是否实现了。如何才能保证评估的充分客观与公正呢？应从以下三个方面来进行：

(1)自我评估。结束任何一项工作，工作者必定都有对工作的自我评估。在公共关系工作中强调自我评估，意义非同一般。因为一个优秀的公共关系工作者，必须经常处于一种清醒的反思状态，包括对自身言行举止的反省。自我评估的过程，有助于公共关系工作及其人员本身思想及业务素质的提高。

(2)专家评估。专家评估即公共关系专家或顾问的评估，其目的是为了使评价工作具有较强的客观性。

专家评估的方式很多，可以采取专家咨询法，也可以采取同行评议法；可以通过征询表去采集信息,也可以召开座谈会听取意见;可以正规地举行一些活动,也可以非正式地进行私人交流。无论何种方式,其共同目的就是尽可能获取专家们对某项公共关系活动的正确、客观的评估。

(3)舆论评估。在获取这种评估结果时,往往要有一些具体的工作方式与之相配合。获取这种结果的过程,广而言之,即是一种民意调查的过程。因此,各种民意测验的方式在这一过程中均可采用。为使公共关系活动取得良好的社会效果,一个必须注意的问题就是不要在舆论评估的结果尚未掌握之前,就把自我评估和专家评估的结果公布于众。因为这样做可能会激起公众的逆反情绪,造成公共关系评估的失真并给以后的活动带来不良影响。

通过自我评估、专家评估和舆论评估,对照原先的公共关系策划进行分析比较,可以清楚地看出原先策划的内容哪些完成了,有哪些不足,哪些超过了预期效果。然后,把评估结果如实地以正式报告的形式向决策部门进行汇报。

小贴士

真诚有三种限制

在公关活动中,真诚有三种限制:一是人,二是时,三是地。对人真诚、袒露胸臆时必须具备这三个条件。是其人但时机不对,不能一吐为快;时机成熟,倾诉的对象不对,也不能说;倾诉对象和时机都成熟,但地方不对,依然不能说。只有同时符合这三个条件,才能拿出你的真诚。

小案例

感动患者的公关细节

在医患关系紧张的今天,我们能改变所有患者来到医院的感受吗?下面是我在厦门一家台湾人开设的医院所看到的细节。

细节一,每一张病床,都配备了一张椅子,方便家属陪护,最重要的是,这个椅子到晚上一拉开,就可以变成一张床。

细节二,每一次输液,护士都是推一个医院专门设计的操作车,护士在你的病床边,当着你的面进行配置,让你放心,不会把别人的药注射到你的身上。

细节三,做B超,要涂润滑制,做完后,是护士帮人擦掉那些黏糊糊的东西。

细节四，给老人家量血压，卷起他的袖子，护士一定会帮他再放下来。

细节五，住院做检查，如果要到其他区域，护士会帮你联系，而且一定会有护士陪同你到检查科室，完毕后，再护送你回来。

细节六，住院要填一个病人信息公开表，我很纳闷。原来是征求你的意见，要不要向别人透露你在医院住院，如果你不同意，任何人无法打听到你在哪个病床。

细节七，每一个医生看病时，都有一个护士做助理，帮助做填表和联系等工作，以最大限度地减少医生的事务性工作，让他的专业最充分地发挥，也减少病人的等候时间。

要说明的是，他们收费的标准，按照厦门市统一的标准，绝大部分项目和厦门其他医院一样。

我把这些叫做感动患者的细节，它不关乎体制，也花不了多少钱，只要医院有理念，政府稍加支持，就可以消除患者80%的怨气。剩下20%的不满，就可以集中精力用调解和法制的渠道解决，即使对立，也不至于对抗，从而把极端的行为控制在最小的范围内。(《南方周末》)

第二节　公共关系传播规律

作为秘书，要掌握公共关系传播规律。

从传播的一般模式出发，我们可以得出这样的结论：传播的目的，在于发信者和接收者之间能做到有效沟通。有效沟通取决于多种条件，但深入研究把握公共关系传播的一般规律，是提高沟通效果的重要因素。

一、角色认同律

现代传播的对象是社会公众、团体或个人，传播要获得成功，传播者必须扮演接收者的角色，树立“以接收者为中心”的观念，了解他们的需求和心理状态，设身处地站在他们的立场上，选择他们需要的信息，吸引他们、打动他们，以便顺利实现沟通。这一规律，被称为角色认同律。

角色，是一个社会学名词，指一个人的社会身份；认同，是心理学名词“认知同构”的简称，字面意义是把自己看作别人，传播学的意义是充分考虑收信者的需要、动机和倾向。

西方学者十分重视对角色认同律的研究，指出：大众媒介并不改变态度和信念，相反却强化了现存的态度和信念；人们从大众媒介那里选择接受的，必然是那些支持他们自己的态度和信念的信息。比如,美国政治领袖的竞选演说,与其说是为了改变支持其对手的选民的意见,还不如说是为了强化支持他自己的选民的观点。这种看法当然不能看作是绝对的,但是一般说来,还是有道理的。这是因为,人的认知结构是长期形成的,轻易不会改变,想靠一两次沟通去改变人们的认知是不大现实的。只有运用人际交往中的“相似性作用”的理论,即心理学上的“认知同构”理论,使沟通双方有相同的认知结构(对事实有相同的看法,有相同的行为、意见和信念等),才会“酒逢知己千杯少”,沟通才成为可能,使传播达到预期目的。

事实证明,聪明的传播者总是在传播伊始就暗示人们,他们传播的信息同公众现有的态度和信念是一致的,因而他们能够从容地掌握情境,收到心理学上的“名片效应”和“自己人效应”。

“名片效应”和“自己人效应”,都是因为交往双方存有相似性和共同之处,彼此的信息能被对方接受,从而形成了有效沟通。“名片效应”主要指双方观点一致,彼此建立信任;“自己人效应”不光是观点一致,而且还增加了亲密感,使信息传播者对接收者的影响更大。

在传播过程中,除了角色调适和信息内容理顺能引起认同,从而提高传播效果之外,根据霍夫兰和威斯的实验研究,证明发信者的可信度会影响收信者改变态度的程度,决定着传播的有效性。

发信者的可信度,主要表现在他的权威性和可靠性上。权威性,来自于发信者所受教育、专业训练、社会阅历、经验、年龄、社会背景、社会地位等方面的影响力。其中,他们的社会经验和社会地位对公众的影响力最大。这就是报纸在报道某些消息时,经常用“据权威人士称”开篇的道理。许多企业也往往利用人们信赖专家,进而“爱屋及乌”的心理,请名气大、卓有成就的专家来盛赞某种产品,以此来改变公众的态度。当然,社会组织也要提高自身权威性,让公众了解自己,塑造在公众心目中的良好形象,这样在传播时就会因有权威性而更容易奏效。可靠性,指接收者相信发信者言论真伪的程度。影响可靠性的直接因素,包括发信者的人格特征、外表仪态,以及传播的信心、态度和技巧等。

二、情感唤醒律

在公共关系传播中,角色认同律为我们提供了“了解别人的最简单方法是把自己看作别人”这一基本事实。在这里,我们介绍与它有相似作用的另一传播规律——情感唤醒律。

情感唤醒律在社会心理学中叫“情感移入”。社会心理学认为,客观现实是产生情感的源泉,客观事物的不同特点,以及它与人之间所存在的关系不同,人就对这些事物抱有不同的态度,具有不同的体验。从传播学角度来说,当收信者获取信息以后,不是产生肯定态度就是产生否定态度。传播学的任务在于:首先如何使肯定态度持久;

其次如何运用传播艺术，移入情感，促使否定态度向肯定态度转变。后者就是情感唤醒律。

深刻理解情感唤醒律，首先要了解情感及情感特征。

情感是在社会历史发展过程中，伴随着人的社会实践活动产生并发展的、与人的社会需要紧密相连的、在认识基础上萌发的一种为人所特有的心理现象。人的情感是十分丰富的，但其表现形式却可以归纳为最基本的两类，即情感的两极性。处于两极状态的情感，无论是肯定情感和否定情感，无论是积极的增力情感和消极的减力情感，都是相互联系的，并在一定条件下发生转化。情感的对立统一性质，正是传播学情感唤醒律赖以产生的哲学基础。此外，情感和人的需要与认识紧密相连。先说情感与需要的关系：需要是人的行为的动力，当传播信息符合人的需要时就产生满意、欢愉等积极的情感；否则就会产生忧伤、恐惧等消极情感。随着社会生产力水平的不断提高，需求结构出现了变化，人的情感水平也会水涨船高。这就启迪我们：情感唤醒律的正确使用，首先在于传播内容必须“适销对路”，满足人的需求，并根据人的需求变化不断调适，才能使收信者不断产生积极的心理体验。

再说情感与认识的关系。情感几乎与人的认识过程同时发生，有认识才会有情感。信息作为刺激物，对人起着刺激信号作用，它对人的认识的产生（因而也是情感的产生）所起的作用是十分广泛的，它可以在认识的不同阶段唤醒人们的情感。感觉是认识的第一阶段，感觉反映客观事物的个别属性，而情感则是对这些属性（如声音、颜色、气味等）所抱的态度，可见情感是伴随感觉而发生的，心理学把和感觉相联系的情感叫做情调，情调对收信者的艺术感染力是十分强烈的。知觉是认识的第二阶段，是事物的多种属性通过相应的感觉器官，形成对该事物的整体认识。知觉具有选择性、整体性、理解性和恒常性等特点，所以对情感的形成至关重要，情感唤醒也主要利用这些特点而发生。记忆是认识的第三阶段，记忆是对感知过的事物的再现反映；情感唤醒就是从记忆特点出发的。针对收信者的知觉选择偏好，对形象记忆、逻辑记忆、情感记忆和运动记忆有所选择，否则就会浪费情感；从记忆特点出发，注意知觉的选择特色，有目的、有针对性地注入情感，这是情感唤醒律形成程序的重要联结点。思维是认识的最后阶段，思维是人脑对客观现实的一种概括的、总合的、间接的、假设的、预计的反映，它是借助于词来进行的。倘若在传播中信息词语能作用于接收者，并同他们原有的“经验词”发生新的构筑，传播目的也就达到了。怎样完成这一步呢？还是一个情感注入的问题。有了情感，思维才更广阔、更深刻；有了思维，情感才更本质、更丰富，两者相得益彰。当然，情感也是随着认识的发展变化而发展变化的。所以，传播学中提倡的“重复效应”是有道理的，旨在通过重复加深认识、丰富情感，最后成为具体行动。

情感的上述特征启示我们：情感唤醒律的运用要注重“感情投资”；传播中要“动之以情”、“晓之以理”，要把针对认识特征而设计的情感，科学而合理地分布到传播的内容中去，并注重情感因素的表达。在很多场合，情感的信息量应超过“理性”信息量，这样便于发现对方、发现自己，容易形成心理共振效应，如恐惧感的唤醒可以利用恐惧的引发力量和“回返效应”改变其态度。值得注意的是，“动之以情”促使收信者在感觉和知觉（合称感知）上建立联系，这是情感唤醒的“敲门砖”；“晓之以理”促使收信者在记忆和思维上建立联系，这是情感唤醒的根本目的。两者是有区别的。既不可重情忘理，也不可重理忘情，要有理有情，情理交融，这才是情感唤醒律。

通过以上分析，我们可以给情感唤醒律这一概念下个定义：从人的需求和认识规律出发，科学地利用情感两极性进行情感移入，增大收信者肯定情感的强度，从而促使其态度改变的传播规律，就是情感唤醒律。情感唤醒律的使用前提，正如古罗马一位诗人所说：“只有一条路可以打动别人的心，那就是向他们显示你自己首先已被打动。”这可谓至理名言。

情感唤醒律同角色认同律一样，都是了解他人，同时也使他人了解自己的一种方法。两者的区别是：角色认同律是把收信者的内容、状况假设建立在把自己放在他的位置的基础上，这种方法是在相互作用的情境中使用的；情感唤醒律不是对别人理性的了解，而是力求从情感上对别人给予反应（了解），在这里，“了解”一词仅用作比喻，它呈现出收信者的情感被发信者“感受到”的趋势。

三、因人适宜律

在收信者需求和认识基础上产生的公共关系传播行为，实质上是一个劝导过程，是发信者通过一定量的信息传递，对收信者施加影响，从而达到一定目标的过程。但是，劝导是一个多变量的艺术，关键在于收信者这个最为复杂的变量。从收信者构成来看，包括社会各阶层、各种群体、形形色色的个人；从需要、兴趣、气质、性格等方面来看，具有各种各样的类型，很难一一界定；从社会公众对同一条信息的态度来看，林林总总，五花八门：有的持肯定态度，有的持怀疑态度，有的则“事不关己，高高挂起”，干脆回避。

要解决这些难题，需要在传播中认真贯彻“一切从客观实际出发”这一原则，即重视信息来源的可靠性，选择适用信息，确保传递的高效率和高保真度，同时要克服“自我中心式”的传播，搞好公众分析。

所谓公众分析，首先要明确谁是收信者，从此确定传播策略；其次要针对不同类型的公众，运用具体传播手段去巩固或改变他们的态度，促使沟通顺利进行。这种从公众的不同需求和认识出发，采取不同传播策略和传播手段的沟通方法，传播学上叫作因人适宜律。

（一）如何对待肯定态度

虽然收信者经过信息的刺激引起了有意注意，并形成了相应的心理倾向，但发信者还要注意两点，一是情感的两极性不仅有强弱之分，在对立的强弱中也有梯级之分，这就要求不断增加接收强度，巩固并加强已有的肯定态度；二是肯定态度的产生，有时出于一种从众心理，而从众心理严重的人一般缺乏主见，易受情绪和周围环境的支配，这就要求发信者增加理性成分，帮助收信者减少态度产生的不确定性。对所谓的从众心理要科学分析，准确把握，看人数的多少，看行为本身呈上升趋势还是下降趋势，因为其中包含着有用的信息，它会给信息传播带来新的内容。

（二）如何对待否定态度

否定态度也有两种不同表现，一种是理智型否定，一种是情感型否定。前者有较强的洞察力和鉴赏能力，能做到瑜中见瑕，善于吹毛求疵；后者则主要受情绪和情感的支配，在认识上存有较强的心理定势。对此，发信者就要运用客观超脱律和提高可信度的办法，来攻破收信者的心理壁垒，信息内容要适当增加理性成分。

（三）如何对待怀疑态度

在公共关系传播中，以怀疑态度妄断信息的事例是屡见不鲜的，他们几乎对信息内容、传播方式、意图等方面都要打上几个问号。传播学认为，改变收信者是徒劳的、不现实的，关键在于改变发信者自己。针对怀疑态度，发信者要尽量使用“两步沟通”法，即首先影响权威人物，再由权威人物向公众发布信息，这样传播效果会好得多。

（四）如何对待回避态度

持有回避态度的公众多具有较强的自我中心观念，并在潜意识中对与己无关的信息形成一道抵御障。这是信息量不足引起的心理反应。对此，最好的办法就是进行重复刺激，并注意刺激方法和内容的合理变换；必要时，应进行有关知识的宣传，信息中的知识量不足，也会产生回避态度。

除了因人适宜律之外，还有一个因时适宜的规律问题，限于篇幅，不再赘述。

四、客观超脱律

对公共关系传播者来说，通过信息的交流求得收信者的接受、理解和赞赏，这种传播心理是普遍的、正常的。但是，事实告诉我们，有效传播的沟通几率并不是很高。

这种情况的产生，运用归属理论分析，就是收信者对传播者的原因归属不尽相同。一般说来，当传播被作为话题对象性质的确切反映而接收时，传播效果就好；一旦传播的信息被归属为某种个人动机、特殊看法或状况压力的产物时，其效果就会极大降低。

降低传播效果的归属事例很多。比如，传播者被看成为了某种利益而劝导收信者；传播者的言行被认为其动机是要收信者满意；传播内容对收信者来说是意料之中的；劝导的观点来自和自己相似的他人的肯定；等等。这些都会降低传播效果。

为保证“传播被作为话题对象性质的确切反映”，传播时就要做到一客观、二超脱，即遵循客观超脱律实行有效传播。

所谓客观，就是传播时要保持信息的高保真度，适当的夸张是可以接受的，但要力戒浮华自夸之词，只要把事实真相告诉给收信者即可，结论要动员他们自己去下，否则就有“王婆卖瓜”之嫌；同时，要避免对他人合理竞争发出警告、施加压力、以谣言蛊惑人心等恶性传播手段。愚弄公众、欺骗舆论的行为是不可取的，最好的办法，就是尽量把公众利益摆到至高无上的地位，而让自身利益显得微不足道。

所谓超脱，就是利用“发出的信息与他自身利益无关或相反时影响力最大”的传播规律，假手于第三者去传递信息，这易于形成“传播被作为话题对象性质的确切反映”效应。所谓“第三者”，首先是通过新闻媒介的采访，写成消息、通讯之类向公众发布；其次是利用“两步沟通法”先去影响权威人物或知名人士，再由他们完成与收信者的沟通。这不仅可使真正的发信者隐身其后，避免动机等的不良归属，还能避开“观点来自和自己相似的他人的肯定”这一归属，提高传播效果。

顺便说一句，传播内容出于收信者意料之外时，传播效果会好。这完全是一种“奇异效应”。这是避开了令收信者讨厌的经验归属之故，绝不是故作高奥、神奇，不是对传播的信息进行不着边际的渲染，否则就违背了客观超脱律。

五、强化记忆律

传播的目的在于有效沟通，有效沟通的重要前提，是使收信者“记住”信息的内容。这就涉及公共关系传播的另一规律——强化记忆律。为了理解这一规律，首先要了解什么是记忆，以及记忆的基本特征。

记忆是人脑对过去体验过的事物的反映。人们在实际生活中感知过的事物，思考过的问题，练习过的动作，体验过的情感，以及采取过的实际行动，在某种条件的作用下总要闪现出来，并作为过去的经验参与到后来的心理活动中去。所以记忆是人们的一种普遍反映形式，它反映已往经验中发生过的事物。

记忆是以识记、保持、回忆和认知的连续性为特征的。识记、保持是为了在记忆中获得并保持印象而反复进行的过程，它往往需要进行反复的认识、体验或行动，才能使人脑和对象物之间形成比较巩固的联系。回忆和认知是识记、保持所获印象在人脑中的恢复过程。识记、保持、回忆和认知是紧密联系的：识记、保持是回忆、认知的前提，只有对客观事物充分的识记和保持，才能产生回忆和认知。从信息论的观点看，也就是信息的提取是否顺利，与信息输入时的编码是否恰当有关。

所谓编码是否恰当，一是指编码的质量，二是指编码的方法。编码的质量，主要表现在无意注意、有意注意、有意后注意的任何水平上都会产生编码行为，但只有后两者才会产生高质量的编码。为此，人们常用“重复刺激”的方法，引导收信者注意水平顺序提高，使之产生重复效应，增强传播效果。这里要注意三点：一是重复要注意形式的变换,一成不变的重复会引起收信者的厌倦情绪,形成"心理壁垒",传播效果反而减弱。二是根据传播的不同目的,可先搞"吹风式"传播,继而再搞"渐进式"传播,最后伺机进行"全面重点式"传播。否则,会有名不符实之感,为此后传播的实施埋下隐患。三是注意词语的正确使用。我们知道,人的记忆主要是通过词语,语言的规范性和语法特征本身所富有的严格逻辑内涵,特别有助于记忆的形成。传播要以层次性、渐进性、明确性为表达原则。传播又多属于说明行为,说明文写作的某些要义足资借鉴。总之,编码的问题,实质上是传播行为或传播内容的顺序问题,它有着强化收信者记忆的作用。只有善于使用"重复效应"和"顺序效应",使传播符合人的识记规律,这才是有的放矢的传播行为。

由以上分析可见,强化记忆律从人的记忆特点出发,运用适当重复和顺序效应,以实现公共关系的有效传播,它是公共关系传播规律中最为重要的一个客观规律。

第三节 公共关系与人际关系

一、公共关系与人际关系的联系与区别

(一)公共关系与人际关系的联系

公共关系源于人际关系。人际关系是人类一切关系中最古老的关系,自从人类产生,人际关系就存在了。公共关系作为人际关系的补充,是适应日渐繁复的种种社会关系而产生的。它的产生并不是与人际关系毫不相干,而是有着不可分割的历史联系。公共关系是在人际关系的母体中孕育、培植起来的。公共关系的实现离不开人际关系。一个组织与某些人之间的相互关系,最终要归结到人与人之间的关系上。公共关系活动无论多么具有技术性、专业性,它的实现还得借助于人际的交往沟通。公共关系离不开人际关系,而人际关系中也存在着公共关系。

(二)公共关系与人际关系的区别

1. 关系结构不同。公共关系的主体是社会组织,如企业、机关、团体等。客体是与该组织有关联的公众。因此,公共关系是一种以组织为支点的全方位关系。人际关系的主体是个人,客体也是个人。它是一种以个人为支点的人与人之间的线性关系。

2. 基础准则不同。公共关系以一定的利益关系为基础,它兴起于商品经济高度发达的时代,在自然经济和产品经济条件下,公共关系是没有运用的必要的。人际关系是与人类同生并存的,它以血缘、地域等关系为基础,以伦理道德为行为准则,这与公

共关系以功利主义为准则是有明显区别的。

3. 交往目的不同。公共关系的目的是为组织塑造良好形象，为组织发展创造良好人际关系环境，争取最佳的社会效益，为组织的发展奠定长久的无形资本。而人际关系的目的是结缘交友，有时还会有个人利益。

4. 实现手段不同。公共关系的实现需要专门的组织、专门的工作和专门的传播工具，如报刊、电视、广播等。人际关系的实现主要依赖个人与个人之间的交往，所采取的手段是人际传播，比如言语交往和书面交往等。

二、公共关系与“庸俗关系学”的区别

这是20世纪80年代的老话题，为什么今天还谈呢，因为确实还存在把公共关系庸俗化的问题。“庸俗关系学”是人际关系中出现的畸形现象，它与“搞不正之风”、“以权谋私”、“行贿送礼”等是紧密联系的。公共关系与其有着本质的区别。

（一）二者产生条件不同

公共关系产生于高度发达的商品经济社会、各种大众传播技术飞速发展和完善、社会政治生活具有较高民主水平的条件下，而“庸俗关系学”则是封建落后的自给自足经济及落后的传播手段环境下的产物。进入21世纪，公司招标，你不行贿就难中标，甚至小学生想当班干部也得给老师送礼等，“庸俗关系学”仍到处存在。但这是不正常的现象，理应受到全社会的抵制和反对。

（二）二者的目的不同

公共关系以创造良好的组织形象，争取最佳的社会效益与社会关系环境，为组织的发展奠定长久的无形资本为目的。而“庸俗关系学”的全部活动都以谋取个人或小集团利益为目的。

（三）二者着眼点不同

公共关系首先看重组织的长远利益，它考虑问题的基点是怎样使一个组织在社会中长久地生存下去，并获得持久的发展。在它的活动中始终要遵循注重长期效益的原则。它反对任何一种只图眼前利益，不顾将来发展的短期行为。“庸俗关系学”则看重个人或小团体的一时利益，其行为必然短期化，它在活动过程中，往往急功近利。

（四）二者交往方式不同

在公共关系活动中，公共关系人员始终代表组织。其交往方式是光明正大、公正诚实的；一定是在遵纪守法、符合社会道德准则的前提下开展工作，决不允许以原则作

交易。“庸俗关系学”则不然，它恰恰是以搞个人私交、走“私人路线”为特点。它以礼物、人情、原则作为等价交换的筹码，依靠私下交易去收买人心。其交往方式无非是拉拉扯扯、吹吹拍拍、偷偷摸摸、尔虞我诈、以利相交、利尽则散，不仅无道德准则可言，常常还违法乱纪。

（五）二者的理念依据不同

公共关系活动是在公共关系学和其他社会科学指导下开展工作的，它有自己明确的目标、专业化的手段、完整的组织机构和人员、确定的工作对象、规范化的工作准则、严格的道德准则、丰富多彩的工作方法和方式。一句话，它以现代科学理论和方法为其理论基础。“庸俗关系学”则相去甚远，它的“庸俗性”决定了它永远不可能发展出自己的科学理论和方法。在它那里，目标是不可告人的私欲；手段是诱饵式的小恩小惠；方法是险恶的权术；理论是对自身不道德行为的诡辩和抵赖。纵使它形成成套的想法和“经验”，也难见天日，难登大雅之堂。

（六）二者的社会效果不同

公共关系活动由于拥有正确的宗旨和工作方法，具有良好的社会效果。首先，它作为现代商品经济发展下的产物，具有促进生产力发展的作用。其次，它作为一种现代文明观念，具有促进社会合作，形成正常、健康的人际关系的作用。“庸俗关系学”则是反其道而行之，它既不利于社会生产力的发展，更是对社会风气的污染。它的存在只能起到阻碍社会文明进步的作用，作为封建糟粕，终究要遭到清除。

小贴士

不过分吐露自己的烦恼

不要过分吐露自己的烦恼。有许多爱说话、性子直的人，喜欢向同事倾吐苦水。虽然这样的交谈富有人情味，能使你们之间变得更亲密，但是调查指出，只有不到1%的人能够严守秘密。所以，当你的个人危机如失恋、婚外情等发生时，你最好不要到处倾诉，不要把同事的“友善”和“友谊”混为一谈，以免成为工作场所议论的焦点。另外，过分吐露个人隐私也容易被别人拿这些事作为攻击你的武器，同时给老板或上司造成你是问题员工的印象。

第四节 公关工作中的人际吸引

人际吸引是指在公关或人际交往过程中所形成的对他人的一种特殊形式的社会态度，是个体对他人给予积极和正面的认知和评价的倾向。人人都有自己喜欢的人，也都愿意被别人所喜欢。我们常说的"喜欢"与"不喜欢"就体现了人与人之间是否相互吸引。人际吸引是比亲近更深一层的亲和行为。情感因素在人际吸引中占主导成分。要增强自己或组织的吸引力，做好公关工作，就要掌握人际吸引的规律。

一、接近吸引

接近吸引，是指人们在交往过程中，如果双方或几方在年龄、学历、民族、职业、社会背景尤其在兴趣、态度或价值观上有某种一致性或相似性，即存在着"接近点"时，就容易产生心理共鸣，从而相互吸引。古诗中的"同是天涯沦落人，相逢何必曾相识"，"酒逢知己千杯少，话不投机半句多"，就含有这层意思。

接近之所以能够产生吸引，主要原因在于：①每个人都希望自己正确，受到他人肯定，这种愿望可以在与自己思想观点相似的人那里得到满足。②与交往对象具有某些"接近点"，可以使我们迅速有效地得到预期报偿，找到共同话题，缩小心理距离，满足需求，达到交往目的。③在人们的认知过程中，类似性的东西总是被作为一个同一体而感知的。人们往往把自己与有某种接近之处的其他人视为同类，于是对被归为同类的其他人也都抱有强烈的好感。

影响人与人之间类似或接近的因素很多，概括起来，主要有以下几个方面：

（一）时间、空间上的接近

一般情况下，人们生活的时空距离越小、越短，人与人之间相互作用及彼此了解的机会就越多，从而越容易导致相互吸引。邻居、同乡、同事、战友、工友、同学等易形成密切的关系，就是因为这个道理。可见，空间距离的差别在选择友人上起了重要作用。当然，由时空接近产生吸引必须具备满足他人需要的因素。对一位漂亮、洒满香水的女性来说，时空接近会增加喜欢；而对一个浑身散发异味的烟鬼来说，则是增加不喜欢。可见，时空接近是影响人际关系的必要条件，而不是必备条件。

（二）职业、背景接近

具有类似的职业、民族、家庭、经历等的人们，易相互吸引。这是因为他们在职业和背景上的接近，容易形成共同的语言和共同的心理体验。

(三)兴趣、态度上的接近

在人际交往中,如果双方有共同的兴趣爱好、相近的思想观念或价值取向,则易于相互吸引。心理学的研究表明,只要对方和自己态度相似,哪怕他在其他方面有缺点,同样也会对自己产生很大的吸引力。有人做过一个实验:他发给被试若干张已被人填好的态度问卷,这些问卷所表现的态度倾向,恰好和被试的相似,其部分问卷附有填写者的简历,简历表明填写者存在某些毛病,如有点精神异常等。当被试被问及对所有填写者的喜欢程度时发现,由于态度接近,虽然填表者有毛病,同样引起被试较强烈的喜欢。

在所有影响因素中,态度或思想观念、价值取向的接近是最主要的因素。我们常常可以见到尽管在其他方面接近,但由于态度相悖而造成感情不和的事例。一般情况下,在人际交往的初级阶段,时空、年龄、职业、背景是决定交往选择的重要因素,但是到了后来,彼此之间的态度、价值观、思想观念的相似,将超越其他因素而成为人际吸引的基础。

二、互补吸引

互补吸引,是指当交往双方在个性或需要及满足需要的途径方面正好呈互补状态时,彼此就可能产生强烈的吸引。这是因为交往双方在气质、性格等方面取长补短,互相满足了自我完善的需要。我们常常看到,脾气暴躁的人和脾气随和的人会友好相处,活泼健谈的人和沉默寡言的人会成为好朋友等。

互补关系可以存在于家庭成员之间、私人朋友之间,也可以存在于个体与群体、群体与群体之间。从内容上讲,互补包括能力特长的互补、人格特征的互补、利益需要的互补及思想观点的互补等多方面。

一位研究者及其同事曾对相恋的男女大学生进行研究,探讨影响两人感情发展的因素。研究者将成对的大学生按其交往时间分成长期组(18 个月以上)和短期组(18 个月以下),首先请这些被试填写测量心理需求与价值的问卷,7 个月后,分别询问男女双方,在此期间内他们的关系有否进一步发展。结果发现推动关系进一步发展的因素因两人交往时间的长短有所不同,对短期伴侣来说,促使他们关系发展的动力是彼此之间接近或相似的价值观念;而驱使长期伴侣更亲密的动力,则是需求的互补。这项实验一方面证实了互补性在促进人际吸引方面的作用,另一方面也说明,在很多情况下,只有在接近的态度的基础上,互补性才能发挥效果。接近性是决定互补性的潜在因素。另外,在地位不等、角色不同的上下级关系及家庭关系中,互补性体现得较突出;而当两个人具有相同的角色作用时,如在大部分平等的同事、同学、朋友的交往中,决定吸引的重要因素基本上是接近性。

秘书人员掌握互补吸引律,对于协调内部关系具有很重要的指导意义。如,在人员组合时,注重气质、性格、能力、需要、思想观念的协调搭配,优化组织的结构,以增强内部团结,提高工作效率。

三、对等吸引

心理学的研究表明:人们都有这样一种心理倾向,即喜欢那些同样喜欢自己的人,尊敬那些同样尊重自己的人,而不喜欢、不尊敬那些讨厌、歧视、疏远自己的人。这就是对等吸引律。其是古语“敬人者,人恒敬之”,“爱人者,人恒爱之”的心理机制。

研究证明,对具有不同个性、经历、学识的人,由他人激发的回报不尽相同。具有自信心、独立性和较强能力的人,他人的喜欢与否对他的自我评价影响并不大,即能做到“宠辱不惊”,而敏感、能力较低、独立性较弱的人,由于他们极少能从自己那里得到肯定,获得尊重需求的满足,便非常需要他人的正面评价,对他人的喜欢或厌恶反应非常强烈。但不论哪一类人,如果得到所希望的人的喜爱或好感,都将感到一种极大的报偿;如果得到的是自己并不重视的人的喜爱,则得到的报偿就会较少。

心理学家通过实验发现,我们最喜欢那些对自己的喜欢显得不断增加的人,最讨厌那些对自己的喜爱不断减少的人。心理学家曾做过一个实验,他们让真正的被试与假装成被试的助手相互交往,每一次交往后,被试会“偶然”听到实验者与假装成被试的实验助手关于他的谈话,最后考查被试对实验助手的喜爱程度。结果发现,与始终对自己抱有肯定性评价的人相比,人们更喜欢那些开始对自己持否定态度,随交往时间的持续转变为肯定性评价的人;与始终对自己持否定态度的人相比,人们更讨厌那些开始对自己持肯定态度,逐渐变为持否定性评价的人。心理学家认为,突如其来的喜爱会让接受者略感唐突和疑虑,而渐渐积累的喜爱之情,才会让对方感到踏实、可靠。

对等吸引律启示我们,责怪、谴责和报怨等只能使别人以同样的态度反敬你;廉价的恭维、赞誉或夸奖并不能引起别人的好感;充分的了解、发自内心的兴趣、诚挚地表达自己的喜爱之情,才能获得真正的友谊。

人际箴言

学会解读人心。对方性格豪爽,便可以单刀直入;若对方性情迟缓,则要“慢工出细活”;若对方生性多疑,切忌处处表白,应该不动声色,使其疑惑自消。

四、诱发吸引

在交往过程中,如果人受到某种诱因的刺激,而这种刺激正好投其所好,就会引起他们注意和交往的兴趣,从而导致相互吸引,这就是诱发吸引。如,一个人在初次与他人接触时表现得谈吐不凡,举止从容,风度优雅大方,衣着得体,便可能给他人留下良好的印象,促使对方产生交往兴趣,从而结成良好关系。

诱发可分为自然诱发和蓄意诱发两大类。自然诱发,是指诱发对象接受的刺激为对方无意中产生或流露。生活中人们常常因为听到某人一段言谈,看到某人较好的容貌,察觉到对方深刻的内涵或优良的品格,而产生由衷的倾慕之情和与之结交的强烈愿望,导致最终形成良好的人际关系。与此相反,有意识地设置某些刺激因素,以期引起交往对象的注意和兴趣,从而对其产生吸引力,即为蓄意诱发。据说曾担任英国首相的丘吉尔第一次出席议会会议时,为了引起大家的注意,树立自己的形象,不顾新议员首次出席会议不准发言的规定,精心准备演说词并反复推敲背诵,结果他以字字珠玑的绝妙演说,让众多议员对他刮目相看,从此声名大振。

诱发吸引在现实生活中的应用相当普遍。在公共关系工作中,运用诱发吸引尤其是蓄意诱发,可以有效地吸引客户,树立组织形象,增进感情,建立广泛的业务联系。但是,在设置诱发因素时应注意以下两个问题:第一,投入要适度,诱发因素过量或不足都可能适得其反。诱发因素不足,难以引起对方的关注,达不到引诱的目的;诱发因素过量,则易显得矫揉造作,虚伪不实,从而弄巧成拙,产生消极后果。第二,发送的信息必须进入对方的呼应弧度,满足对方的需要或引发对方的兴趣。如果发送信息过于分散,会影响对方的接收效果。另外还应注意的是,诱发吸引往往在人际交往初期作用较为显著,随着交往的加深,会为其他规律所替代。

五、光环吸引

光环吸引,是指一个人由于在能力、特长、品质等方面十分突出,从而泛化到这个人的其他方面,产生晕轮效应,从而让人感到他的一切均极富魅力,导致他人乐意与之交往的现象。光环吸引突出体现在能力成就和性格品质等方面。

(一)能力成就吸引

人一般都喜欢聪明能干的人,而不喜欢愚蠢无能的人。一方面,聪明能干的人在很多问题上可以给人帮助,至少不会找麻烦;另一方面,聪明人的言行会使人感到恰到好处且赏心悦目。在大多数能力较强、成就较大的人周围总是环绕着一些倾心的朋友和追随者。那么,是不是能力越强,就越具有吸引力呢?研究表明:一个人能力过强,会使其他人产生卑下感,进而敬而远之,降低吸引。一个能力很强的人,如果偶尔犯些小错误,反而会增加吸引力。

研究表明,有中等程度信心的男性更喜欢犯了错误的能力非凡的人;自尊心低的男性更喜欢那些没有错的能力非凡的人;女性往往喜爱无错误的、能力非凡的人,而不考虑此人是男是女。不管犯错误没犯错误,能力高的人比愚蠢无知的人招人喜欢,能力低的人犯错误会更使人厌烦。

(二)性格品质吸引

良好的性格品质会使人产生亲切感、敬重感和钦佩感,从而导致吸引。一个研究者曾让大学生把包括“聪明、灵巧、勤奋、热情、果断、注重实际、谨慎”七项特征扩展成有血有肉的虚构人物的人格轮廓,随后用“冷淡”代替“热情”一词让他们做同样的工作。结果发现,在前一种状况下,有90%的学生将人格轮廓构画成宽宏大量、慷慨大方、受人爱戴、快活、幽默等,而后一种情况下,塑造出来的人物则斤斤计较、毫无同情心和势利十足。由此可见,在人的性格品质中,热情可以产生很强的光环效果。同样,社会心理学家认为,信任、忠诚、热情、支持、帮助、宽容、富有幽默感等均是吸引朋友的良好品质。

光环吸引给我们这样的启示:秘书人员出众的能力或特长,是获得他人的好感和喜爱,引起吸引的重要因素。而热情的待人态度,忠诚信任的交友原则,主动真诚的支持和帮助,宽容恢宏的胸襟,也会增强人际吸引力。

六、异性吸引

出于心理和生理上的需要,男性与女性在一起时会产生轻松、愉快的感受,这种感受使异性间相互吸引,易形成良好的交往关系。我们常常发现清一色的男子世界里,好像缺少了一些色彩,加进几个姑娘后,气氛马上就活跃了,同样,长期处于嘻嘻哈哈的女人王国里,也常会让人觉得怅然若失。精明的管理人员往往在工作小组中加入几名异性,不仅能使大家焕发精神,而且有助于工作效率的提高。

异性相吸,首先是因为性别相悦。男女在一起,尤其是和美丽潇洒、自然友好的异性在一起,相互之间能产生一种欣慰、快意、自豪的感情,使工作、生活更主动,更轻松,更愉快。其次,是因为个性互补。男性的刚健豪迈与女性的温柔细腻,在相互交往时可以得到平衡与升华,满足双方自我完善的需要。最后,因为彼此都要寻求肯定,一般情况下,自己所看重的异性对自己肯定的态度和评价,更会让人在心理上得到满足。

异性吸引有“情爱”、“友爱”之分。情爱交往往往引起双方激烈的情感波动与思想波动,迫切希望会见和接触对方,遇到障碍就会经受巨大的精神压力。在“友爱”关系的交往中,包含了更多的理性成分,虽然乐于与对方相处,在一起感到轻松愉快,但并没有非见不可的欲望,只是喜欢、信任对方而已。

此外,还有强迫吸引、熟悉性吸引等,秘书人员应掌握并利用这些规律,以促进良好关系的形成,从而做好公共关系工作。

小贴士

三个规律

公关或人际交往也可遵循以下三个规律：

1. 寻求一致的规律。寻求一致规律指人们在相互交往中，往往使自己的言行、态度表现出相对的稳定性和协调性，以期在不同的时期或场合得到一致性的印象。

2. 认同群体的规律。一个人属于某一个群体并引以为荣时，他会产生与该群体其他成员处于"命运共同体"的感觉，以群体的荣耀为自己的荣耀，以群体的耻辱为自己的耻辱，并且以群体成员的行为规范和标准来管理自己在别人心目中的印象，以维护认同群体的声誉。

3. 适宜呈现的规律。在人际交往中，个体借助自己的语言、表情、姿态、行为把自己的态度、情感、思想等表现或显露出来，称为自我呈现。

小案例

魏国的大夫宋就被派到一个小县去担任县令，这个县正好位于魏国与楚国的交界处，这地方盛产瓜。虽然同处一地，可是两国村民种瓜的方式和态度却大不一样。

魏国这边的村民种瓜十分勤快，他们经常担水浇瓜，所以瓜长得快，而且又甜又香。楚国这边的村民种瓜十分懒惰，又很少给瓜浇水，所以他们的瓜长得又慢又不好。楚国这边的县令看到魏国的瓜长得那么好，便责怪自己的村民没有把瓜种好。而楚国的那些村民却没有从自己身上找原因，只是一味怨恨魏国的村民，嫉妒他们为什么要把瓜种得那么大那么香甜。于是，楚国这边的村民就想方设法去破坏魏国村民的劳动成果。每天晚上，楚国村民轮流着摸到魏国的瓜田，踩他们的瓜，扯他们的藤，这样，魏国村民种的瓜每天都有一些损失掉了。

魏国村民发现这个情况后，十分气愤，他们也打算夜间派人偷偷过去破坏楚国的瓜田。一位年纪大的村民劝阻住了大家，说："我们还是把这件事报告给县令，向他请示该怎么办吧。"

大家来到宋就的县衙。宋就耐心地劝导本国的村民说："为什么要这么心胸狭窄呢？如果你来我往没完没了地这般闹下去，只会结怨越来越深，最后把事态闹大，引起祸患。我看最好的办法是，你们不计较他们的无理行为，每天都派人去替他们的瓜浇水，最好是在夜间悄悄进行，不声不响地，不要让他们知道。"

魏国村民依照宋就的话去做了。于是,从这以后,西边楚国的瓜一天天长好起来。楚国村民发现,自己的瓜田像是每天都有人浇过水,感到很是奇怪,互相一问,谁也不知道是怎么回事。于是他们开始暗中观察,终于发现为他们的瓜浇水的正是魏国的村民,楚国的村民大受感动。

很快,这件事情被楚国县令知道了,他既感激高兴,又自愧不如魏国县令。他把这些情况写下来报告给了楚王,楚王也同样很受感动,同时也深感惭愧和不安。

后来,楚王备了重金派人送给魏王,希望与魏国和好,魏王欣然同意了。

从此以后,楚、魏两国开始友好起来。边境的两国村民也亲如一家,两边种的瓜都同样又大又甜。

案例分析

当受到别人伤害的时候,如果采取“以牙还牙”、针锋相对的态度,只能激化矛盾;如果采取宽宏大量的策略,以德报怨,往往能够促使矛盾的缓解,使坏事变成好事。

在日常生活和工作中,当自己的利益和别人的利益发生冲突,友谊和利益不可兼得时,首先要考虑舍利取义,宁愿自己吃一点亏。郑板桥曾说过:“吃亏是福。”这绝不是阿Q式的精神自慰,而是人生阅历的高度概括和总结。

天地之间,纷繁复杂,扰攘众生,千姿百态。一个人生活在社会中,不可避免地要同其他个体或事物发生千丝万缕的关系。但任何事物都是受到制约的,人在社会中同样不能够随心所欲、无拘无束。因而,当你与外界发生冲突时,如何才能“化干戈为玉帛”,这就需要忍让。忍让是为人处世的润滑剂,忍让是交际应酬的诀窍。

事情就是这样:争一争,行不通;让一让,六尺巷。古代开明之士能如此,职场上的小是小非更应如此。

以忍为上、不怕吃亏的精神是一个人意志坚强的表现,更是一个值得现代人思索的为人处世之道。在人际交往当中,如果我们能舍弃某些蝇头小利,将有助于塑造良好的自我形象,博得别人的认同、好感以及友谊。可是,有不少人一碰到“眼前亏”,会为了所谓的“面子”和“尊严”而与对方争斗,往往得不偿失。

现实生活中,很多人都会碰到不尽如人意的事情。这样的时候,不妨搁置不平之事,闭起双眼,权当不觉。和人相处就更是如此,要树立起“吃亏是福”、“让人一步天地宽”的观念。

第五节　办公室中的公关工作

一、办公室公关职能

公共关系工作必须遵循的原则之一，是全员公共关系原则，即一个组织公共关系工作的开展，不仅要依靠专职公共关系机构和公共关系人员的不懈努力，而且有赖于组织各部门与全体员工的配合和参与。其中办公室“联系内外、沟通上下、协调左右”等工作本身，即具有充分的公共关系性质。办公室工作体现了组织的形象，具有天然的公共关系职能，其中包括：

第一，公共关系是办公室做好工作、发挥作用的前提。办公室要发挥良好效能，需内部团结、工作有序；需具有一定权威性，赢得领导和其他部门以及广大群众的认可。为此，办公室需要开展公共关系工作。公共关系是一种特殊的情感沟通和心理认同的维系方式，它强调合作的观念，强调成员对组织的权利和义务，实现办公室内部成员对组织的认同。因此，搞好公共关系是办公室开展工作的前提，是办公室的立身之本。

第二，办公室是一个组织沟通上下、内外的枢纽。办公室汇集信息的优势地位是组织内任何部门都无法比拟的。一方面，办公室能够从各种渠道迅速获取来自组织内外的信息，从而也就能比较全面、准确地了解各类社会公众对本组织的评价和态度；另一方面，办公室又能够通过各种渠道及时准确地向社会公众传播和宣传本组织根据社会公众的评价和要求，调整自己的方针、政策和工作方式，从而适应社会公众需要的情况，以便得到公众的理解和支持。这种内外信息的双向沟通，基本相当于公共关系的内外沟通。

第三，办公室又是组织与外界联络、交往的“窗口”，办公室工作的对象正是由各种社会团体和个人组成的公众（这与公共关系的对象是一致的）。办公室人员进行公众接触时，不仅代表自身，而且代表组织，其工作的好坏，会给社会公众留下深刻的印象，关乎对整个组织形象的评价，所以办公室的工作体现了组织的整体形象。办公室在对外交往中，不能仅站在自身利益的立场上，而要以组织的整体利益为出发点。办公室具有天然的公共关系职能，搞好办公室的公共关系，是组织开展公共关系活动，建立良好形象的前提条件。

第四，办公室是一个组织的综合协调中心，是组织的中枢机构，维系着组织的整体运转。一个组织是由各种机构组成的，需要办公室这个中枢机构的协调。办公室要利用有效服务与各部门建立平等、互助、合作的良好关系，以减少内耗，消除矛盾和隔阂，统一步调，保证各项工作顺利进行。另外，组织在许多时候的对外关系也会出现不协调,甚至闹纠纷。这时,办公室要协助领导及时开展协调工作,充分考虑各类社会公众的特点、利益,把握分寸,因势利导,化解矛盾,避免摩擦,为恢复组织良好的外部发展环境发挥积极作用。

第五,办公室是一个组织的检查督促机构。除了以上所说的“联系内外、沟通上下、协调左右”这些颇具公共关系性质的业务外,检查督促等业务的开展也离不开公共关系。办公室在检查督促这个重要工作环节中须注意运用公共关系的方法,遵循平等、互惠的原则,设身处地从领导角度考虑,也从被检查督促部门的实际状况考虑,上下充分沟通协调,创造良好的“人和”氛围。

第六,做好公共关系工作是办公室参谋助手作用的重要体现。要想办公室工作开展得好,就要发挥秘书的参谋助手作用,包括协助领导维护、塑造组织的公共关系形象等。这与公共关系应成为组织决策的必要组成部分的作用是一致的。

第七,办公室公共关系具有内容的复杂性和形式的特殊性,即职能的特殊性等特征。办公室公共关系不同于组织公共关系,因为它首先是组织的内部机构,其职能,首先是维持组织运营,促进组织的发展;其次是代表组织与外界进行联系和交往,这两方面都存在公共关系的特点。因此办公室公共关系具有内容的复杂性和形式的特殊性,即职能的特殊性等特征。

二、如何搞好办公室公共关系工作

(一)树立办公室全员公共关系意识

树立办公室全员公共关系意识,是做好办公室公共关系工作的起点。办公室一般不设专门公共关系人员,办公室的所有工作人员都有搞好公共关系工作的义务,都要掌握一定的公共关系知识,尤其是要树立良好的公共关系意识,这是现代管理的要求。为此,首先要使每个办公室成员注重个人的内在形象和外在形象(个人的学识水平、道德修养和社会责任感、自我牺牲精神等)以及个人的仪表、行为和精神风貌等。办公室人员要服装整洁、仪表大方、精神饱满、举止文雅、态度和蔼、待人礼貌,在举手投足之间体现良好的素养和美好的心灵;要有尊重他人的观念,急人之所急,想人之所想,从对方的角度看问题,体量、理解其行为,并尽量解决对方的困难。

(二)塑造办公室的良好形象

塑造办公室的良好形象,是做好办公室公共关系工作的基础。办公室作为一个单位对外联络交往的窗口,往往被认为是一个单位的“门面”。在公共关系工作中,塑造一个单位的良好社会形象,首先要塑造办公室的形象,同时,树立办公室的良好形象也正是办公室公共关系工作所要解决的首要问题。为此,首先要做好办公室的内部建设,充分发挥办公室“参谋、助手、服务”等职能。这包括:人员精简,调度合理,设岗明确,建制完善,使每个人都负有一定的责任,并把任务完成情况和利益挂钩,使办公室人员的精神风貌、管理水平、工作能力达到一定层次,能较好地完成工作;目标一致,团结和谐,领导指挥得力,干群关系融洽;把搞好办公室公共关系工作与“全心全意为人民服务”的社会主义宗旨结合起来,使办公室的每一个成员都树立和强化公共关系意识,加强思想修养,实现优质服务,树立良好形象。

(三)注意办公室的双向信息交流

注意办公室的双向信息交流,是做好办公室公共关系工作的必要手段。办公室的大部分活动都可以体现为双向的、互动的信息交换和交流,即双向信息交流。这是维持办公室内部团结的有力工具,是了解工作开展情况的渠道,改进工作的途径,是决策的信息库。同时,这也是办公室公共关系工作的必需过程。办公室工作要充分注意利用信息,注重信息的输出(传播)和反馈。这里,不但应重视传统的以传播、塑造为主的公共关系手段,更要注重公众的反馈信息。通过信息输出和反馈的双向信息交流,实现组织和公众之间的互动,逐步达到相互之间的沟通、理解和认同,从而达成办公室公共关系工作的目的。

(四)明确办公室工作职能

明确办公室工作职能,是办公室公共关系工作成功的保障。办公室要处理各种各样的关系,有与领导的关系,有与公众的关系,有与其他部门和单位的关系等。办公室正是这种种关系网络中的中枢协调机构。把握办公室的定位,明确办公室的职能,才能充分发挥其作用,体现出它的整体社会效益原则,这也正是办公室公共关系工作中的一个重要原则。办公室的职责是参谋、助手和服务,综合协调各种关系,使整体效益达到最大化。因此办公室要善于拾遗补缺,既不能把办公室视为“不管部”,凡事甩手;也不能把办公室变为“全管部”,任意夸大办公室的作用,什么事都要插手,抢人家的“饭碗”。这样做的结果,非但不会促进工作的开展,反而会损害机构整体的效益,造成人力和物力的浪费。

(五)建立竞争机制

建立竞争机制,创造办公室工作的公共关系环境。从历史上看,公共关系是经济发展到一定阶段——商品经济阶段而出现和发展的,激烈竞争的环境是公共关系开展的外部压力和动力。办公室工作要想开展得好,一要使办公室内部机能高效有序,二要有外在环境的压力和动力。办公室机构是组织整体的一个部门,一般不创造直接的经济效益,但办公室的形象却是潜在的、深层的、影响深远的,是组织整体效益的保障,这要引起足够的重视。任何一个组织要想搞得好,必须具有一定的内在压力和危机感。因此可以在各办公室之间评优、评差,奖优罚劣,要多听取群众的反响和评价,通过这种外在的监督环境，使办公室工作开展得更好。

三、办公室人员公共关系素养

所谓办公室人员公共关系素养，就是以公共关系意识为核心，以自信、热情、开放的职业心理为基础，辅以公共关系专业知识结构和能力结构的一种整体职业素养。

（一）办公室人员的公共关系意识

所谓公共关系意识，是公共关系实践在人们思维中的能动反映，且已由感性认识上升为理性认识，演化为公共关系原理、规律、原则。公共关系意识是办公室人员的最重要职业意识，是办公室人员基本素质的核心，它主要有塑造组织良好形象的意识、服务社会公众的意识、真诚互惠的意识、沟通交流的意识、创新审美的意识、立足长远的意识等六个方面的内容。

（二）办公室人员的心理素质

办公室人员的心理素质是办公室人员应具备的基本素质，主要包括以下三个方面：一是自信心理，是建立在周密调查研究、全面了解情况基础上的；二是热情心理，要兴趣广泛、充满想象力，不断拓展公共关系的渠道；三是开放心理，要具有外向型性格，勇于并善于跟各界不同类型的公众打交道，建立良好关系。

（三）办公室人员的公共关系专门知识结构

办公室人员的公共关系专门知识结构是办公室人员基本素质的重要组成部分，直接影响办公室人员业务水平和心理素质的发挥。办公室人员的知识结构是办公室人员融会贯通的专业知识系统，包括四个方面：一是公共关系的基本理论与实务知识。这方面的知识相当丰富，可以通过专门书籍去掌握。二是与公共关系密切相关的多学科知识，主要包括管理类学科知识、传播类学科知识和社会心理类学科知识这三大类。三是关于公共关系单位的全面知识，即必须对有关单位的情况进行充分的了解。四是关于某项办公室公共关系工作的专业知识，例如某组织长期开展国际公共关系活动，办公室人员就必须有关于国际方面的专业知识。

当然，办公室人员的知识结构必须是动态的、开放的，必须随时吸取新的知识，抛弃旧的知识，使自己的知识结构更完善，并且充满活力。事实上，办公室人员会因知识老化过时，不适应形势发展的需要而被淘汰。

（四）办公室人员的公共关系专门能力结构

办公室人员的公共关系专门能力结构也是办公室人员基本素质的重要组成部分。它是由彼此关联的七种能力构成的专业能力系统，即较强的表达能力、掌握理论政策法律法规的能力、良好的组织安排能力、健全的思维谋划能力、敏锐的观察能力、高度的自控能力、善于与各种人交往的能力。

思考与练习

1. 公共关系的基本原则是什么?
2. 公共关系危机处理的主要原则是什么?
3. 作为秘书,在人际交往中应掌握哪些人际吸引的规律?
4. 办公室公共关系的职能有哪几项?
5. 根据下面的案例,谈谈麦当劳应如何做好这场公共关系危机处理?

麦当劳仅仅道歉还不够

在2012年的央视3·15晚会上,麦当劳出售过期食品、"回收"已污染食品的乱象,遭到点名曝光,引起极大关注。随后,麦当劳在官方微博上发表声明,将就这一个别事件立即进行调查,以实际行动向消费者表示歉意。

算起来,麦当劳爆出"质量门"已不是第一次。早些年,它就坠入过"过期酱汁仍在卖"、"更改食品保质期"等丑闻泥沼中。而今,央视的曝光让它再添污点。

麦当劳之所以享有较高的声誉,正是来自于其自诩的严格的生产标准。如果,实际分店的生产程序竟然如央视曝光这般混乱不堪,那么麦当劳的信誉何来?这难道不是对消费者的欺骗?

当出售过期食品、旧食品"返包",成了麦当劳挥之难去的品行败笔,谁又能拿着"人非圣贤,孰能无过"来一笔带过,自我安慰?当丑闻复制,痛切与谴责之外,"零容忍"的究责不可或缺。

每逢危机,仅道歉并不足以证清白,消费者期望的不是道歉,而是某一天真正不再为食品安全忧心。麦当劳想要自证清白,至少得拿出实据。无懈可击的证据链,比口头的逻辑推演往往更靠谱。

自削安全门槛,矮化企业人格,麦当劳不是孤例。家乐福篡改保质期,灭火器生产偷工减料等,都被推上过舆论烤架。行业性的溃败,对市场道德架构的冲击是致命的。

当然,让犯科者归正,也不是强调"严惩"那么简单,至少,强化监管、企业自律,不该是纸面空谈。(《新京报》)

第七章　要与客户建立友好关系

本章重点内容

客户是公司存在的基础，如果失去了客户，公司就无法生存下去。所以，秘书应认识到客户的重要性。与客户建立友好关系，这也是秘书的职责之一。要主动与客户交往，了解客户的基本情况，特别是应把满足客户的需求和期望放在第一位。随时向领导汇报客户的动态、需求、意见，供领导决策、谈判参考。

所以我们要平时多接近客户，掌握获取客户好感的原则，善于与客户沟通，建立感情，做一个受客户欢迎的秘书。

案例导入

我相信你

一家办公用品店里来了一位顾客，想要买一把皮椅子，于是售货员杰克把客户带到了许多椅子前。客户看中了一款最贵的，杰克指着那款皮椅子如实向顾客介绍道："老实说，这种皮椅子不怎么好，我们老板就在用这个，没多久就吱吱嘎嘎地响，它只不过皮质很好，而且看上去很不错，但是你知道，如果工作起来，那些噪音简直会让人发狂。"顾客疑惑地看着杰克，指了指另外一款蓝色的。

"先生，你能告诉我你家的家具都是什么颜色吗？"

"紫色。"

"那我不得不奉劝你放弃这种选择，因为这椅子摆在你的家里看上去会很糟糕。"

"噢，那我该选哪一张？"顾客笑了起来，很认真地听着杰克的建议。

"这一张。"杰克搬出了一款价格实惠的椅子，小声地说道，"别看它价格低，但质量绝对是最好的，而且有多款颜色，一定能找到适合你房间的"。

最后，客户欢天喜地地抱着椅子走了，但老板也因为他没有卖出最贵的皮椅子而气得发抖,“杰克,你可以走了!以后不用来了!”

“亲爱的老板,这正是我想的。”杰克轻松地走出老板的店。

之后杰克利用积蓄开了一个小小的办公用品店。而让他没有想到的是,不久之后他碰到了那个曾买皮椅子的顾客。他现在是一家大型连锁公司的采购员。“嗨,诚实的人,那款椅子确实非常不错。你真是我见过的最厚道的售货员了!”这位采购员笑了笑,接着对杰克说道:“我相信你!”

案例点评

杰克对客户无限的真诚给他带来了好运。那种吹嘘商品、说假话骗取客户信任的推销方式是绝对经不起时间检验的。

第一节 处理好与客户的关系

一、认识客户,接近客户

(一)认识客户

广义的客户所涉及的范围很广,如商业客户、供应商、政府部门、媒体、公众等。狭义的客户主要指经常与公司有业务往来的商业客户。

1. 了解客户的基本情况

(1)一般情况:姓名、别名、年龄、性别、民族、出生地、文化程度、职称、信仰、居住地、邮政编码、电话号码等。

(2)家庭状况以及主要成员情况:单位、职业、职务、收入、价值观、特殊偏好、购买与消费的参照单位等个性资料。

2. 了解供应商产品与服务

(1)了解产品的生产过程,尤其是使用何种独特的工艺。

(2)了解产品的基本特征,包括规格、性能、材料、特点等。

(3)了解产品的使用方法,会熟练操作和使用产品。

(4)了解产品的功能特点以及能带给顾客的利益:顾客更感兴趣的主要是产品的利益而不是产品的特征。

(5)企业为顾客提供哪些服务,包括产品价格体系、交货体系、交货期限以及相应的售后服务——送货上门、终身维修等。

3. 了解客户需求
(1)购买的主要原因;
(2)需求的详细内容和需求的特点;
(3)需求的排列顺序;
(4)可能支付的购买能力;
(5)购买决策权限范围;
(6)购买行为在时间、地点、方式上的规律。
4. 满足客户需要。要以“双赢”为基础,满足客户需要。
(1)提出具有帮助性的建议;
(2)提供多样的选择;
(3)检查客户满意度;
(4)超出客户期望的解决方法——客户服务的最高境界。

(二)接近客户

1. 接近客户的基本方法
(1)试着以顾客的立场,重新仔细阅读产品目录等资料;
(2)向已经买进、使用该商品的人请教其使用效果;
(3)再次倾听商品的开发者、设计者对商品性能所做的说明;
(4)重新将其他公司的目录与自己公司的商品做一比较与检查;
(5)教给新人商品知识(教给别人的同时也是一种学习);
(6)与领导、行销人员讨论商品,吸收他们的知识;
(7)试着列出没有把握回答的问题。
2. 获取客户好感的六项原则
(1)给客户良好的外观印象;
(2)记住并常说出客户的名字;
(3)让你的客户有优越感;
(4)替客户解决问题;
(5)自己保持快乐开朗;
(6)恰当利用小赠品。
3. 接待客户规范
(1)接待客户,态度要积极,一定要礼貌地打招呼;
(2)正确使用体态语,一定要笑脸相迎;
(3)把真诚的自己以及你背后的企业介绍给顾客;
(4)诚心对待顾客,让客户愿意接近你,愿意接纳你;
(5)热情、耐心地为客户介绍产品,解答疑问;

(6)交谈中进一步了解客户需要的服务类型和数量;

(7)敏锐察觉客户的购买意愿;

(8)满足客户需要,达成销售;

(9)感谢,道别,恭送客户;

(10)客户走后,自己才能离开。

4. 营造良好的谈话氛围

(1)在与客户沟通时,秘书说话一定要视现场情形而定。一般而言,职场接待中的交谈,首先就是要设法营造一个轻松的谈话气氛,秘书要善于周旋于客户与领导之间,将客户与领导的心理距离拉近。

(2)在接待客户之前,秘书要尽可能地知晓客户各方面的情况,尤其是重要客户。秘书应尽量了解其性格、爱好、语言习惯等,从细微之处很自然地把话题打开。

(3)说话时的气氛好,客户容易放下戒备心理,倾心畅谈。当然,秘书此时还要注意自己的身份和地位。当有领导在场时,秘书切记不可喧宾夺主,谈话只能是"补位"而不是"越位"。

二、做客户欢迎的秘书

这需要注意以下方面:

第一,保持自己的良好形象。发型整洁,衣着得体,微笑面孔,亲切态度。

第二,记住客户名字,了解客户的工作成绩和业务爱好。

第三,让客户有优越感。充分尊重客户的意见,语言得体,令客户愉悦,并能有针对性地称赞客户。

第四,真诚地为客户着想,替客户解决实际问题。

第五,以客户为中心。想客户所想,急客户所急,能及时反馈产品改进方案给客户。

第六,通过小赠品传递对客户友好的信息。通过小赠品完成公司对外形象的宣传,增强公司的美誉度。

第七,对不同类型的客户,采用不同的态度。

其一,沉默的客户。详细了解其背景,认真观察其言行,鼓励其发言,提供样品,详细介绍,表现出热情、耐心、持重、谦虚的态度,打消其顾虑,争取客户的信任和支持。

其二,虚荣心强的客户。称赞客户的眼光,告诉其商品所具有的豪华、稀罕、高级等特性,满足其虚荣心。

其三,吹毛求疵的客户。不可直接与之争辩,可以委婉地说:"是的,您讲得很有道理,值得我们在今后的工作中改进。然而,正如您所知,尽管我们的产品还存在某些缺陷,但是在目前,我们的产品在市场上还是具有相当的竞争力的,这一点您还是认可的吧。"

其四,犹豫不决的客户。正面介绍产品,示范操作,让客户自己动手,给客户权威部门的鉴定书。对客户的正确意见给予积极的、及时的肯定。

其五,很有主见的客户。记住客户的地址和姓名。下次对方再来的时候直呼其名,使其感觉受尊重。重视客户的自我见解,巧妙应答接待。

其六,豪爽干脆的客户。介绍产品时要开门见山,简明扼要,突出重点。如果客户明确回答不需要,切不可纠缠不休,要尊重客户的意愿。

秘书是公司形象的代表,是领导形象的代言,在接待客户时,一定要注意自己的言谈举止。

人际箴言

人情话并不是虚虚飘飘的闲扯。一个人如果能把人情话说得既动听又合人心意,那么他就可以赢得人心,就能有好人缘。

第二节　学会感情投资,洞察客户需求

一、学会感情投资

感情投资是优化与客户关系的关键。掌握以下感情投资的要诀,将使你所进行的感情投资活动事半功倍,不断成功。

(一)脑筋灵活

一般的客户都有较高的素质,有的人甚至城府很深,几乎没有一个是无能之辈,而且在做人与做事方面都比较出色。因此,对他们进行感情投资,脑筋必须灵活。

只有脑筋灵活,才能表现得自然、不露声色,像"润物细无声"的春雨一样,滋润被投资对象的心灵,使其易于接受,从而发挥出感情投资的作用。

也只有脑筋灵活,才能做到有效选择进行感情投资的方法,并不断创新,发现更多、更好的方法。

而要做到脑筋灵活，首先要反应敏捷，其次要善于总结经验，另外还要善于向别人学习，模仿优秀的成功者的良好做法。

（二）眼光敏锐

应该对什么样的客户进行感情投资？

在什么时候、什么方面进行感情投资？

所有这些问题，都需要秘书在通过眼睛的观察和判断后做出正确的抉择。

因此，对客户进行感情投资时，需要具备敏锐的眼光，要擦亮眼睛，善于观察，对于任何细节问题都不能轻易放过。要能够透过表象看到本质，发现别人没有发现或注意不到的地方，以此作为感情投资的切入点。这是目光敏锐的重要表现。

（三）耳朵要灵

人们在进行感情投资时，除了需要用眼睛捕捉信息，做出判断外，另一个捕捉信息的最有效手段，就是用耳朵听。

耳朵的作用常被有些人低估，殊不知，它比眼睛的作用还要大。

有些信息，眼睛可能看不到，而通过耳朵则可以听到。比如，当你不在场时，其他客户可能会对你予以评价，而这种评价往往都代表着他们对你的真实看法。

如能捕捉到这种真实的信息，必将有助于使感情投资获得成功。

（四）手要勤快

手要勤快的含义，就是要求秘书在工作中要乐于向客户伸出援助之手，愿意主动为客户提供帮助。

通常地，人们对那些最早发现自己的难处并向自己伸出援助之手的人，都有强烈的感激之情。

如果是追随别人而向客户提供援助的后来者，则无法获得客户的足够好感，因为客户会怀疑你对他们的诚意。

所以说，最好是做那种愿意向客户提供帮助的“先行者”，而不要总是落后于人。

（五）腿要勤动

秘书不愿意走动的做法，很容易阻碍自己与客户之间的感情沟通与交流。

所以，秘书要勤于走动，扩大自己的活动范围，这样才能争取更多的感情投资机会，向更多的客户进行感情投资。

当然，走动也不能过于频繁，否则也会引起客户的反感。

总之，“腿要勤动”并不是绝对的，要视具体情况而定，以适度为宜。

(六)嘴要甘甜

谁都知道这样的道理:嘴甜没害处。

如果你了解客户的家庭情况,那就应把你知道的牢记在心中。

例如:“令郎今年该入小学了吧?”这一类的话题,对于缓和气氛有很大的作用。

如果双方熟悉到某一程度,使你有机会看到对方家人的照片,那可千万不要吝惜你的赞美。

即使对方听了你的赞美之后说:“哪里,你过奖了!”但他心里还是会觉得很高兴。

(七)心要平衡

要想让客户喜欢你,你首先必须做到自己喜欢自己。

这就要求秘书务必把自己锻炼成一个心理健康的强者,保持心理平衡。

尽管不同的人喜欢他人的标准会有所差异,难以捉摸,但有一点是可以肯定的:无论谁都不会喜欢那种萎靡不振、缺乏勇气、信心不足、心理障碍严重的人。

人生和事业没有一帆风顺的,在失利和不顺利的时候,尤应注意保持一颗平常心。

人际箴言

不在于你的产品有没有优势,而在于你能不能发现自己产品的优势,并把这种优势告诉客户。

二、洞察客户需求

跟你谈话的客户对他自己、他的需求和他的问题,比对你和你的问题,更感兴趣千百倍。

“当对方尚未言尽时,你说什么都无济于事。”这就是说在对方尚未畅所欲言时,对任何劝说都不会起反应。所以,在与客户交谈的时候,让对方把自己的内心所想如数道出,然后再表明自己的意见或条件,这样,对方通过倾诉得到了解脱,同时也会对你产生好感,进入准备接受你的建议的心理状态。

因此,作为秘书,要赢得客户的良好关系,首先要学会倾听,洞察客户需求。学会倾听,可以给你带来如下好处:

第一,可以使客户感受到被尊重和被欣赏。人都是一样的,往往对自己的事更感兴趣,对自己的问题更关注,更喜欢自我表现。因此,人人都喜欢当主角,希望有人专心致志地倾听自己、关注自己。

第二,能帮助你真实地了解客户的需求。一个客户,如果不与他深入接触与交谈,你是不能进入他的内心世界的,你的主观判断往往是肤浅与表面的,从而导致错误的决策。而倾听则能帮助你深入了解客户,从而使你与客户沟通更有效率与效果。

第三,可以解除客户压力。我们每个人在生活和工作中,都面临着各种各样的压力。这些压力需要宣泄,而心理学家发现倾诉是宣泄压力的一种有效途径。

第四,能解决冲突与矛盾。俗话说,鼓不捶不响,话不说不开。当与客户之间发生了矛盾与误解时,让对方把话说出来,说完,然后你再提出你的看法与见解,这往往是解决冲突与矛盾的一个有效方法。

第五,可以完善自我。俗话说,尺有所短,寸有所长。每个人都有他的长处和特色,倾听将使我们取人之长,补己之短,同时防备客户的缺点、错误在自己身上重现。

第六,可以自我解脱。心理学家认为,转移目标是消除烦恼的良方。当你为琐事烦恼时,倾听客户诉说,可以转换自己的心绪,从而解脱自己。

不但要善于倾听,还要善于用情说话。说实话讲真情,才能说到客户的心坎里去,引起共鸣。有人伶牙俐齿,话说得很漂亮,但客户不动心,认为你虚情假意。

人际箴言

古语云:"人未己知,不可急求其知;人未己合,不可急与之合。"意思是说,别人还没有了解自己,不要急于让人家了解;别人还没有与自己相处融洽,不要急于同别人融洽相处。日久见人心,也有这个含义。

小贴士

做生意的人都明白,客户与你讨价还价,与其说是他们很会讨价还价,还不如说他们喜欢讨价还价;与其说他们是嫌你的东西太贵,还不如说他们是想通过杀价来获得满足感。对于生意人来说,讨价还价是种本能,在有些人眼里根本就没什么最低价。

推销说到底就是一种心理游戏，所以，你一方面要提高自己的心理应变能力，另一方面也要提高自己揣摩客户心思的能力。两强相遇勇者胜，而胜者胜在他的心理素质。

第三节　根据客户性格采取接触策略

客户的性格看不见、摸不着，但感觉得到。在和客户交流的过程中，有时会觉得他们难以捉摸，既不做出购买公司产品的承诺，也不拒绝。这可能就是客户的性格特征在"作怪"。

一、客户一般有哪些性格特征

首先通过接触，判断客户究竟属于哪种性格类型，然后根据其类型，判断出其性格特征。现根据心理学总结的九种性格为例，说明如下：

第一，完美型：原则性强、遵守承诺、遵纪守法、有影响力、喜欢控制、光明磊落。

第二，助人型：温和友善、随和含蓄、慷慨大方、乐善好施。

第三，自我型：易情绪化、多好幻想、害怕拒绝、占有欲强、我行我素。

第四，成就型：充满自信、精力充沛、风趣幽默、处世灵活、积极进取。

第五，理智型：温文尔雅、条理分明、表达含蓄、多为内向、欠缺活力、反应缓慢。

第六，疑惑型：做事小心谨慎、处事机智务实、遵守法则法规、团体意识强。

第七，平和型：温和友善、处世随和、注意细节、不喜欢被支配。

第八，活跃型：热心乐观、爱好活动、多才多艺、喜欢不停获取。

第九，领袖型：自我意识强、追求权力、有正义感、爱发号施令、主观自觉性强。

客户千差万别，有着不同的偏好和行为习惯。作为秘书，对客户性格要有一个基本识别，进而思考如何改进自己与客户的关系，以便得到客户像朋友一样的信任。

二、对不同性格客户的接触策略

（一）完善型客户

要以理性、合乎逻辑、庄重的态度和语言与他沟通；可以适当表现出一些幽默感，说话要真诚、直截了当。

（二）助人型客户

对于他的接待要表示出感激，不轻易拒绝他；如果拒绝，必须明确理由，鼓励他谈谈自己的想法,告诉他你想知道的事情。

(三)成就型客户

尽量配合他,告诉他你是站在与他同一阵线上的,提供产品或服务完全是在帮助他;不可批评他。

(四)自我型客户

密切地配合他,让他感觉到你是他的朋友,关心他,愿意支持他;不要过于理性化,对于他的成就给予称赞。

(五)理智型客户

应亲切、友善,尊重他的界线;要求他做购买决定时,尽量留给他足够的决策时间。

(六)疑惑型客户

注意倾听,表示支持他,和他站在一起;保持一致性,不要言行不一;不要批评他的多疑;说话必须真诚、清楚。

(七)活跃型客户

保持交流的轻松愉快,倾听他的梦想和计划,可以提供一些建议或参考。

(八)平和型客户

尽量倾听,并鼓励他说出自己的想法,适时表示赞美、认同。

(九)领袖型客户

说话直截了当,尽量说重点内容,可以有适当的“冲突”或“争吵”;不要取笑或讥讽他,不可试图操纵他或说谎。

第四节 主动跟客户交往,建立客户人际网

一、主动跟客户交往

作为秘书,不要等客户来找你,你应该主动走近他们。你可以通过参加一些社团组织、企业家沙龙等活动,或参加一些高层次的研修班和他们结识。不管成不成,先跟

他们成为朋友,再使他们成为客户。

要随时了解客户的基本情况,包括客户个人基本资料(爱好、籍贯、性格、偏好等)、客户公司相关情况(资产状况、销售业绩、信用情况等)、客户动向资料(是否在公司、出差地点等)信息,这样你在与客户交流的过程中,就能更好地随时调整策略。

不管初次拜访客户,还是建立了关系之后的客户回访,你都必须做好充分准备,这是与客户交往的基础工作。为此,要注意以下方面:

第一,明确与客户交流的目的,确定谈话内容。先拟订一份谈话大纲,并根据客户回答问题的若干可能进一步确定交谈的内容。这样才可以在和客户交流的过程中保持主动,并保证谈话质量。

第二,准备所需要的资料,包括客户资料、产品资料、产品样品、个人名片、公司简介、记录用的笔和本子等。

第三,确定交流时间、方式和地点,并估计所需时间。首先进行电话预约,可以在客户公司的办公室或你的公司的办公室,也可以到客户家里。

要想取得客户的信任,必须让客户感受到你为他服务的良好态度,而且是处处为他着想,是站在他的立场上看待问题,是在帮助他解决问题,而不是仅仅让他掏钱。

(一)主动与客户联系

为与客户主动联系,需做好以下工作:

- 每周至少与你的客户联系一次。
- 列出潜在客户名单,至少每半个月联系他们一次。
- 研究潜在客户的需求,为他们制定解决问题的方法。
- 同其他销售人员建立良好的关系,并经常交流客户管理经验。
- 经常给你的客户邮寄或通过电子邮件发送他们感兴趣的文章、新闻。
- 如果客户有空,不妨与他们一同进餐。
- 邀请他们参加公司或地区组织的文化体育活动。
- 给客户寄你的名片、公司简介或某一业务领域的信息。
- 多参加一些与你的客户有关的团体。
- 邀请一些老客户参加研讨会、新闻发布会。
- 以个人名义对客户取得的业绩表示祝贺。
- 如果客户帮你介绍了其他客户,要写信或寄致谢卡表示感谢。
- 每逢重要节日,要记得寄节日贺卡给客户。
- 及时更新你的客户名单,对客户进行分类。
- 设法扩大客户服务的范围,增加服务方式,保证服务质量,争取让客户推荐客户。
- 组织客户服务团队,为客户制订专门的营销计划。

客户也是平常人，会受一些事情干扰，也有情绪周期，而且你的拜访可能会打断他正在做的事情。因此，在联系客户之前，要做好以下准备工作。

- 了解客户公司的经营现状，如果暂时出现亏损，不具备购买能力，那么可以选择推迟拜访，或者用事实证明你的产品能够帮助客户改变现状。
- 熟悉客户的个人情况，尽量用客户能够接受的方式与客户交流。
- 先通过前台、接线员了解客户当时的情绪状态，最好不要在客户大发雷霆的时候贸然出现。
- 如果客户事务缠身，暂时不能接待你，你可以约定时间，再行拜访。
- 当客户的知心朋友，引导客户说出心里话，认真听客户倾诉，尽力安慰，但不要盲目地帮客户出主意。

要想成功地预约客户，与客户进一步沟通，你必须学会给客户"号脉"，准确知道客户的兴趣点是什么，具体需要什么，什么时候需要。这样你才能确定合适的时间或状态与潜在客户打交道，介绍你公司的产品。

访问客户时机的好坏，直接关系你的访问质量，决定着你将来能否与潜在客户做成生意。最佳的访问时机，必须靠秘书人员自己选择和判断，既要考虑行业的差别，又要考虑潜在客户的个人习惯等因素。最关键的一点，就是永远把握这样一条原则：不要只考虑自己，而要考虑客户，令客户满意才是销售的根本。

每位客户的作息时间有所不同，所以秘书还应据此进行有弹性的安排。千万不要只顾自己方便，率性地进行拜访。一般来说，客户最空闲的时间，才是最理想的拜访时间。

另外，你必须具备敏锐的"嗅觉"，能够识别客户产生的需求，然后合理引导，才能准确地切入要害，帮助客户切实解决问题。

（二）充满自信与客户联系

一般情况下，都是公司销售人员与客户联系，为公司业务的开展，领导也经常会让秘书与客户联系，以求掌握客户的真实情况。

秘书与客户联系时，常会面对客户的消极评价，如客户会对产品提出质疑，甚至会说一些令你难堪的言辞。这时候，你一定要自信，对自己的能力充满信心，对推销的产品充满信心，对工作的公司充满信心。要在客户面前始终保持良好的个人形象和状态。只有这样，你的自信才能传递给客户，客户才会通过你的自信相信你，相信你的产品能够给他带来益处，相信你的公司具备足够的售后服务保障能力。你越不自信，越容易让客户对你的产品产生怀疑。

那么面对客户，你应该怎样表现自信呢？

1. 穿戴整齐。给客户一种专业、有精神、积极向上的感觉。这不是说你必须西装革履，而是要视情况而定。在客户办公场所，你完全可以如此，但如果和客户私下见面，最好还是不要穿得过于正式，以免给客户形成一种无形的压迫感。

2. 良好面貌。没有比轻松愉快的表情、自信笃定的眼神、友善自然的微笑、温文尔雅的谈吐更容易让客户接受得了。但是不能过于做作，皮笑肉不笑，这只能让客户对你敬而远之。

3. 相信产品。要自信产品能够给客户创造价值，介绍产品不要含含糊糊，不要让客户感觉你在刻意隐瞒什么。没有十全十美的产品，也没有十全十美的客户，你只要把客户需要的介绍给他就行了。当然，对于产品的不足之处也不要避而不谈。

4. 从容应对。尽管大多数客户都可以称得上成功人士，面对他们你可能会产生一种压力，觉得各方面都处于劣势，但事实上，他们只是比你早成功而已，与他们面对时，要不卑不亢。

5. 自信有度。过于自信等于自以为是，不要吹嘘产品"包治百病"，即便你说了你的洗衣机能做饭，也不会有人相信；自信不足等于自我贬低，那相当于告诉客户，你的产品对他不会有任何作用，这样的话客户还买它做什么呢？

（三）要成熟地面对客户

秘书人员除了具备自信这一基本支撑外，还应该在各个方面表现得比较成熟，能够在一种平等的条件下与客户对话。

当和客户熟了之后，难免有时候聊一些家长里短的事情，这也是与客户联络感情的需要，不过你还是要注意掌握分寸，不要过分关注客户的隐私，因为你既不是客户的家长，也不是心理咨询师。

面对客户的时候，成熟的秘书人员往往有耐性，能够随时调整情绪，控制整个谈话进程，因此显得魅力十足，客户与这样的人交流，本来不好的心情也会转好。

那么怎样才算是成熟的秘书呢？

1. 不要怨声载道，满腹牢骚，尤其是不要当着客户批评其不讲道理、好坏不分，或抱怨你公司的老板如何苛刻严厉、不通人情。

2. 在讲解的过程中，发现客户有不明白的地方，应适当重复，不能置之不理，不能说："怎么？这都不明白！"要知道，你是他的顾问，不问你问谁？

3. 不要与客户争辩，即便你赢了也是输了，因为这势必增加客户的抵触心理，失去对你的信任。

4. 不要批判客户不正确的观点，或表示不屑，在这方面不用和客户较真，当然你也可以提出一些不会引起争执的个人看法。

5. 对于客户的观点或态度，既不要随声附和，也不要不置可否，不可让客户唱"独角戏"。

6. 遇到难于回答和处理的问题或异议，应该正面、积极地应对，不要流露悲观情绪，更不要纠缠、乞求客户购买。

7. 不要讲竞争对手的坏话。

8. 遇到问题不要给自己找借口，敷衍、欺骗客户。

9. 不要探听客户的隐私及客户公司的经营管理情况，如果客户主动跟你聊起，要做一名好听众。

二、建立良好的客户人际网

不管你卖什么，都必须由人来完成，没有客户，一切都免谈。也就是说，要想卖出更多的产品，不是需要你掌握更多的销售技巧，而是需要建立一个客户人际网，用这张网网罗更多的客户，使他们成为你的朋友。

（一）要善于推销自己

在激烈的市场竞争中，只有主动联络客户，才能认识更多的客户，交到更多的朋友，才能和客户之间培养起良好的感情，被动永远不会有收获。

现在是一个通信工具十分发达的年代，因此你可以有效地利用各种各样的通信工具，比如QQ、MSN、飞信、博客等，公布你的产品信息和工作内容。这种通信平台具有较高的即时性和互动性，可以在更大的空间让更多的潜在客户了解到你的信息。不过，要注意的是区域限制，当你进行宣传时，最好选择当地，距离太远不方便开展业务。

对于秘书人员来说，有一个重要的东西，就是你的名片。只要你出门，就要带上名片，尽可能把名片发给潜在客户，或者和潜在客户交换名片。

怎样结交人脉？怎么建立客户关系？就是要随时随地进行名片社交，通过名片介绍你自己，推销你自己。说到使用名片，乔·吉拉德可以称得上冠军，即便他去餐厅吃牛排，人家给他一个账单，他也会给对方一张名片，告诉对方他是卖雪佛兰汽车的乔·吉拉德。

（二）多结交一些良师益友

应该多结交一些良师益友，因为每个人的智慧、资历、知识结构都不一样，“三人行必有我师”，每个人身上都有闪光点，都有值得你学习、借鉴的地方。尤其是你公司或本行业中一些仍然活跃的“前辈高人”，更应该设法和他们建立长期的联系，多向他们“取经”，寻求帮助，这样你一定会受益匪浅。

每个秘书人员手上都会有一大串客户名单，不要把它锁在抽屉里，应该充分利用，要让你的客户名单产生最大的效益，比如，你可以通过下面这些方式达到你的目标。

1. 跟其他公司或销售人员交换客户名单，不用怀疑没有人要，这年头客户信息基本上意味着销售额。

2. 向曾经给你介绍新客户的老客户寄感谢信，并且在信中保证一定会拜访被介绍的客户，并且及时将拜访结果报告给他。

3. 销售结束时，应该按照客户名单立即寄上一份感谢礼物，表示感谢，同时请求客户提供更多资源。

要想和客户建立良好的合作关系，要懂得下本钱、花时间，不要害怕浪费时间。如果你愿意舍弃自己的一部分时间和客户相处，客户会觉得你认为他很重要。毕竟每个人都希望被重视，多花些时间打电话给客户，跟客户相处，送客户一些赠品，写问候卡或感谢信，跟他聚餐，甚至跟他一起郊游，迟早你会发现，你们之间的关系已经不一样了。

小贴士

卖需求

作为公司秘书，需要明白，我们永远不是在卖产品，而是在卖需求。也就是说，只有客户有所需，我们才能有所售。所以，秘书需要不断地协助领导，了解客户的需求，挖掘客户的需求，为客户提供解决方案——这就是秘书与客户关系的关键所在。

思考与练习

1. 获取客户好感有哪几项原则？
2. 接待客户的规范是什么？
3. 如何与客户保持联系？
4. 如何做一个受客户欢迎的秘书？
5. 与客户交往不要得理不饶人，不能伤害客户。请看下面的短文，谈谈你的感想。

得理也要饶人

在一家商场，一个中年妇女要求退一个电饭锅。那锅已经用得很旧了，她却粗声粗气地说："我用了一个多月就坏了，这是什么货？你再给我换一个！"营业员耐心解释，她却大吼大嚷，并说："我来了你就得给退，光卖不退算什么，当心我砸了你的柜台。"营业员虽然占理，但为了不继续争吵，便温和地对顾客说："这个电饭锅已经用一段时间了，又没有质量问题，按规定是不能退的。可是你执意要退，那就干脆卖给我好了。"就在她掏钱的时候，那个无理的女顾客脸红了，她停止了争吵，悄然离去。

这位营业员是得理者，但并没有仗着自己有理而与中年女子争吵。营业员的得理饶人反衬出对方的无理，从而有效地扭转了事态的发展方向。

第八章　如何处理好涉外关系

本章重点内容

在与外宾交往中，除了应发扬我国礼仪之邦的优良传统，注意礼节之外，还应尊重各国、各民族的风俗习惯，了解他们不同的礼节和做法，从而使我们在涉外活动中真正做到不卑不亢，以礼相待。

在与外宾交往中，态度要热情、谦虚，说话要诚恳。在《荀子·荣辱篇》中有这样一句话："与人善言，暖于布帛。"给人一句好话，胜过送人布帛或丝绢的温暖。还要掌握原则，广结善缘，建立起良好的人际关系。

案例导入

不要让领导丢面子

有一名研究生，毕业之后到一家外企的销售部工作，已经做了5年，却一直没有得到提升。这是什么原因呢？

原来，三年前的一天，部门的经理和公司董事长一起来检查工作，当来到他的办公室时，这位研究生为了显示自己，于是对经理说："经理，我想提个意见，我发现公司的内部管理比较混乱，有时连一些客户的订单都找不到。"董事长就在身边，经理的脸色立刻大变。从此以后，经理对这个研究生采取不理不睬的态度，尽管他很有才能，却一直没受到重用。

案例点评

领导的尊严不容冒犯，当众出他的丑，不给领导面子，他对你怎么会有好感呢？最终你的发展机会也只能是悄然丧失了。

第一节 从事涉外工作的素质要求

秘书应以什么态度来处理涉外工作关系呢？秘书在处理涉外工作关系时必须严于律己，谨慎处事，具体要求如下：

一、忠于祖国

无论是接待外宾还是跟随领导出国访问、考察，每个秘书人员必须发扬爱国主义精神，坚决维护国家的主权和利益，维护民族尊严，不做任何不利于祖国的事，不说任何不利于祖国的话。秘书人员应该把祖国的荣辱、兴衰当作自己的道义责任。

二、坚持原则

在一切对外活动中，一定要严格按照国家的方针政策办事，站稳立场，坚持原则，决不能为了讲面子，讲关系而丧失立场，丧失原则。秘书在做记录时，要全神贯注，充分体会谈话精神，做到正确忠实，不擅自增减或改变谈话内容，甚至掺杂个人意见。对谈话要点应做必要的笔记，不得直接解答外宾提出的问题。遇到未听清时，应提出来问清楚。

三、遵守纪律

秘书人员必须严格遵守组织纪律，要分清内外，提高警惕，严守国家机密，严格执行各项请示报告制度和保密制度。如遇谈判，参加谈判的秘书人员非经主谈人同意，不得向对方提意见。如有意见，可以书面提交主谈人。如果是几家联合参加同一项目的谈判，应事先提出统一意见。内部意见不一时，避免当场争论，一律以主谈人意见为最后意见。不同意见，留在会后研讨，或提出休会，在场外讨论。在接待或外访中，事事从国家和组织利益出发，不能掺杂个人因素，严格遵照上级的政策办事，宁可不说、少说、慢说，不可乱说、多说、快说。尽可能避免发表不必要的个人意见。不背着组织同外国机构和外国人私自交往，也不回答与自己业务无关的问题。不在外宾面前谈内部问题。文件资料、工作日记等，非因公不能随身携带。要及时反映外宾的各种意见要求，对外宾反应搁置不理，隐匿不报，都是无组织无纪律的表现。

四、谦虚谨慎

秘书人员的态度要热情大方，谦虚谨慎，不卑不亢，讲究文明礼貌，注意服饰、仪容。在对外活动中饮酒不得超过本人酒量的1/3。在交往过程中，涉外人员举止要端庄，态度始终要保持热忱、愉快、诚恳，要使外国人充分感受到我们的友好精神。谈话有分寸，切忌自以为是，擅作主张。

五、周密准备

无论是接待外宾还是跟随领导出国访问，事先都必须制订出周密的计划。事先要弄清楚对方的人员情况和具体工作内容，要订好日程安排，做好食宿、交通、安全、环境卫生等各方面的准备工作，以免临时仓促应付，发生失误。

小贴士

幕后英雄

秘书辛辛苦苦，却无名可扬，无利可图，只是为他人作嫁衣裳；他们东奔西跑，忙前忙后，为的却是领导出头露面；他们不舍昼夜，熬心费神地撰写信函、文稿，却概不署名，也无稿酬；他们组织会议，主席台上却没有一席之地；他们准备或参与谈判，却没有发言权。秘书是无名可扬、无利可图的无名英雄，但这是分工的需要，事业的需要，如果领导没有秘书，做事无人帮，工作就会停顿。秘书的人生价值和工作意义就体现在“幕后”，不求闻达于世间，只求有益于人民。

第二节　热情友好地欢迎外宾

随着我国对外开放政策的实施，海外来访者数量与日俱增。由于来访者的情况和目的不同，因此，我们也要分别不同情况区别对待。但对一般海外来客，无论他们的国籍、肤色、宗教信仰、政治态度如何，如果受到邀请，就是我们的客人，就要热情友好地欢迎他们，以示我们中华民族的友好。

一、落落大方，热情欢迎

在与海外来客相遇时，要落落大方，热情欢迎，不卑不亢。对他们的服饰穿戴、发型打扮，不要当面议论。

在与海外来客交往中，如果他们热情地向我们打招呼，不管熟悉不熟悉，我们都应热情回礼。交谈时，根据他们的性别、年龄，分别称呼他们为“先生”、“夫人”、“小姐”。对于他们提出的问题，要实事求是地回答，既不要过分自谦，也不要毫无根据地夸大。

二、举止得体，彬彬有礼

在接待海外来客时，应举止得体，谈吐彬彬有礼。对于海外来客既不去阿谀奉承，也不能盛气凌人。对于他们遇到的困难，要尽可能帮助解决。对于他们送的小费、礼品，尽量婉言谢绝。如果对方确实真情真意，无法推托，可留下有纪念意义的小礼品，并对此表示感谢，也可以回赠他们一些小礼品。

在与海外来客进行联欢活动中，要热情友好地与之交流，举止自然大方，不故意回避，羞于见人，也不哗众取宠，轻佻失态。

在接待海外来客时，要注意自己的服饰和仪表。无论穿着何种服装，都应当清洁、整齐。穿中山装要扣好领口、领钩、裤扣，穿长袖衬衣要将前后摆塞在裤内，袖口不要卷起。穿短袖衫时，下摆不要塞在裤内，长裤不要卷起。任何情况下不应穿短裤参加涉外活动。女性除军人外，衣着花色要多样。男性在任何时候不能在室内戴手套、帽子。无论男女，在室内不能戴墨镜。

小贴士

迎宾献花式

献花是许多国家的一种示敬礼节。此礼所用花必须是鲜花，花束宜整洁鲜艳。有些国家对特定的花有所忌讳，如日本人忌荷花，法国人忌核桃花，意大利人忌菊花。在一般情况下，献花时忌用菊花、杜鹃花、石竹花以及各种黄色花，有的国家，像印度等国，习惯于送花环，花环越长表示对对方越尊敬；有的国家习惯送一两枝名贵兰花、玫瑰等。通常由儿童或女青年来向贵宾献花，先要向贵宾敬礼或握手，然后将花献上；有的国家由女主人向女宾献花。献花还往往用于亲友间的探视、祝贺或慰问。

第三节 涉外接待原则与礼宾次序

一、涉外接待的原则

各国都有自己特别的风俗习惯和礼仪。国际礼仪是人们在长期的国际交际往来之中逐渐建立起来的行为举止规范,它是人类文明的体现。涉外接待遵循的正是国际礼仪。与国内礼仪相比较,涉外接待中更为重要的原则包括:

(一)不卑不亢

不卑不亢是涉外接待时我们应该始终坚持的原则。商务交往的最终目的是为了寻求发展,在竞争激烈的环境中要开辟出自己的一片天地,我们需要自己创造好的外部环境,寻求合适的合作伙伴。不管对方比我们强还是比我们弱,都应该以平等的态度去交往。面对强者,我们在战术上可以有迂回、妥协、退让,但一定是有限度的,就是不能以我们的根本利益做交易,交往之中要保持尊严,这就是"不卑"。面对小国家的小企业,也没有必要得意忘形、妄自尊大,更何况商业合作总是对双方都有益处,而非一方的施舍,这就是"不亢"。作为个人,保持不卑不亢的态度,则是高贵人格的体现。

(二)依法办事

国际交往合作都要依法而行,不仅遵守我国的法律,也要遵守对方国家的法律。特别是我国加入世界贸易组织以后,对外贸易交往还要遵守世贸组织的各项规则。没有守法观念,将会陷入被动。

(三)内外有别

内外有别是指要有保密观念,既要保守国家机密,也要保守本单位的机密。涉外接待要以礼待客,但不意味着答应外宾的一切要求,有些外宾可能会利用我们的好客,提出一些过分的要求,我们必须坚持原则。文件、重要的会议记录、数据等,都不要随便泄露给外人。

(四)尊重个人

尊重个人的理念强调以人为本,人是生而平等的,个人尊严不容侵犯。尊重个人的理念体现在国际交往的各个方面。

例如,在国内宴请的餐桌上,我们经常可以看到这样的场景:主人向客人一而再、再而三地敬酒。如果主人不这样做,会被认为没有诚意;而客人如果不喝就意味着对主人不敬,轮到客人向主人敬酒也是如此。这样的理念就导致了主客双方最后都酩酊大醉。很多人对宴席上的这种礼节深以为苦,但是又碍于情面,不得不为。国际宴请礼仪中也讲究敬酒,但不同的是,主人决不会一定要客人把酒喝干,当你不想喝酒的时候,可以明确地对主人或侍者说不要,他们就不勉强了。这种做法就是基于"尊重个人"的理念,喝多喝少是你个人的选择,与主人的脸面没有关系,相反主人是要尊重客人的选择的。

又如,对于一个人的穿着打扮,外国人是不会干涉的,即使很怪异,只要对别人、对工作没有妨碍,就不会有谁来指责。当然,也不会有人好心地提醒你,"天凉了应该多加一件衣服",因为他们相信你会自己判断。

当然,我们中国人不是不懂得尊重他人,但是我们对于它的理解是,尊重他人就要尽量地帮助他人,关心他人。我们看见朋友、同事脸色不好,就会问"是不是不舒服了? 去医院看了吗?"、"得了什么病?"等;看到别人穿少了,就会一脸惊讶地说:"你难道不冷吗? 怎么不多穿一点儿?"甚至于别人的一些隐私,也是很多人关心的内容,例如挣多少工资、结婚与否等,而我们自己也习惯被人这样关心。所以,有些人出国后常常觉得国外人情冷漠,人际关系疏远,就是因为中外对"尊重个人"这一理念的理解不同导致的。

尊重个人,就是要尊重他的选择,不以自己的思维定势、生活习惯作为标准,作为衡量一切的参照。尊重个人,就是要尊重他人的隐私。隐私的范围包括:年龄、婚姻状况、收入支出、家庭住址和私人电话、个人经历、身体状况、宗教信仰、政治态度。在涉外商务交往中,更要重视这个问题,不论私人关系有多好,只要对方不主动谈及这类话题,我们就不应该问。也没有必要把自己的隐私主动告诉对方,这会让对方感到尴尬。

(五)女士优先

"女士优先"这一礼仪由来已久,人们认为它是绅士风度的一种体现。照顾女性、帮助女性,是男性的职责,是基本的教养。这一礼节在欧美各国被广泛应用,逐渐成为国际礼仪的一部分,人们在公共场合、社交场合都会自觉遵守。在商务活动中的工作场合,一般不讲究这个礼节。但是涉外商务交往不可避免地要遇到各种场合,"女士优先"是应该遵守的基本礼仪。

(六)入乡随俗

各国、各地区、各民族都有自己不同于他人的特别的礼仪,这些礼仪来自于文化传承、宗教信仰、生活习惯。国际上通行的做法是,到了哪个地方,就要遵守当地的习俗礼仪,这就是"入乡随俗"。

在国内接待外宾,应以我国的礼节为主。例如设宴招待外宾,应该用中餐,餐具也是使用筷子。但是我们要考虑到外宾可能不会用筷子,那么在餐桌上另外加一套西式餐具,就体现了我们对客人的关照。

出国时,我们要想能够入乡随俗,首先应该做到“入乡问俗”,了解对方的宗教信仰和风俗习惯,特别是要知道有哪些禁忌。例如,如果要去信仰伊斯兰教的国家或接待信仰伊斯兰教的客人,我们仅了解他们忌食猪肉是不够的,他们还有一些禁忌不能忽略,像不食无鳞鱼,不用左手递接东西,不喝酒等,一知半解的了解远远不够。

入乡随俗,是为了尊重主人,搞好双方的关系。绝对不要对不同于我们的习俗禁忌加以议论甚至嘲笑,我们应该无条件地遵守这些习俗。在国际交往中,不论是以个人的身份交往还是代表组织、国家,宽容、平等的心态都非常重要。

二、礼宾次序

在涉外接待中,特别是在大型的商务会议活动中,不同国家、团体、单位的各方来宾往往会在同一个时间到达,而东道主此时的接待是否适当直接影响着各方的第一印象。为此,秘书人员应依照礼宾次序来处理涉外接待工作。

礼宾次序亦称礼宾序列。在商务礼仪中,是指在商务交往中对参观访问、出席活动、参加仪式的来自不同国家、地区、团体、单位、部门、身份的组织或个人的尊卑、先后顺序和位次所进行的合乎礼仪惯例的具体安排。它主要适用于在多边性商务交往中同时兼顾尊卑有序、平等待人这两项基本礼仪原则,处理来宾顺序与位次的排列问题。

(一)礼宾次序排列方法

礼宾次序排列通常有以下几种:

1. 依照来宾所在国家或地区名称的拉丁字母的先后来排列其次序。在举行大型的国际会议或体育比赛时,通常可以采用此种排列方法。

2. 依照来宾的具体身份与职务的高低来排列其次序。在正式的政务、商务、科技、学术、军事交往中,均可采用此种方法。若外国来宾系组团前来,则应按照团长的具体地位来排列其先后次序。

3. 依照来宾抵达现场的具体时间早晚来排列其先后次序。如当各国大使同时参加派驻国的某项活动时,一般均以其到任的具体时间的早晚来排定其礼宾序列。在非正式的涉外活动中,亦可采用此种排列方法。

4. 依照来宾告知东道主自己决定到访的具体时间的先后来排列其次序。举办较大规模的国际性的招商会、展示会、博览会时,大都可以采用这一排列方法。

5. 不排列。所谓不排列,其实也是一种特殊的排列方法。当上述几种方法难以选用之时,便可采用这种方法。

不论采用何种排列方法,均应事先与来宾进行沟通协商,一般在发邀请函的时候应注明礼宾顺序的排列方法。这样就会减少以后的摩擦。如果某个国家的代表团希望能排列在前面，就需要研究这次活动的礼宾次序，或建议其委派身份高者任代表团团长或争取早一些抵达。

（二）排列座次、名次、出场次序

1. 按礼宾次序排列座次。按礼宾次序排列在前面的代表团在开会时要坐在前排，在宴请时，团长坐在主人右侧的上座。

2. 按礼宾次序排列名次。会议发言时，发言人名次按此排列；各国国旗的排列也是如此。挂在主席台上的各国国旗依礼宾次序从右向左排列，东道国的排在最左边。

3. 按礼宾次序排列出场次序。类似于大型体育比赛，涉外商务活动中，谁先出场得按一定的顺序，按礼宾次序出场就不会引起矛盾。

三、涉外迎送仪式的要求

迎宾礼仪，指的就是在涉外交往活动中，当我方身为东道主时，为操作、落实迎宾活动而应当遵守的外事接待礼仪。通过迎宾礼仪给予来宾与其身份、地位相符的礼遇，向对方表达主人的热情好客之意，并且使之产生宾至如归之感。作为礼仪之邦，我们既要继承我国好客的优良传统，又要遵循国际上通行的礼宾惯例。

具体而言，迎宾礼仪涉及外事接待工作的诸多方面。它们环环相扣，彼此制约，都对外事接待工作的总体质量产生着重要的影响。

（一）迎宾礼仪程序

1. 发出邀请。在正式对外方发出邀请前，必须先明确邀请的规格，以便兼顾来宾的具体身份与来访的目的。在一般情况下讲究规格对等。规格对等的含义是在涉外邀请时，我方出面进行邀请的人士的职务、地位、身份应当大体上与被邀请者的职务、地位、身份相当。

通常由东道国先发出邀请，这既是礼节，也是一项必要的手续。邀请一般采用书面形式，被邀请者在接到邀请函后，应及时给予答复，并据此办理有关的手续。邀请函除表示欢迎之意外，也表明被邀请者的身份、访问性质以及访问的日期与时间等内容。有时，为表示客气，也可请被邀请者在他认为“方便的时候”来访，或留待以后“另行商定”。实际上，访问也不一定都是由东道国一方首先提出，在有些情况下，是双方协商的结果。有的访问安排是由有关的协议事先约定；有的是当面口头邀请在先，然后再补送书面邀请函件；有的是通过外交途径商定访问事宜；也有的是来访者有访问的愿望，主动向东道国作出某种表示，经双方磋商同意，然后再作正式安排；还有一种是以“回访”方式进行的。

2. 准备工作。在外宾抵达前应做好充分的准备工作：

(1)搞清楚来访外宾或代表团的基本情况。例如,来访外宾的总人数,是否包括主宾的配偶,来访人员的职务、性别、礼宾次序等情况,这些均可请对方事先提供。此外,较高层次的商务访问随行的还有记者等。以上这些都应事先了解清楚,以便做好相应的接待准备。

(2)外宾的饮食爱好、宗教禁忌以及是否有其他特殊的生活习惯等也可事先向对方探询,必要时还可向对方索要来访者的血型资料。

(3)拟订来宾访问日程。应向对方了解清楚抵达和离开的日期和时间、交通工具和路线、对参观访问的具体愿望等。访问日程一般由东道国提出,日程草案拟订后,可先将主要内容告知对方,以便听取对方意见,并使对方有所准备。

(4)安排食宿。要根据上述了解到的情况做好安排。在商务活动中,很多公司在一些国家的大城市都有固定的住宿宾馆,不需接待方安排,这就比较省事。如果不是这样,就要根据对方的身份或要求进行安排。

3. 善始善终。在外宾抵达时,由适当的人员前往机场、车站迎接,表示欢迎,并妥善安排各项礼仪程序和活动。这是来宾到达后的第一项正式活动,对此应十分重视。在外宾结束访问离开时,则要给予热情欢送,使访问得以圆满结束。所以,迎送不仅是一般的迎来送往,而是对外交往中一项重要的礼仪活动。

(二)迎宾礼仪要求

1. 确定迎候人员。本着身份对等的原则,参加涉外迎送仪式的应是与主宾身份相当的领导以及随从人员,还要有翻译。

2. 准备迎宾的物品。如果双方互不相识,则需要准备一块牌子,上书来访团体的名称或主宾的名字,用对方能看得懂的文字,工整书写。如果决定献花,一定要用鲜花,不可以用黄白两色的花或百合花。献花人应为年轻的女性。要按照来访团体的人数和主宾的身份决定接客人的车辆。

3. 见面讲究礼节。双方见面以后,东道主一方的秘书先把己方的主要人员介绍给主宾,然后由主宾或他的下属把客人一方的主要成员介绍给东道主。双方握手互致敬意。有的外宾习惯先行拥抱礼、合十礼、鞠躬礼等,我方均应作出相应表示,不可表现勉强。献花人献上鲜花。然后主人马上引领客人上车。秘书要注意客人的行李,提醒客人不要遗忘。

如果出现客人行李丢失,秘书或其他随从人员应该留下来向航空公司方面交涉,而让客人先行。

4. 送行前的拜访。在拜访前秘书应该打电话给对方的秘书,告知将去拜访的时间和主要人员的身份,提醒其做好准备。即使这个环节在作计划时已经列上,但是提醒和确认也是必要的。

5. 安排送行仪式。客人如果是乘坐飞机,特别是国际航班,一定要至少提前 3 个小时出发，因为路上可能遇到交通拥堵，办理登机手续和安全检查都需要不少时间，所以送行人员一定不能迟到。

主陪人可以在客人下榻的宾馆与客人道别，而由副职代为到机场或火车站送行。当然，主陪人如果一直把客人送到机场或车站则显得更为重视双方的关系。

同外宾告别后，要等他们走出我们的视线之外或火车、轮船开起来以后再离开。

第四节　安排涉外会见和会谈

一、涉外会见会谈的要求

会见，也叫礼节性会晤，一般时间较短，通常是半小时左右，属于礼貌性的应酬。

会谈，也称谈判，是指双方或多方为各自利益，就某些实质性问题交流情况、交换意见、达成协议等。会谈的内容比较正式，而且专题性较强。

会见与会谈在程序安排和礼仪要求上是一致的，区别在于一般的礼仪性程序结束后，二者谈话的内容与时间不同。通常会谈比会见的时间长，内容也较为正式。

安排会见、会谈时，对秘书的要求如下：①充分了解双方的情况；②准备工作要落实到位；③会谈会见时要做好记录，对客人提出、领导许诺的问题，会后应负责落实，做好后续工作。

二、拜访的要求

在国外代表团抵达之后，主人一方应该在适当的时候到宾馆去拜访客人，介绍情况，了解对方还有什么要求，以示关照。一般应在客人抵达的第一天晚上或第二天某个时候，再晚就失去了拜访的意义。

(1)拜访前由秘书先电话联系对方的秘书或随员，双方商定时间。

(2)主方带领随员前去对方下榻的宾馆，到达后应该在大堂里打电话通知对方，不要直接上楼去敲对方的门。外宾一般不习惯在自己的房间里会客，除非是外面带有会客室的套间。对方可能会临时在宾馆里租一间会客室，也许还需要主人一方的秘书帮助安排。

(3)初次见面，可以不送礼物。因为有些国家忌讳在初次见面就送礼，尤其是马上就要进行对双方都有很大利害关系的会谈，他们就更不愿意在此时收礼，要避免受贿的嫌疑，因此可以在临行前的拜访时再送礼。

三、会见、会谈程序

(一)约定

会见、会谈一般均经双方事先约定。“不速之客”通常是没有的。宾主双方均可提出会见要求,东道主和来访者权利平等。从礼仪的角度出发,东道主应根据来访者的身份、来访目的,在来访者抵达的当日或次日,安排本单位相应的领导人和部门负责人会见。来访者也可根据双方关系及本人身份、业务性质、来访目的,主动提出拜会东道主的某些领导人和部门负责人。

首先提出会见要求的一方应将本方出席人员的姓名、职务,以及会见什么人、会见的目的等情况告知对方。接见一方即主方应尽早给予答复,因故不能满足对方要求应婉言解释。

(二)通知对方有关事项

主方应主动将会见、会谈的时间、地点、本方出席人、具体安排及有关注意事项通知对方。前往会见的一方,则应主动向对方了解上述情况,并通知有关人员出席。

(三)准备工作

1. 了解背景资料。与外宾会见、会谈,应了解对方的背景资料,可能提出的问题,以及习俗禁忌、礼仪特征等,把这些形成文字材料,呈送上司(主见人)及其他与会人员。须提供外方参阅的,还要准备好外文资料。如果并非第一次交往,秘书还应把以前会谈的文件、协议找出来,做出摘要提供给上司(主见人)及与会人员。

2. 会见、会谈的地点选择、布置与检查。在我国,一般公务性会见大多在会客室进行,其中有下列几个方面需要注意:

第一,会见时,座位安排通常为半圆形,主人主宾并排而坐。会谈时,一般用长条形桌子,宾主相对而坐。会客室是交谈的场所,必须创造有利于交谈的环境,调节好充足且适宜的光线是重要的一环。

第二,会客室应充分考虑色彩对人们心理的影响,选择能够对人们的心理产生温暖、柔和、温馨感觉的颜色。

第三,会客室应有空调设备。18℃ ~21℃的温度和40% ~60%的空气相对湿度比较适合人体。要检查空调运转是否正常,墙壁内要装有消音设备。

第四,会客室应有较好的隔音和防噪设施。

第五,会客室应保持卫生整洁。高档次的会客室应铺上地毯,沙发、家具要清洁、明亮,窗帘、窗户要整洁、干净,所有水具、烟灰缸要干净、卫生。

第六,会客室应布置合理并有一定的艺术品位。

第七,检查麦克风声音是否清晰、电源插座与桌子的距离(如果用手提电脑的话)是否合适等。

座次安排是布置会见、会谈场所时一项重要的内容。会见的座次安排,体现着礼仪规范和对来宾的尊重。会见通常安排在会客室或办公室,席次有时主、宾各坐一边,有时穿插而坐,分别作陪。通常的安排是:主宾席、主人席安排在面对正门的位置,客人坐在主人的右边;翻译人员、记录员坐在主人和主宾的后面:其他客人按身份高低在主宾一侧就座。主方陪见人在主人一侧就座,座位不够时,要在后排加座,根据不同情况也可有其他排法。如图 8-1 所示。

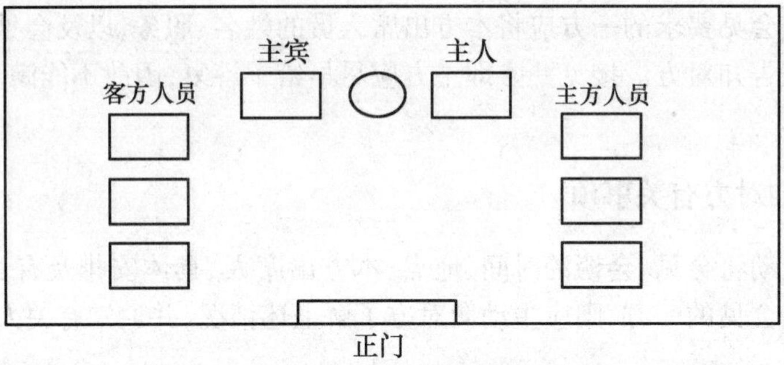

图 8-1　会见座次安排

双边会谈通常用长方形或椭圆形的桌子,多边会谈采用圆桌或围成方形。

双边会谈时,宾主相对而坐,以正门为准,当会谈长桌平行于正门时,主方背对正门,客方面对正门,主谈人居各自一方的中间。中国习惯把译员安排在主谈人右侧,但有的国家习惯让译员坐在后面。一般应尊重主人的安排。主客双方的其他陪谈人员按次序左右排列。记录员可安排在后面,如参加会谈人数较少,也可安排在会谈桌就座。小范围的会谈也可像会见一样,不用长桌,只用高沙发,双方席位安排与会见安排相同。

举行双边正式谈判时,若谈判桌在室内横放,则客方人员应面门而坐,主方人员应背门而坐。见图 8-2 所示。除主宾、主人居中对面而坐外,双方的其他人员应依其具体身份的高低,各自先右后左、自高而低地分别就座在自己的上司一方。按惯例,双方的翻译应分别在主宾、主人右侧的第一个位置上就座。若谈判桌在室内竖放,则应以进门时方向为准,右侧请客方人员就座,左侧则由主方人员就座。见图 8-3 所示。其他方面的做法,均与前者相似。

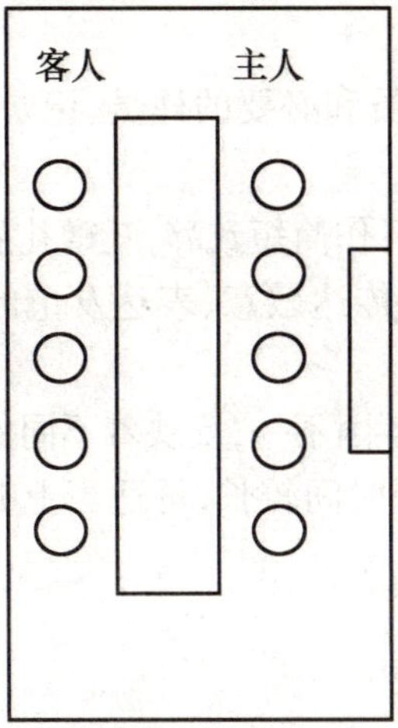

图 8－2 会谈桌平行于正门的座次安排

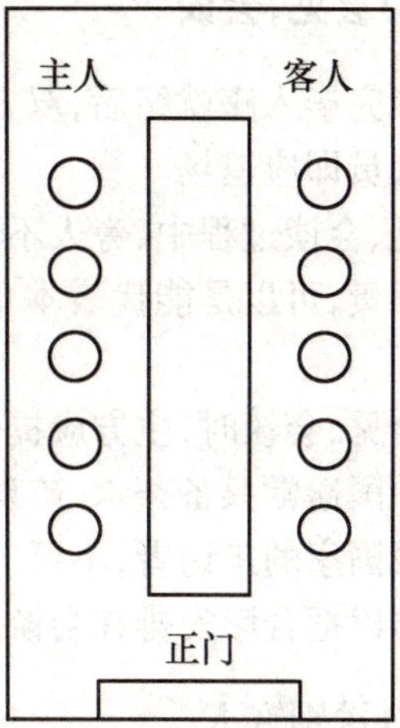

图 8－3 会谈桌垂直于正门的座次安排

在排定座次之后，秘书要按双方人员的姓名制作名牌，一面是中文，另一面是对方的文字，按座次摆放在桌子上。中方人员的名牌中文一面朝向就座者，外方人员的名牌外文一面朝向就座者。

3. 人员安排。首先确定参与会谈的人员，一般主谈应该是有较高业务水平、有会谈经验、有决定权的高层领导。其他参与者也要是对会谈涉及的业务范围很熟悉的人。

其次确定工作人员，包括翻译、记录员、设备管理人员、服务人员等。

（四）迎接客人

主方应准确掌握会见、会谈的时间、地点和双方参加人员的名单。同时主方应先于客方到达会场，客人到达时，主方应迎接。秘书应该在大门处迎接，引领客人抵达会谈地点。主人在此迎接客人的到来。

双方见面后，由客方代表团团长把自己的下属介绍给主人，然后主方领导再把己方人员介绍给客人。

合影可安排在宾主见面握手、介绍之后，合影完毕再入座。如有合影，主方宜事先选好背景，安排好合影图，人数较多时应准备好架子。合影图一般由主人居中，按礼宾次序，国际上的通行做法是“以右为上”，主客双方间隔排列。第一排人员既要考虑身份，也要考虑能否都摄入镜头，一般来说，两端均由主方人员把边。

(五)会见、会谈

合影完毕入座就绪后,双方会谈开始前,除陪同人员和必要的译员、记录员外,一般工作人员即应退场。

会见、会谈过程中,旁人不可随意出入。主客双方可作简短致辞,互赠礼品。礼品不一定昂贵,可以是能代表本单位的最新产品,只要能传达敬意、表达友谊的纪念品即可。

在会见、会谈时,主方应提供饮料。招待用的饮料各国不一,反映着不同的文化和习惯。中国通常只备茶水、矿泉水,夏天加冷饮;如会谈时间较长,可适当上咖啡。对伊斯兰教国家的来访者,不要上酒精类的饮料。

也可以把合影安排在会谈结束时,合影的礼仪同前。

(六)送别客人

会见或会谈结束后,主人应送客人至车前或门口,并握手告别,目送客人离去后再退回室内。

第五节　涉外宴请礼仪

一、涉外宴请的原则

对外宴请一般还是选用中餐,与国内宴请相比,要注意如下几点:

第一,宴请环境十分重要,应该选雅致、安静的地方。

第二,点菜时不仅要考虑外宾因宗教信仰而有的忌讳,还要注意饮食习惯的差别。在我们的"山珍海味"中,有许多是外宾普遍不能接受的,比如动物的内脏、蹄筋等物。

第三,菜肴要有地方特色,可以精致、丰盛,但不必豪华、奢侈。

第四,参加宴请的人要讲究个人卫生,衣着干净得体,女性要化妆。不要穿白天的工作装参加晚宴。

二、西餐礼仪

我方宴请是中餐,来宾回请很有可能是西餐,所以应该了解一些基本的西餐礼仪。

(一)赴宴前的准备

1. 接到邀请以后,要看清请柬的各项内容。要看清是否请了家人、是否要求回复

（如果在请柬的左下方印有 R. S. V. P 字样即“敬请答复”，这就需要在一天之内答复主人是否能赴宴，问清赴宴时对服装的要求等内容）。

2. 如果决定接受邀请并已答复主人，就不要轻易改变。确实有突然的情况，也不必勉强赴宴，可派代表去，但要及时通知主人征得同意并致以歉意。如果你已经辞了宴请，可是突然事情有了变化，又可以去了，很遗憾，此时你已经无法选择。不可以再给主人带来麻烦。

3. 到别人家赴宴需要带礼物。带一瓶葡萄酒、一盒巧克力、一束鲜花都可以。到饭店赴宴可以不带礼品。

4. 要根据请柬上的要求选择赴宴的服装。服装要符合主人的要求，要整洁，熨烫平整，女性要化妆。

5. 要准时赴宴。到饭店赴宴最好准时到。到家中赴宴应该稍晚几分钟，给女主人留一点余地。

（二）西餐的座次安排

中西方请客礼节有很多差异，其中明显的一点就是座次的安排不一样。西餐的讲究是：主客间隔而坐、男女间隔而坐、夫妻分开而坐，目的是为了让大家都有结交新朋友的机会。即使餐桌上放有座签，也不能擅自入席，必须等主人带领才可以。图 8－4 所示是西餐座次安排的一例。

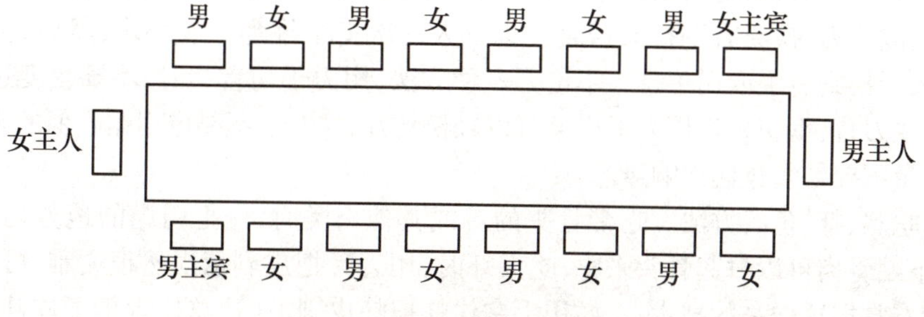

8－4　西餐就餐座次安排

（三）入席、退席礼节

1. 客人要在主人的带领下顺序入席。入席次序是：男主人带领女主宾第一个入席，女主人引领男主宾最后入席。其他客人由服务员引座。每一位客人都要从座椅的左侧入座，这样可以避免相互碰撞。男性要先为他左边的女性拉开椅子，帮助她入座后，自己再入座。商务宴请可能没有女主人，那么双方身份最高者最先入席。

2. 入座后的礼节。入座后，腰挺直，背部微靠在椅背上，双手放在膝盖上，不要上桌。女主人拿起餐巾打开，表示宴会正式开始，客人才可以动餐巾。餐巾可以对角折，也可以对边折，小餐巾可以不折，放在膝盖之上。千万别塞在领口处，那是小孩子的用法。餐巾只可以擦嘴，不可以用来擦汗。唇膏较鲜艳的女性，最好用纸巾把唇膏擦掉，否则印到酒杯和餐巾上，让人看了很别扭。

3. 暂时离开的表示方法。席间要离开一会儿去方便，或者接打电话，应该把餐巾放在自己椅子上，以示还要回来。如果放在盘子旁边，就意味着结束进餐了，服务员将把你的餐具收走。

4. 退席礼节。女主人或第一主人要眼观全局，当看到大家都差不多吃完的时候，她(他)才能放下餐具，并把餐巾略加折叠，放在桌上。其他人见到这一动作，就知道宴请结束了，也要马上放下餐具，把餐巾放在桌子上，随着女主人退席。退席时，仍然是从椅子的左侧退出。向主人告辞时，别忘了向他们表示感谢。

(四)餐具的使用方法与席间礼节

西餐摆台很讲究，什么餐具放在什么位置是固定的。在食盘的左边放叉子，右边放刀子和汤匙。每上一道菜，都用最外侧的餐具，每用完一道菜，刀叉也随着一起撤下。正式宴请时，刀叉要多一些，便宴有可能一副刀叉用到底。如果觉得对使用哪副刀叉没把握，你可以采用“紧跟政策”，看主人用什么你就用什么，一般不会出错。

1. 使用刀叉的方法。左手持叉，右手持刀，胳膊肘不要上桌。先用叉子叉住食物，然后用刀切下一小块(大小以能轻松放入口中为准)，左手叉住放入口中。这是英国式的吃法。美国式的吃法是，开始是左手持叉，右手持刀，把牛排之类的菜肴切下一小块，然后放下刀，换成右手持叉进食。也有人一次把牛排都切成小块，然后再放下刀子，把叉子换到右手取用牛排。不论哪一种方法，用刀子切食物时，不要幅度过大，用食指按住刀背，手腕稍稍用力下压就可以轻松切开食物了，不要像用锯子似的来回锯。刀叉尽量不要与餐盘碰出响声。

2. 吃鸡、虾、鱼的方法。吃带骨头的鸡或其他肉类时，先把肉厚的地方切下来吃掉，剩下贴骨肉可以拿起骨头来吃；吃大虾时，用刀叉把皮剥掉当然很文雅，可是如果你还没有掌握这样高的技术，不妨用手拿住虾把虾皮剥掉(这总比剥不下皮甚至把虾捅到地上要好)。然后用叉子叉住大虾蘸一点调料，放入口中。如果虾太大，一口吃不下，你不能把剩下的部分再去蘸调料，因为别人还要用它。其他需要蘸调料的食物的吃法也一样，如果你觉得蘸一次不够，可以取一点调料到自己的盘子里。吃完虾后，把手指放到洗指碗中洗一洗，用餐巾擦干。

吃整鱼时，要先吃一面，然后把鱼刺剔出来放到盘子边上，再吃下边那块。吃到嘴里的细鱼刺，要吐到叉子上或用手指捏下来放到盘边，不可以直接吐到盘子里。骨头、虾皮、鱼刺等东西都要放在自己的盘子边上或碗里，不可直接放到餐桌上。

3. 吃面包的方法。不要拿起整个面包咬，除非是烤得很脆的面包片。要掰下一小块，涂上黄油，放入口中。

4. 吃意大利面条的方法。这与中式面条的吃法不一样。如果备有大勺子,你可以用叉子挑起几根面条,左手持勺,勺面抵住叉子尖,转动叉子,面条就绕在叉子上了,你便可以一口吃下它。如果没有大勺,可以用叉子尖抵住碗壁转动。

5. 吃水果的方法。如果上的是整个的梨或苹果,要把它切成四瓣,然后用刀去核去皮,刀口要向内削。削完后可用手拿着吃,用刀子切成小块后拿水果叉叉起来吃,这是更文雅的方法。吃香蕉要用刀把皮从中间划开,用刀叉剥开皮后,用刀切成小块,用叉子吃。橘子、橙子用刀切成几瓣吃。吃葡萄时直接用手摘下一粒放入口中,把皮和籽吐到手中,之后包入纸巾,放到一边。

6. 喝咖啡或茶的方法。如果愿意加牛奶、糖,可自取加入杯中,用小茶匙轻轻搅拌,不要发出响声,搅拌后把茶匙放回小碟里。不要用茶匙盛茶或咖啡喝。如果把茶匙放在杯子里不拿出来,喝茶时还得用大拇指按住它,既碍事又不雅观。

7. 吃完一道菜的表示方法。每道菜吃完,要把刀叉并排放在盘内。如未吃完,则刀叉八字形摆放。不论什么情况,刀口一律向内。

8. 进餐的速度。进餐速度应该与大家一致。西餐的上菜方式是,一道菜吃完撤下后,下一道菜才上来,如果你吃得很慢,大家就要等你,下一道菜就上不来;如果吃得太快,吃完这道菜你只能坐等别人,无事可做。

9. 谈话礼节。注意声音一定要轻,仅两旁人听到就可以了。西餐讲究的是高雅的就餐气氛,和中餐追求热闹有很大不同。不要讲一些离奇古怪、不登大雅之堂的内容。要理会左右两边的人,不可以冷落任何一边的客人。

(五)西餐的饮酒礼仪

1. 上菜程序。首先我们需要了解西餐的上菜程序及菜谱,即使是最正规的宴请,也不会超过下述几道:①汤或冷食(包括虾和贝类);②鱼(如果上过贝类,鱼就可以免了);③主菜(如烤牛排、烤乳鸽等肉类菜肴);④沙拉;⑤甜食(布丁、冰激凌等);⑥咖啡。

2. 西餐的上酒次序。西餐上酒的次序也是固定的,需要配合菜肴:

(1)鸡尾酒是在宴会开始之前、人们在客厅里聊天时喝的。

(2)白葡萄酒配鱼。白葡萄酒要事先在冰箱里放几个小时甚至几天,要喝冰的。

(3)红葡萄酒配味道浓厚的肉类主菜。红葡萄酒最好的饮用温度是与室温相同。

(4)香槟酒比较特殊,如果有其他葡萄酒,它就和肉类主菜一起上。没有其他酒时,从第一道菜时就要斟上。香槟酒也要喝冰的。

当主人或服务员为你斟酒时,你无需拿起杯子;如果你不想喝酒,可以说:“不用了,谢谢!”不可用手捂住杯口,也不要把杯子倒扣。对方决不会硬往你杯子里斟酒,他会尊重你的选择。

每道菜吃完撤下去的时候,配它的酒也就不再喝了,你可以把酒喝干,剩下也没关系,酒杯将随菜盘一同撤下去。不可以把白葡萄酒留下等到上肉菜时再接着喝,那样主人会很心疼他的酒,味道全被你糟蹋了。

三、招待会的礼仪

招待会在商务活动中经常被采用,它可以同时招待很多客人,形式随意,因而很受人们喜爱。尽管比较随意,一些基本的礼节还是应该知道的,否则也会造成主人和其他客人的不便与不安。从一个人在这种场合的表现,最能看出他的教养程度。

招待会有冷餐会和酒会,在此介绍一些相关的礼节。

(一)招待会的请柬

1. 表明时段。在招待会的请柬上,一般都会写明开始至结束的整个时段。在此期间,任何时候到达或离开都可以。主宾稍晚一点抵达或提前离开都是正常的。

2. 不需要回复。因为客人较多,又不安排座次,所以对人数的统计不需要很精确,但是主人对出席率应该有个大概的估计,以方便准备。

(二)冷餐会的礼节

1. 按顺序取菜。冷餐会的菜肴常常很丰盛,好像随意选哪一种都行,但其实还是讲究一定的顺序的:

要按照前面介绍的西餐上菜顺序取菜。每一次不要取太多,同一类菜可以吃完再取。比如先取凉菜,吃完后觉得某几样味道不错,还想再取一点,是完全可以的。吃过凉菜再取热菜。不要把凉菜、热菜、甜食统统放在一个盘子内。

如果取菜的人比较多,大家会按顺时针的顺序排队去取。没有轮到你的时候,要耐心一点,不要伸长手臂“侵入”别人的领域。

2. 按量取菜。自助式冷餐会当然是随你吃多少,但是吃完后盘子里不应该剩东西,不能造成浪费。多取的菜肴是不可以打包带走的。也许某种菜看上去很不错,你就贸然夹了不少,结果发现它不合你的口味,只好剩下。为了避免这种情况,在开始时,每样菜最好只夹一点点,尝过后,合意的再多取一些,这样就不会剩下了。

3. 顾及他人利益。不要用自己的餐具取菜,要用公用菜夹或大勺、铲子来取。取菜的时候不要挑挑拣拣,把菜翻乱,要从边上、上面取菜。

遇到自己喜欢的菜,除非它只剩下一份的量,不要一扫而光,让自己盘子里堆得像一座小山,后面的人却无菜可取。

注意桌面整洁,不可乱吐乱放骨头之类的东西。

(三)酒会的礼节

1.酒会的特点。酒会,顾名思义,是以酒水为主的。酒会的菜肴没有冷餐会那样丰富,除酒水之外,主人常常准备一些小点心、三明治、小香肠、炸春卷等食品,用手或牙签取用,一两口就可以吃完。这些酒水、食品常由服务员用托盘端到客人面前,供其选取。有时设有酒吧,由调酒师为来宾调制各种鸡尾酒。

酒会上座位可能比较少,有座位也要先让给女性及年长者。酒会中大家基本上都是站着聊天,之所以少设座位,就是要鼓励客人多走动,多与陌生人交往,给来宾创造一个相互认识的机会。

2.酒会的礼节。要以恰当的方式把自己介绍给陌生人。当你看到几个人站得比较松散,表情随意,就意味着他们不介意别人加入进来。你可以走过去,打招呼问候,紧接着做自我介绍。千万不要默不作声地站在一旁,让人以为你在偷听。如果看到几个人围成一个较紧的小圈子,或两个人低声谈话,表情严肃,此时以不打扰为妙。

要欣然接受陌生人加入自己的谈话圈中。要以开放的心态参加酒会,不要只是几个熟人扎堆聊天。

聊天时要照顾到所有在场者,不要只与其中一两个人聊,对其他人置之不理。要用大家都听得懂的语言。如果有不同国家的人在场,用英语交流比较好。当然,如果他们懂汉语,用汉语交流对我们更方便。

小贴士

涉外活动言行忌

举止忌:严忌姿势歪斜,手舞足蹈,以手指人,拉拉扯扯,相距过近,左顾右盼,目视远处,频频看表,舒伸懒腰,玩弄东西,抓耳挠腮。

谈话忌:严忌荒唐淫秽,他人履历,女子私事,工资收入,私人财产,衣饰价值,批评尊长,非议宗教,嘲弄异俗。

语气忌:严忌大声辩论,高谈阔论,恶言恶语,寻根问底,争吵辱骂,出言不逊。

礼遇忌:严忌冷落他人,独谈到底,轻易表态,打断异议,纠缠不止,随意插话,随意辞别。

第六节 馈赠礼品的礼仪

一、各国的禁忌

各国、各民族都有自己独特的礼节和习俗。在对外交往中送礼如果不考虑对方的习俗,很可能就触犯了对方的禁忌,引起对方的反感,所以应该对各国的忌讳有基本的了解。

(一)信仰伊斯兰教的国家

在信仰伊斯兰教的国家,人们普遍喜欢绿色,认为它代表吉祥和幸运。送礼物时,不要送对方夫人礼物,送给孩子礼物是允许的。由于伊斯兰教禁止偶像崇拜,所以不要送雕塑、娃娃、人物画像之类。穆斯林不喜欢熊猫,因为他们认为它像猪,所以礼物中也不要有熊猫形象出现;也不要送酒及猪皮、猪鬃等制品。

(二)韩国

韩国人有非常强的民族自尊心,爱用本国产品。

(三)日本

日本人喜欢送人小礼物,讲究礼品包装。送礼喜欢送单数的,但是对于我们中国人最中意的“9”却不感兴趣,因为在日语里它的发音与“苦”相近,他们也不喜欢“4”。日本人对于中国的传统绘画、文房四宝等颇能欣赏。

(四)印度

印度人在饮食方面的忌讳因信仰不同而有较大差异。印度教徒和锡克教徒不吃牛肉;伊斯兰教徒不吃猪肉;耆那教徒既不杀生,也不食肉。另外,印度食素的人特别多,社会地位越高的人中间,食素者越多。印度人视黄牛为神,不但不杀牛,也不使用牛皮制品。送印度人礼物,不要送牛皮制的皮带、皮包、皮鞋等物。

(五)俄罗斯

拜访俄罗斯人时,送女士鲜花最好,但是不要送双数。俄罗斯男性很爱饮酒,伏特加是俄罗斯著名的烈酒。他们对中国的白酒是很能欣赏的。俄罗斯人忌讳的数字是“13”,不喜欢的日期是星期五。所有信仰基督教的国家和民族都有这样的忌讳。

(六)法国

法国的国鸟是公鸡,人们认为它是勇敢的化身。人们视孔雀为祸鸟,仙鹤是淫妇的化身,大象则象征蠢汉。法国人动物保护意识极强。

菊花、杜鹃花、牡丹、黄色的花、纸花,都不宜送人。向女性送花宜送单数,但是要避开“1”和“13”。男性向关系一般的年轻女性送香水被认为是不合适的。法国人还不喜欢墨绿色,因为墨绿色是纳粹军服的颜色。

(七)英国

英国的国鸟是知更鸟。他们不喜欢孔雀、大象和猫头鹰,不喜欢用这些动物的图案或人像图案作商品的装饰。

在人际交往中,他们不愿意接受贵重礼物。不可以送百合花,因为它意味着死亡。英国人忌讳的数字也是“13”,不喜欢的日期是星期五。

(八)美国

美国人最喜爱的颜色是白色、黄色和蓝色。美国的国鸟是白头雕。蝙蝠被视为吸血鬼和凶神,不受欢迎。中国古代器物上常有蝙蝠的图案,在现代的工艺品上也是常见的,但给美国人准备礼物时,最好避开这种图案。

不宜送美国人的礼物有香烟、香水、内衣、药品等物。上面印有公司名称的物品也不宜作为礼物送给美国人。其实,上述物品是西方各国普遍忌讳的。

二、馈赠礼品的礼节

(一)送礼的礼节

买好了礼物之后,要把上面粘贴的价格标签撕掉。有一件事不能忘记,那就是包装,包装是礼品的一部分。现在不少商店里都有专做包装的柜台,有时候包装的价格甚至超过礼品本身。

选择包装纸时,要注意上面的花纹、字及颜色。不要为感谢合作者的支持,却选了“Happy Birthday”的纸。送日本人的礼物不要选绿色纸来包装,不要打蝴蝶结;送阿拉伯人的礼物应该用绿色纸包装,因为他们很喜欢绿色,不喜欢红色。

礼物要当面送给受礼者,双手递上,并且明确地说明是礼物。中国人喜欢自谦,在这种场合常说的话是:“一点薄礼,不成敬意”,“一点小礼物,拿不出手,请笑纳。”如果对方是西方人,不懂我们的婉转自谦,就应该这样说:“这是我们特意为你挑选的礼物,希望你喜欢”,“这是我们中国的工艺品,是特别为你选的。”

在商务活动中,一般不要在第一次见面时或业务洽谈开始阶段就送礼,以避免行贿的嫌疑,对外商尤其要注意。业务洽谈结束之后送礼是合适的。但是一般不能太贵重,有纪念意义就好。

有不少单位会专门定购一些礼品,在上面印上自己单位的名称。这种礼品用于一般应酬尚可,如果是送比较重要的客人或重大场合,就不合适了,有做广告的嫌疑,从而降低了礼品的分量。

(二)受礼的礼节

中国的礼节是站起来双手接受礼品,接到礼品后不打开包装,以免有重礼轻情之嫌。在国内,与国人之间交往时,我们还是要遵守这一习惯。有些年轻人可能已经接受了西方礼节,但是最好只在年轻人之间使用。

西方人的礼节是当面打开包装,并且说:“太漂亮了,我很喜欢”“这正是我想要的,谢谢!”这会让送礼者更高兴。

不论中外,收到礼物之后,都要道谢,并在适当的时机回礼。外国人的习惯是收礼后还要写信道谢。

如果公司在举行某个庆典活动中收了其他单位的不少礼品,就要派专人把礼品登记造册(送出的礼品也应该有登记),事后请有关领导一一过目。以后遇到外单位有礼仪活动的时候,查一查登记册就知道类似情况下送过什么礼、收过什么礼、该送多重的礼。

在选择礼品的时候,需要考虑这样几个因素:

1. 与受礼者的关系。双方关系或亲或疏,或者想进一步发展,选择的礼品就会有轻有重。

私人送礼,特别是不同性别的人之间送礼,如果不分亲疏关系,有时反而会失礼。这些礼品就不适合关系一般的男女同事、同学之间,如化妆品、贴身的衣服、贴身使用的物品等(如刮胡刀、皮带之类)。

2. 明确送礼的原因。这决定了选择哪类礼品。庆贺开业的礼品和感谢支持的礼品肯定会有差别,庆贺结婚和庆贺生日的礼品也是不一样的。即使是礼品的包装也会不同,圣诞节礼品包装纸上常常会有圣诞树、圣诞老人和“圣诞快乐”的字样,如果用来包装生日礼物,就不合适了。

(三)了解受礼者的特点

要搞清受礼者是一个组织还是个人,如果是个人,他的性别、职务、爱好等,都是选择礼物时要考虑的。在送外宾礼品时,还要了解对方的宗教信仰和习俗禁忌,如果触犯了禁忌,再贵重的礼品也将丧失其价值。

送外国人礼品当然是选有中国特色的物品,但也要因人而异,因国而异。文房四宝固然很雅,可是送给西方人就没有意义,他们不懂也不会欣赏,而送给日本人、韩国人就合适,他们会欣赏。中国的字画独具特色,很多西方人也喜欢,但是应该送裱装好的,给他们讲解所送字画的含义,并教给他们如何挂、如何保存。

(四)经济方面的限定

单位购买礼品,一定要按照财会及有关方面的规定去做,不可违纪。个人购买礼品,也不应该超过自己的经济水平。“千里送鹅毛,礼轻情意重”,如果仅以花钱多少来衡量礼物的轻重,就本末倒置了,这是古人早就说过的道理。而且送礼过重,会给受礼者造成心理压力。

对于上述几方面清楚了,就可以大致定下礼品的范围,去商场选购时就不会茫然,可以节省时间和精力。

人际箴言

讲究礼貌是应该的,但如果变成了虚礼客套,弄成繁文缛节,那就会误事,使人感到迂腐不堪,见之生厌。

第七节 做好外宾探亲访友工作

妥善做好外宾的探亲访友工作,是秘书人员接待联络工作中的一个重要组成部分,也是政策性较强、涉及面较广、人情味较浓的一项复杂而有意义的工作。因此,当外宾提出探亲访友的要求时,秘书人员应该按照有关规定,积极、慎重、认真、负责地做好下列工作。

一、要做好充分的准备工作

在外宾抵达之前,秘书人员首先应该积极主动地向全程陪同人员了解外宾中想探亲访友的人数,弄清楚被会见人的信息资料,如被会见人的正确姓名、地点、现在所在单位及相互关系等。秘书人员应将了解到的情况向领导报告,以便听取处理意见。如安排有困难或情况复杂,对安排有不同意见,则应向有关部门和有关领导如实反映情况，个人不能任意做出接待与否的决定。当各有关单位都同意安排外宾探亲访友时，一定要在外宾到达之前通知被接见人的所在单位，请组织出面做好被接见人的各项工作。秘书人员还应根据外宾活动的日程安排，事先拟好会见亲友的时间、地点和有关注意事项。

二、要做周密的安排联络工作

外宾抵达后，秘书人员应及时同全程陪同人员联系，具体核实外宾要在本地探亲访友的人数、对象、要求，了解这些探亲访友的外宾的各种情况（包括赠送礼品、携带物品和探访的有关要求等），具体征询和商量原先的接待计划是否妥当，共同制订出具体实施的方案，并要征得外宾的同意。为了使外宾探亲访友工作顺利进行，一方面，待探亲访友的时间、地点确定后，要告诉宾馆或所在地、所在单位的有关领导，并提出具体要求。让宾馆或所在单位、所在地区的领导事先做好迎送的各项工作，以免到时措手不及，手忙脚乱。还要把具体接待时间、地点、要求告诉那些被探访的人员，要他们在思想上、礼仪上、礼品上做好充分准备，并要通知有关人员做好保卫、服务工作和接待联络工作，掌握会见情况。如果发现特殊情况，应将情况及时通知有关部门，以便采取相应措施，将问题及时处理好，使各方都满意，达到预期的效果。

三、要认真做好结束小结工作

外宾离开后，要了解外宾的想法，被探访人员的反应，同时要认真做好探访工作的小结，以便总结经验，吸取教训，提出今后改进探访工作的意见和要求。有重要情况，应写出简报和情况反映，给有关单位，以便及时整理归档备查。

第八节　如何对待外宾患病或病故

随着对外交流的增加，到中国各地访问、旅游的外宾也越来越多。这样，外宾患病住院甚至死亡的情况也常有发生。有的秘书一碰到外宾病倒了、住院了，甚至死亡了，就手忙脚乱，不知所措。其实，无论什么人，生老病死都是自然现象，只要我们尽心尽责，认真关照，及时细心处理就行。那么，具体地讲，遇到外宾患病、死亡时该怎么办呢？

一、外宾患病的处理

碰到外宾患病时应注意做到：

第一，接待人员必须及时发现，及时把病人送到医院，或把有经验的医生接到外宾所在地进行检查治疗。

第二,在治疗或抢救过程中,外宾代表团团长与患者同行的亲属必须在场,并及时征求他们的处理意见。

第三,医生向患病外宾详细询问发病前后的健康状况、病史、治疗等情况,必须要有详细的文字记录,切不可无文可查,无据可寻。

第四,遇到外宾患病,要及时向领导报告情况,争取有关领导的关心支持,并请求有关部门及时配合帮助。如果患病外宾要求回国治疗,也要及时报请领导批准之后再答复。

二、外宾死亡的处理

遇到外宾死亡,应注意下列六个问题:

第一,外宾死亡后,首先应该请参加抢救的负责医生向团长及亲属详细报告发病、诊断、抢救经过。同时通知公安局外事部门、海关、卫生检疫站检查,还要请医院及时写出抢救经过的详细报告及《死亡诊断证明书》一式数份,由负责医师签字盖章后交外宾代表团团长或死者亲属,以及接待单位的领导、公安局外事部门、人民法院等。接待人员凭《死亡诊断证明书》去公安局外事部门注销护照签证,去人民法院办理《死亡公证书》。

第二,因为死因不明需要解剖尸体时,事先必须征求团长或死者亲属同意。然后再去请公安局法医进行解剖,并出具《死亡鉴定书》交法院办理《死亡公证书》。

第三,要慎重处理死者的遗物遗言。死者的遗物应由团长或死者的亲属、接待人员和接待单位的负责人一同清点,列成清单,一式数份,由参加清点人员签字后分别保存。遗物应全部移交其亲属或团长携带回国。如死者有重要遗嘱,应将遗嘱复印后交驻华使馆转交,以防止转交过程中发生篡改。

第四,要请团长及时向全团宣布对死者的诊断、抢救、死亡经过以及有关遗物的处理情况。

第五,要及时商定遗体处理办法。一般应以在当地火化为宜。火化前应由团长或死者亲属写出《火化申请书》,交接待单位保存。如果团长或死者亲属坚持要把尸体运回国去,就应携带死者的护照和有关证件去卫生检疫站办理尸体出境许可证,并将外宾死亡经过情况译成外文作为尸体出境许可证的附件交给团长或死者亲属。同时要与民航局或外轮代理公司、外运公司联系办理托运事项。

第六,在火化前,要请团长、死者亲属或全体代表团成员向遗体告别。如果团长或死者亲属提出要举行追悼仪式,接待单位应尽可能满足外宾的要求,并负责致简短悼词和送花圈。死者遗体由团长、死者亲属护送到火葬场火化。火葬场应将死者《火化证明书》交团长或死者亲属带回国,还应请当地民政部门发给骨灰出境证明。告别现场和追悼仪式应拍照留存。

最后,应将死者患病或死亡情况等整理成材料,报送上级领导部门备案。

在处理外宾患病、死亡过程中,除团长和亲属之外,其余团员可由代理团长率领,按原计划参观访问。

思考与练习

1. 如何做好外宾探亲访友的服务工作?

2. 简谈与外宾交往应注意哪些礼节?

3. 与欧美国家的外宾相处应注意哪些礼节?

4. 在与外宾交往中应做到不卑不亢,以礼相待。请看下面世界名著《简·爱》中男主人公与女仆的一段对话,之后谈谈你的感想。

对　话

世界名著《简·爱》中的男主人公罗彻斯特身为庄园主,财大气粗。他在既地位低下又其貌不扬的简·爱面前,有一种"天然"的优越感。他曾对简·爱说过这样一句话:"我有权藐视你!"

普通人遇到这种情形,自卑感可能会油然而生,但有着坚强个性,又渴望平等的简·爱却寸步不让,坚决维护了自己的尊严。一个弱女子怎么会有如此勇气?且听她后来向罗彻斯特所说的一番话:"你以为我穷、不好看就没有自尊吗?不!我们在精神上是平等的!正像你和我终将通过坟墓平等地站在上帝面前。"这番话给罗彻斯特以强烈的震撼,并使他对简·爱产生了由衷的敬佩。

附　录

学习完了本教材，对照下面 88 条交际法则，做一个自我检测。

1. 经常微笑。

2. 帮别人开门。

3. 给帮助了你的人寄去一封自己手写的感谢卡。

4. 整理好你的旧衣服，送给需要的人。

5. 给对你服务的服务员或是售货员一句赞美。

6. 夸奖别人的相貌打扮，恭维他们。

7. 在图书馆你借阅过的图书里留一张便笺，写下鼓励的话，在别的地方亦可。

8. 帮老人拿东西。

9. 给人送束花，不留姓名。

10. 做一个有礼让的司机，主动让别人在你前面并线。

11. 在儿童福利院或是老人院当志愿者。

12. 献血。

13. 为新邻居的乔迁之喜送一份礼物。

14. 自我介绍，让新同事和新同学感受到你的欢迎。

15. 在网上给别人回帖写下鼓励的话。

16. 给那些支持你工作的合作伙伴寄一封感谢信。

17. 像尊敬长辈那样尊敬地对待身边的人。

18. 像对待孩子那样耐心地对待身边的人。

19. 赞赏别人的做事方式。

20. 和别人分享你的午餐或茶点。

21. 在泊车计时表（或自动收款机）那里随手放几个硬币。

22. 问候一下那些看起来有些孤独的人。

23. 告诉你的老板、老师或是指导教授，他/她做得棒极了，而且你很感谢他/她对你的教导。

24. 为节假日布置下你的房子或是摆些艺术品，做些让别人赏心悦目的事情。

25. 如果你无意中听到今天是某人的生日，放下手边的事祝他一声生日快乐。

26. 去征求别人的建议，听取别人的忠告。

27. 给一起工作的人带去饼干或者甜甜圈。

28. 给足小费。

29. 融入到一个团队当中，让别人赞赏你的热情。
30. 给办公室的看门人留张感谢的便条。
31. 在超市的收银台打包自己购买的东西。
32. 让座。
33. 在超市，允许那些只买了很少东西的人排在你前面付款。
34. 向停在你旁边的车里的小孩子挥挥手。
35. 告诉大家一些好消息。
36. 说些你听到过的别人做的好事。
37. 记住别人的名字，并向他们打招呼。
38. 当你和别人的眼神相遇时，给对方一个微笑。
39. 物品用完记着恢复原位。比如用完复印机或打印机，记着在纸匣里填满纸。
40. 下雨的日子，帮别人撑撑伞。
41. 专心倾听别人的故事。
42. 主动邀请那些被冷落的人跳舞。
43. 提醒陌生人共赏美丽的日出或圆月。
44. 给人们的梦想一些鼓励的话，无论他们的梦想是多么大或多么小。
45. 向喜欢烹饪的人讨教手艺。
46. 把最后一块蛋糕或比萨留给别人。
47. 停下来，在路边小孩子的柠檬摊位买一杯柠檬水。
48. 在你驶离一个拥挤的停车场时，帮助别人找到车位。
49. 不时问问你遇到的人，他们是不是减肥了。
50. 做点分外的事，让别人的生活变得轻松。
51. 记住那些你在幼儿园就学到的礼貌举止。
52. 聆听别人的心酸事，并帮助他们找到解决办法。
53. 付出，但不求回报。
54. 给别人带来意外的或是有帮助的鼓励，每周最少一次。
55. 注意观察别人，别妄下判断。
56. 说“请”和“谢谢”。
57. 宽容别人而不要生气。比如，当别人偶尔别了下你的车，让人家走吧。
58. 全心相信自己，别人会注意到的。
59. 任何时候都不要太严肃。
60. 相信每一次与他人的小小的互动，都是一次会给你们双方的生活带来积极影响的机会。
61. 贪心、生气和无知，避免这三种情况。
62. 讲真话。

63. 以身作则,告诉别人怎样做出改变。

64. 帮助别人自立。

65. 给别人留下必要的私人空间。

66. 让别人在你的肩膀哭泣。

67. 失败后鼓励大家。

68. 对别人出色的工作表示认可。

69. 讲个有趣的笑话。

70. 做完事收拾利落。

71. 专注自己的事情,人们都喜欢专业精神。

72. 制作一个急救包,寄送给战场上的部队。

73. 让礼物换个去处。与其让别人送给你生日或假日礼物,不如让他们把礼物或金钱捐赠给慈善机构。

74. 停下来去帮助别人。下次看到路边有人车爆胎或在寻求帮助,停下车问问有什么可帮忙的。

75. 做事的时候加入一点个人的风格,人们关注和欣赏有个性的人。

76. 花上点时间教给别人一项你擅长的技能。

77. 帮助别人活动起来。生活中总会有同事或熟人想要健身,但是需要找个伙伴,一起去散步或跑步,或者一起加入个健身俱乐部。

78. 给帮助你的电脑技术支持人员发封感谢的邮件。

79. 向慈善机构捐赠食品。

80. 站在他们的立场,为他们说话。那些弱势的、无家可归的、在我们的世界里被忽视的他们,需要有人为他们说话。

81. 看到有一对夫妻想拍个合影,帮他们一下。

82. 帮你前面那位疲惫的购物者垫付两三角零钱,省的再给他的 20 元钱找零了。

83. 照顾别人。如果看到有人生病了,给他们端杯热茶喝喝,或者做点其他什么事。

84. 坚持自己的想法,而不是去炫耀。

85. 让自己变得随和可亲。

86. 恰到好处地实现你的承诺和义务,不要过度。

87. 积极地一心做好事。

88. 自信地生活、用你的处世之道去激励别人。